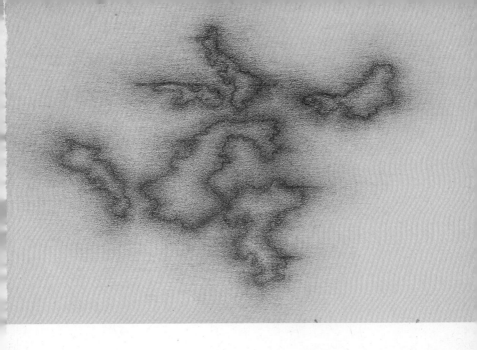

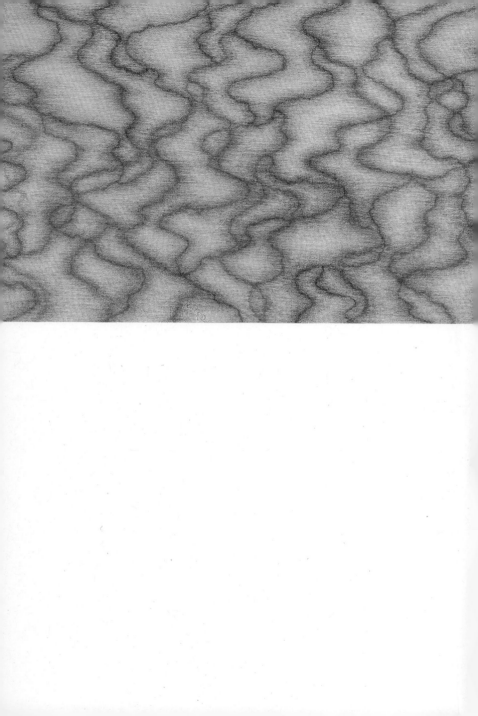

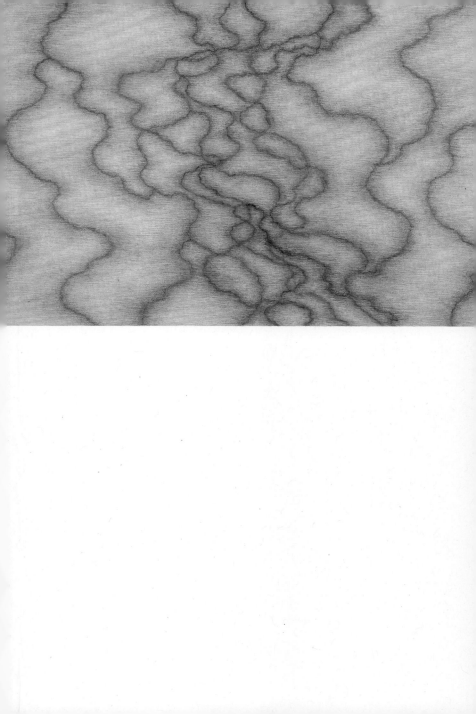

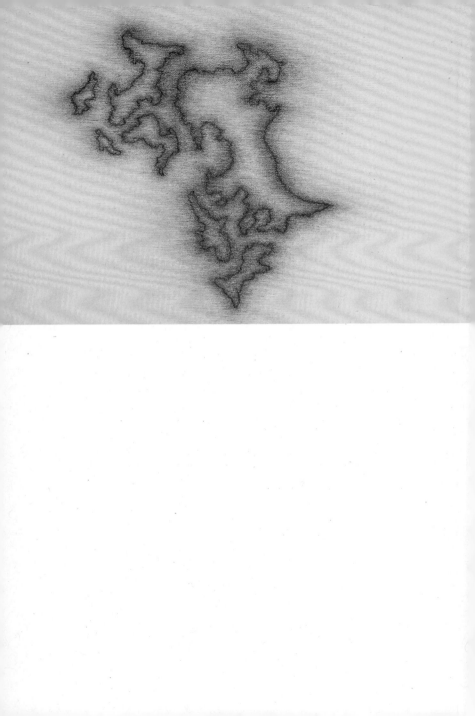

RISS
ZEITSCHRIFT FÜR PSYCHOANALYSE
NR. 90

ZEITGEMÄSSES ÜBER LEBEN UND TOD:
FLIRT

INHALT

09 Editorial

13 Karl-Josef Pazzini
Flitter

Flirt. Eine Passage bei Freud und ihre Kommentierungen

17 Anna-Lisa Dieter
Reize des Vorüber

20 Philippe Haensler
Flirt, Zeichen. Einsatz Freuds

23 Judith Kasper
Wir Melancholiker

27 Karl-Josef Pazzini
Flirt und Fehlleistung

31 Geneviève Morel
Kriegsgeflirt

36 Nicola Behrmann
Flirten muss man: Liebe und Krieg in Hitchcocks *The Birds*

Flirt ff.

44 Luce deLire
Ein Tag in Vanilla - Flirten am Ende des Kapitalismus

57 Barbara Sichtermann
Vergewaltigung und Sexualität - Versuch über eine Grenzlinie

Wieder gelesen

68 Insa Härtel
Ästhetische Erfahrung als *Übergriff*. Tseng Yu-Chin: *Who's listening? 5*

86 Benedikt Wolf
Das Floralobjekt. Zur monometaphorischen Poetik des anonymen pornografischen Gedichtbandes *Die braune Blume* (um 1929)

104 Johannes Ungelenk
Etwas nimmt seinen Anfang, weil es um sein Ende (nicht) weiß. Freud und der Flirt

119 John Hamilton
Der Luxus der Selbstzerstörung. Roger Caillois' Flirt mit Mimesis

132 Judith Kasper
E r o s i o n e n . Zu den Arbeiten von Rolando Deval

Ein Satz

138 Alexander Waszynski
Mitspracherecht

140 Jean Allouch
Von der psychotischen
Übertragung (Teil II)

Rezensionen

164 Jean-Luc Nancy: Sexistence, rezensiert von Gianluca Solla

169 Michel Foucault: Les aveux de la chair. Histoire de la sexualité IV, rezensiert von Joseph Vogl

173 Eva Illouz: Warum Liebe endet. Eine Soziologie negativer Beziehungen, rezensiert von Johannes Kleinbeck

177 Geneviève Fraisse: Einverständnis: vom Wert eines politischen Begriffs, rezensiert von Nadine Hartmann

178 Laurent de Sutter: Metaphysik der Hure, rezensiert von Karl-Josef Pazzini

181 Roman Lesmeister: Begehren, Schuld und Neubeginn, rezensiert von Karl-Josef Pazzini

183 Jacques Lacan: Das Sinthom. Das Seminar, Buch XXIII, rezensiert von Max Kleiner

190 Didier Eribon: Der Psychoanalyse entkommen, rezensiert von Aaron Lahl

195 Sigmund-Freud-Gesamtausgabe in 23 Bänden. Band 13, rezensiert von Karl-Josef Pazzini

197 Abstracts

202 Autor*innen

206 Beirat

207 Riss 91 & Riss 92

209 Autor*in werden Leserschaft

210 Impressum

EDITORIAL

**ZEITGEMÄSSES ÜBER LEBEN UND TOD:
FLIRT**

»Wenn der höchste Einsatz in den Lebensspielen, eben das Leben selbst, nicht gewagt werden darf«, so schreibt Sigmund Freud in *Zeitgemäßes über Krieg und Tod* unter dem Eindruck des Ersten Weltkriegs, »verarmt« das Leben. Es wird »schal« und »gehaltlos« - und zwar, so heißt es in einem verblüffenden Vergleich weiter, »wie ein amerikanischer Flirt, bei dem es von vorneherein feststeht, daß nichts vorfallen darf, im Gegensatz zu einer kontinentalen Liebesbeziehung, bei welcher beide Partner stets ernsten Konsequenzen eingedenk bleiben müssen«. Die »ernsten Konsequenzen«, von denen

Freud an dieser Stelle bezüglich der europäischen Liebes- und »Lebensspiele« spricht, sind nicht nur der sexuelle Akt, nicht nur die etwaige Schwangerschaft in dessen Folge, nicht nur das eheliche, das heißt damals sittengemäß *ewige* Versprechen. Für Freud bedeuten die »Konsequenzen« auch, dass selbst noch die Ewigkeit und damit auch jeder Flirt, der mit der künftigen Möglichkeit gleich welcher anderen Verbindung kokettiert, stets vom vermeintlich, so keineswegs Letzten durchkreuzt wird: von der Gewalt des Vergehens, vom Schmerz der Trennung, von der Erfahrung des Todes und der Trauer.

Ausgehend von dieser Passage Freuds möchten wir unter dem Titel »Zeitgemäßes über Leben und Tod« den »Flirt« als eine Ökonomie von Leben und Tod, von Lebens- und Todestrieb befragen. Was heißt es, wenn in jeder spielerischen Tändelei, in jedem eifrigen Geplänkel und in jedem verlegenen Annäherungsversuch nicht nur das Interesse an einer Begegnung in der Schwebe gehalten wird, sondern auch das Unbehagen an einer wesentlichen Gewalt? Wie wäre die Grammatik der Blicke und Gesten zu beschreiben, wenn sich in ihr nicht nur das Begehren, sondern auch die Gewalt der Trennung findet? Wie müsste man das Theater der wechselnden Plätze und wie die Choreografie der Haltungen und Gebärden deuten, wenn in ihnen nicht nur die Möglichkeiten der Annäherung, sondern auch die Erfahrung einer unvermeidlichen Entfernung aufgeführt wird? Und welche Funktion kommt bei all dem jenen zu, die diese Szene bezeugen sollen, deren Ahnungslosigkeit im Spiel unbedingt gewahrt bleiben muss oder denen die Geschichte nachträglich stolz, niedergeschlagen oder gar wie im Scherz erzählt wird, als sei es bei dem Flirt um nichts, nur um ein harmloses Spiel ohne Einsatz und Wagnis gegangen?

Wir haben für diese Ausgabe des RISS eine Reihe von Autor*innen eingeladen, sich eingehender mit der oben zitierten Textpassage aus Freuds *Zeitgemäßes über Krieg und Tod* auseinanderzusetzen. Diese Stimmen bilden den Kern der Ausgabe, um den herum sich weitere Essays gruppieren: Johannes Ungelenks Lektüre des gesamten Freud-Essays als Dialog mit Nietzsches *Unzeitgemäßen Betrachtungen* sowie zwei Beiträge zu Sexualität, Übergriff und Gewalt von Insa Härtel und Barbara Sichtermann. Während Benedikt Wolf die strenge poeto-pornografische Ökonomie des in den 1920er Jahren erschienenen anonymen Gedichtbands *Die braune Blume* nachzeichnet, sind die Beiträge von Luce de Lire und John Hamilton auf der Suche nach einer anderen Geschlechterökonomie - im Zeichen von Permeation und Selbstverausgabung. In diesem Horizont stehen auch die künstlerischen Arbeiten von Rolando Deval, die wir in diesem Band vorstellen und die von einem Beitrag von Judith Kasper flankiert werden.

Der Rezensionsteil stellt eine Reihe von thematisch relevanten neueren und zum Teil noch nicht übersetzten Veröffentlichungen vor: Jean-Luc Nancy, Michel Foucault, Eva Illouz und Geneviève Fraisse.

Weitere Rezensionen liegen außerhalb der Thematik, wie auch der Abdruck des zweiten Teils von Jean Allouchs Beitrag »Von der psychotischen Übertragung«.

Im Zuge der #MeToo-Debatte sind auch tradierte Spiel- und Lebensformen des Flirts befragt worden. Die vorliegende Ausgabe stellt den Versuch dar, sich - psychoanalytisch versetzt - dieser Debatte über Sexualität, Übergriff, Gewalt und über die Formen ihrer Denunziation und Prävention zu nähern, die das Verhältnis der Geschlechter in unseren Gesellschaften nachhaltig erschüttert.

Marcus Coelen, Judith Kasper,
Johannes Kleinbeck und Aaron Lahl

KARL-JOSEF PAZZINI

FLITTER

Nach der Sitzung bemerkte ich an meiner rechten Hand kleine glitzernde Partikel. Sie klebten, ließen sich aber von den Händen reiben und schwebten zu Boden. Dort fanden sich dann noch deutlich mehr schimmernde Partikelchen.

Ich sann und mir fiel ein, dass die erste Analysantin des Tages ein glitzerndes Make-up trug. Sie hatte gezögert, sich auf die Couch zu legen. »Ich glaube, das geht heute nicht.« Sie sah mich so versonnen an, dass ich spontan – in diesem Moment nicht auf dem Platz des Analytikers – nichts dagegen gehabt hätte, wenn sie mir gegenübergesessen hätte.

Dieser Platzwechsel vom Analytiker zum Mann, der für Reize empfänglich ist, ist natürlich eine nachträglich eingeschobene, ziemlich reale Fiktion. Die eine Rolle wird immer ganz unterschiedlich zum Aufmerksamkeitsverstärker für die andere. Beide hängen zusammen, kleben aneinander. Die gleichschwebende Aufmerksamkeit ist geübte *décollage*.

Die Analysantin setzte sich tatsächlich kurz hin, entschied sich dann aber mit einem Ruck um. Das war der gleichschwebenden Aufmerksamkeit dienlich.

Nachdem mir das wieder eingefallen war, fand ich weiteren Flitter auf der Couch, auf dem Kopfkissen und im Sessel. Es war nicht genug Zeit, den Staubsauger zu holen.

Der nächste Analysant, der immer sehr genau alle Veränderungen im Raum beachtet, fragte, bevor er sich auf die Couch legte: »Was war denn hier los?« Er machte aus seinen Händen Teppichklopfer, behandelte die Couch und legte sich hin. Ein produktiver Start in eine Sitzung.

Am übernächsten Tag berichtete ein Analysant: »Vorgestern, als ich nach der Sitzung auf die Straße trat, kam von schräg hinten eine junge, adrette und kecke Frau auf mich zu. Sie fragte: ›Darf ich?‹ und klopfte schon auf meinem Rücken herum. Ich war vollkommen perplex. Die Frau wurde rot. ›Oh, entschuldigen Sie, dass mein Ordnungstick mich übermannt hat. Aber Sie hatten auf ihrem schwarzen Pulli lauter Flitter.‹ Einmal erschüttert wurde ich für meine Verhältnisse richtig frech. ›Wenn ich jetzt schon sauber bin, könnten wir hier im Café ja auch noch einen Kaffee trinken.‹ Morgen treffen wir uns wieder.«

Auch das eine Eröffnung für eine spannende Phase in der Analyse.

Der Analysant lachte: »Ich weiß ja nicht, woher der Flitter kam, aber der muss ja hier von Ihnen gewesen sein.«

»Dies unser Verhältnis zum Tode hat aber eine starke Wirkung auf unser Leben. Das Leben verarmt, es verliert an Interesse, wenn der höchste Einsatz in den Lebensspielen, eben das Leben selbst, nicht gewagt werden darf. Es wird so schal, gehaltlos wie etwa ein amerikanischer Flirt, bei dem es von vornherein feststeht, daß nichts vorfallen darf, zum Unterschied von einer kontinentalen Liebesbeziehung, bei welcher beide Partner stets der ernsten Konsequenzen eingedenk bleiben müssen. Unsere Gefühlsbindungen, die unerträgliche Intensität unserer Trauer, machen uns abgeneigt, für uns und die unseligen Gefahren aufzusuchen. Wir getrauen uns nicht, eine Anzahl von Unternehmungen in Betracht zu ziehen, die gefährlich, aber eigentlich unerläßlich sind wie Flugversuche, Expeditionen in ferne Länder, Experimente mit explodierbaren Substanzen. Uns lähmt dabei das Bedenken, wer der Mutter den Sohn, der Gattin den Mann, den Kindern den Vater ersetzen soll, wenn ein Unglück geschieht. Die Neigung, den Tod aus der Lebensrechnung auszuschließen, hat so viele andere Verzichte und Ausschließungen im Gefolge. Und doch hat der Wahlspruch der Hansa gelautet: *Navigare necesse est, vivere non necesse!* Seefahren muß man, leben muß man nicht.«

Aus: Sigmund Freud: *Zeitgemäßes über Krieg und Tod* (1915)

ANNA-LISA DIETER

REIZE DES VORÜBER

Der Flirt hat eine besondere Beziehung zum Tod. Die Todesbezogenheit reicht tiefer als der gegenwärtige Abgesang auf den Flirt, der wegen Online-Dating und #MeToo angeblich ausstirbt. Wenn der Flirt bei Sigmund Freud im Kontext von Krieg und Tod auftaucht, ist dies zwingender, als es zunächst scheint. Im zweiten Teil seiner Abhandlung *Zeitgemäßes über Krieg und Tod*, unter dem Eindruck kollektiver Kriegsbegeisterung im Jahr 1915 verfasst, kritisiert Freud unser zaghaftes Verhältnis zum Tod. Der Tod wird nicht als Gefahr, der es sich auszusetzen gilt, als Horizont, vor dem die menschliche Existenz ihren Wert entfaltet, ins Leben einbezogen, nein, er wird radikal ausgeschlossen, sogar verleugnet. Das zeigt sich auch an einer Besonderheit des Unbewussten, in dem sich jeder für unsterblich hält. Daher die Katastrophe, wenn eine nahestehende Person tatsächlich stirbt. Der Tod wirft lange Schatten auf das Ich, das in seiner Trauer zu einer »Art von Asra wird, welche *mitsterben, wenn die sterben, die sie lieben*«. Hier klingt der letzte Vers von Heines Gedicht »Der Asra« aus dem *Romanzero* nach: »Und mein Stamm sind jene Asra,/Welche sterben, wenn sie lieben.«

Für die Asra, jenen arabischen Stamm, den Heine vermutlich aus Stendhals *De l'amour* kannte, sind Lieben und Sterben zwei Namen für dasselbe. Im *Diwan der Liebe*, einer orientalischen Erzählsammlung von Ebn-Abi-Hadglat, die Stendhal zitiert, stellt sich ein arabischer Mann mit den Worten vor: »Je suis du peuple chez lequel on meurt quand on aime.« Die Asra haben das zärtlichste Herz, die Schönheit der Frauen macht auf die jungen, keuschen Männer dieses Volkes einen solchen Eindruck, dass sie an Liebe sterben – eine Form der Thanatoerotik, die in Stendhals Romanen deutliche Spuren hinterlassen hat. Freud verändert das arabische Liebessetting entscheidend, indem er aus dem Sterben der liebenden Asra-Männer ein *Mitsterben* macht. Er verwandelt die orientalische Erotik, die in den Tod führt, in eine Trauer, die, vom Tod der Geliebten überwältigt, selbst als Tod empfunden wird.

Europa – Arabien – Amerika: Freud vollführt waghalsige Sprünge, um seine kritische Deutung unserer Todesverleugnung voranzutreiben. Von den Asra gelangt er zum »amerikanischen Flirt, bei dem es von vornherein feststeht, daß nichts vorfallen darf, zum Unterschied von einer kontinentalen Liebesbeziehung, bei welcher beide Partner stets der ernsten Konsequenzen eingedenk bleiben müssen.« Die Asra, deren tödliche Hingabe die kritische Intensität der Todesverleugnung verbildlichen soll, lieben letztlich genauso, wie Freud sich das idealerweise vorstellt und als europäische Liebesform ausmacht: Sie lieben »eingedenk« des Todes, was exotisch-orientalische und kontinental-europäische Erotik – erstaunlicherweise! – einander annähert. Der Flirt hingegen, »schal«, »gehaltlos«, »amerikanisch«, wird zum Bild eines »verarmten« Lebens, das todlangweilig ist, weil der Tod als Garant von Größe darin eben gerade nicht vorkommt.

Freud unterschätzt den Flirt. Der Flirt ist die einzige Form sozialer Interaktion, die den Ernst der Vergänglichkeit in die Leichtigkeit eines Spiels kleidet. Wer flirtet – und zwar in der Reinform eines »interesselosen Wohlgefallens« –, schlägt Augenblicke funkelnder Präsenz aus dem alltäglichen Kontinuum des Lebens, trotzt der Vergänglichkeit und bezeugt sie zugleich, was die eigentümliche Schönheit des Flirtens ausmacht. Im Vorübergehen leuchtet eine ganze Welt auf, die sogleich wieder verschwindet. Jeder Flirt ist auch ein kleiner Tod. Reizend ist das Vorüber, weil es den Tod nicht verdrängt. Vielleicht wäre es angesichts der digital befeuerten Fear of missing out (FOMO), dem vermutlich bestimmenden Affekt unserer Gegenwart, gerade jetzt an der Zeit, die »Reize des Vorüber« zu erinnern.

PHILIPPE HAENSLER

**FLIRT, ZEICHEN.
EIN SATZ FREUDS**

Ein Satz Freuds: »Das Leben verarmt, es verliert an Interesse, wenn der höchste Einsatz in den Lebensspielen, eben das Leben selbst, nicht gewagt werden darf.« Unmittelbar darauf, der Text unter selbstauferlegtem Zugzwang, ein rhetorisches Gambit (nehmen wir es an?): »Es wird so schal, gehaltlos wie etwa ein amerikanischer Flirt, bei dem es von vornherein feststeht, daß nichts vorfallen darf, zum Unterschied von einer kontinentalen Liebesbeziehung, bei welcher beide Partner stets der ernsten Konsequenzen eingedenk bleiben müssen.« Was ist hier bzw. hiermit über den Flirt gesagt? Zunächst, zumindest auf den ersten Blick, doch einmal, dass, was in *Zeitgemäßes über Krieg und Tod* an dieser Stelle ins Spiel kommt, nicht notwendig, nicht ohne Weiteres gesetzt sei: Der Auftritt des Flirts verdoppelt sich – seinerseits gleichsam »von vornherein« – zum Versprechen (sei es nun einlösbar oder nicht), dass hier, »wie« das bei prinzipiell jedem Vergleich der Fall ist, auch anderes stehen könnte; (Schein-)Kontingenz, die der Text zusätzlich unterstreicht, zuspitzt: »etwa« zum glücklichen Einfall. Eine Falle für die Leser∗innen? Denn wie in diesem Kontext nicht mit der – poetologisch sehr reizvollen – Lesart liebäugeln, dass der Flirt, gerade weil bis zu einem gewissen Grad beliebig, es an dieser spezifischen Stelle auch nicht sei? In einem und genau mit diesem Wort: Flirtet Freud nicht seinerseits, eben mit dem »Flirt«, und ›seine‹ Sprache so mit einer anderen, dem (Amerikanischen) Englischen? Ein Spiel, so Freud, ohne ›Ge-‹ (doppelter Angelpunkt der sorgfältigen Architektur des deutschen Satzes: am ›ge-‹ spiegelt sich bzw. nach ihm krebst kontrapunktisch zurück die eröffnende Vokalsequenz, ›*es* w*i*rd *s*o *s*cha*l*‹ / ›-*haltlos wi*(*e*) *et*-‹; in diese glückliche Fügung bzw. Fugung eingefaltet der unübersetzbare Nicht-Chiasmus »so schal, gehaltlos wie«), ohne ›Ge-‹ und hier auch ohne ›Halt‹ bzw. Halten: »Flirt« hat mehr als zwei Partner∗innen, öffnet, für die Dauer eines einsilbigen Augenblicks, einen Assoziations- oder Resonanzraum, der (in Freuds Stil) noch anderes einfallen lässt, eine Blume, französisch ›fleur‹ (mit ihr Florett, Sporn und Spur – eben all das, was sich nach Jacques Derridas (post-)freudianischer Nietzsche-Lektüre Éperons. Les styles de Nietzsche unter dem Flirt als Frage des Stils versammelt) zum Beispiel.

Einzig, was es an Freuds Text an Flirthaftem, an (zwischensprachlichem) Flottieren bzw. Florieren gibt, darf das, eben nur ein Flirt, nicht bleiben – muss, mehr noch sogar, von Anfang an anderes gewesen sein. Was den Flirt dem ›schalen‹ Leben angleicht, ist sein fehlender ›Gehalt‹; Beobachtung, die das Freud'sche Schreiben sogleich (performativ) anzweifelt dadurch, dass er, nichtsdestotrotz, auf einen solchen, auf seinen Sinn hin befragt werden können muss. *Hermeneutik des Flirts*, in anderen Worten: »feststeht [nicht: ›klar ist‹, ›auf der Hand liegt‹ etc.], dass nichts vorfallen darf«. Der Flirt, so wäre zu präzisieren, hat keinen Gehalt, aber ist, da -bot, doch nicht ganz ohne: Zeichen für (für Freud scheint er das zu sein) anderes wäre er vergleichbar auch mit den Allegorien Walter Benjamins, *er bedeutet genau das Nichtsein dessen, was er in Aussicht stellt* – und dies doppelt. Dreifach nämlich begegnet der Leser∗in beim Flirt derselbe Wortanfang (die Alliteration »*von vorherein*«, die, via das Präfix ihres zweiten Glieds, die Brücke zum »*vor*fallen« schlägt), »zum Unterschied« (und so natürlich auffällig ähnlich) zur präferierten Vorsilbe im Umkreis der »Liebesbeziehung« (›*kon*tinentalen‹, ›*Kon*sequenzen‹); dieser Bezug nun ist nicht ausschließlich formal-rhetorischer Natur, sondern verzahnt sich, gibt man sich den Anspielungen hin, aufs Engste mit dem, was hier, ohne je *expressis verbis* zur Sprache zu kommen, Thema ist: gleichsam *Vor*spiel(en) auf der einen, *Kon*takt/*Koi*tus (und eben dessen Konsequenzen) auf der anderen Seite (des Atlantiks). In dieser metadiskursiven Lesart wäre der Flirt offenkundig das am Text, was diesem, an dessen eigener Definition des Begriffs gemessen, abhanden kommt: Verbot, doch Vorbote; Gehalt, der fehlt, nur um im »vornherein« – bzw. »nachträglich« wie Freuds »Vornherein«, nämlich ursprünglich beginnend mit der zweiten Lektüre – in den Dienst genommen zu werden (»[d]er Herr«, heißt es bei Hegel und hier, beim »höchsten Einsatz in den Lebensspielen« vielleicht im Ohr zu behalten, »bezieht sich *auf den Knecht mittelbar durch das selbstständige Sein*; denn eben hieran ist der Knecht gehalten«).

Ebendas ist es vielleicht, was es nötig macht, Freuds (versäumte) Auseinandersetzung mit dem Problemkomplex des Flirtens noch einmal, immer noch einmal zu lesen: »nichts« – nicht (nur), als untersagter Gegenstand des Flirts, sondern (auch) als das, was über den amerikanischen Flirt und, in weiterem Radius, in dem kontinentalen Satz, in dem »Flirt« zu Gast ist, eigentlich gesagt wird. In anderen Worten: Nichts an Freuds Satz versteht sich von selbst. Neben besagtem »nichts« wäre z. B. nach dem grammatischen Status der Adjektive »amerikanisch« und »kontinental« und daran anschließend nach dem der (explikativen? restriktiven?) Relativsätze zu fragen; oder, woran genau der mit »zum Unterschied von« (doch weshalb »von«?) eröffnete Satzteil anschließe – zu guter Letzt bzw. ganz grundsätzlich: was hier eigentlich bzw. ob überhaupt *stricto sensu* »verglichen« werde. Analogie gleichsam Mirage: Der Text flirrt.

JUDITH KASPER

WIR MELANCHOLIKER

Der starre kulturelle Antagonismus in der Gegenüberstellung des »gehaltlosen«, »schalen« »amerikanischen Flirts« mit der »kontinentalen Liebesbeziehung«, die hingegen der »ernsthaften Konsequenzen« eingedenk sei, irritiert. Versucht man allerdings, über Freuds Vorbehalte gegenüber der amerikanischen Kultur hinaus zu lesen, fallen Zusammenhänge und Spannungen auf, die diese vermeintliche Opposition immer schon unterlaufen. Freud hält die europäischen Liebesbeziehungen bei weitem nicht für freier und lebendiger. Denn wenn, so Freud, der »amerikanische Flirt« vom Imperativ des »Nicht Dürfens« gezeichnet ist (es *darf nichts* vorfallen), ist die europäische Liebesbegegnung vom Imperativ des »Müssens« (der ernsten Konsequenzen eingedenk sein *müssen*) beschwert. Laufen diese beiden einschränkenden Modalitäten eventuell auf ein und dieselbe präventive Voreinstellung hinaus, die verhindert, dass bestimmte Risiken, die zum Leben und Lieben gehören, anerkannt werden? In der Formulierung »der ernsten Konsequenzen eingedenk sein müssen« klingt auch eine große Angst an – vor all dem, was eben in einer Liebesbeziehung vorfallen könnte. In den unmittelbar anschließenden Sätzen benennt Freud die Gefahr, dass dieses zunächst positiv gesetzte Eingedenken – Eingedenken des Todes – zu einer großen Lähmung führen kann. Denn es übersetzt sich allzu schnell in eine »Lebensrechnung«, in ein melancholisches Kalkül, demzufolge das Leben nur Verluste schreibt.

Der Kontext, in dem diese Überlegungen dargelegt werden, bringt weitere Fragen und Verschiebungen mit sich. Unter dem Schock des Ersten Weltkriegs stehend, denkt Freud psychoanalytisch über Krieg und Tod nach und erörtert in diesem Zusammenhang Liebe und Sexualität. Liebe und Sexualität haben mit Krieg und Tod zu tun, und der erste Weltkrieg wird nicht ohne Konsequenzen für das Liebesleben bleiben. Seine Überlegung zu den *zeitgemäßen* Liebesbeziehungen ist umstellt vom Nachdenken über Verlust, Trauer und Melancholie. »Das Leben verarmt, es verliert an Interesse« – diese Formulierung findet sich ähnlich in *Trauer und Melancholie*, ebenfalls 1915 veröffentlicht. Die Melancholie ist in *Zeitgemäßes über Krieg und Tod* zum Beispiel deutlich in der Asra-Figur aufgerufen, die mit dem gestorbenen Liebesobjekt mitsterben will: »Wir benehmen uns dann wie eine Art von Asra, welche mitsterben, wenn die sterben, die sie lieben.« In *Trauer und Melancholie* heißt es objektiver formuliert: »Die Melancholie ist seelisch ausgezeichnet durch eine tiefe schmerzliche Verstimmung, eine Aufhebung des Interesses für die Außenwelt, durch den Verlust der Liebesfähigkeit (...)« sowie »den Verlust der Fähigkeit, irgendein neues Liebesobjekt zu wählen – was den Betrauerten ersetzen hieße«.[1] In *Zeitgemäßes* wird diese Beobachtung zur interkontinental übergreifenden Gegenwartsdiagnose. Anstatt zu leben, sterben *wir* immer schon den verlorenen Objekten nach; die

Objekte sind immer schon verloren, selbst wenn ihr Verlust noch aussteht. Unfähig *uns* auf neue Liebesbeziehungen einzulassen, überwiegen *unsere* Bedenken vor den Risiken, die das Leben unweigerlich mit sich bringt. Das Kalkül, das nur mit Verlusten rechnet, führt zu einem Leben, das nicht mehr gelebt wird.

Das *Wir*, das Freud in *Zeitgemäßes* in beinah jedem Satz ins Spiel bringt, ist nicht mehr der *pluralis majestatis*, den Freud gerne in anderen Texten verwendet, so auch noch in *Trauer und Melancholie*, wenn der Analytiker in der Hoheitsform über die »Kranken« spricht. Das *Wir* in *Zeitgemäßes* ist ein entmachtetes, ein von der Melancholie zutiefst affiziertes.[2] Dieses *Wir* ist subjektiv und zugleich so allgemein gefasst, dass es amerikanische und kontinentale Kulturmenschen gleichermaßen einschließt, aber vor allem auch Freud selbst. Dieses *Wir*, durch das Freud selbst spricht, ist verbittert und gelähmt: »Wir getrauen uns nicht, eine Anzahl von Unternehmungen in Betracht zu ziehen (...). Uns lähmt dabei das Bedenken, wer der Mutter den Sohn, der Gattin den Mann, den Kindern den Vater ersetzen soll, wenn ein Unglück geschieht.«

Wenn dieses *Wir* so *ist*, wenn *wir* so melancholisch *sind*, wenn *wir* mithin so liebensunfähig *sind*, werden *wir* überhaupt neue Bindungen und Beziehungen eingehen können?

Doch trotz des Kalküls, dass es also besser wäre, wenn wir uns auf gar keine Begegnungen mehr einlassen, weil sie unangenehme Vorfälle oder ernste Konsequenzen haben könnten, die wir nicht zu verantworten in der Lage sind, *fallen* ständig und überall Begegnungen und Liebesbeziehungen *vor* – selbst unter den schrecklichsten Verhältnissen, die ein Krieg oder eine Gewaltherrschaft oder ein zugespitzter Kampf der Geschlechter mit sich bringt, passieren sie, *müssen* sie passieren. Und dieses ganz andere Müssen durchkreuzt noch alle einschränkenden Modalitäten, mit denen das Kalkül ausgestattet ist.

Wenn in unserer vom Todestrieb gezeichneten Gegenwart, in der der Tod aus dem Leben ausgeschlossen wird, weil mit ihm ständig gerechnet wird, dennoch etwas zwischen uns melancholischen und zugleich sexuierten Subjekten *vorfällt*, dann ist dieser Vorfall selbst der Flirt. Oder anders gefragt: Schlägt das Leben nicht wieder ein paar kleine Funken, wenn *wir Melancholiker,* gleichsam *malgré nous,* anfangen ein bisschen zu kokettieren?

1   Sigmund Freud, »Trauer und Melancholie«, in: *Gesammelte Werke,* Band 10, S. 428–446, hier: S. 429.
2   Der Veröffentlichung von *Zeitgemäßes* geht Freuds Vortrag »Wir und der Tod« voraus, den er am 15. Februar 1915 vor dem Israelitischen Humanitätsverein »Wien« des Ordens B'nai B'rith gehalten hat. In diesem Vortrag ist das »Wir« sogar noch persönlicher gehalten und an mehreren Stellen auch – dem Kontext entsprechend, in dem der Vortrag gehalten wurde – zu »Wir Juden« ausgeschrieben. Für den Hinweis sei Aaron Lahl gedankt. Vgl. Freud, *Wir und der Tod,* in: *Psyche. Zeitschrift für Psychoanalyse* 45 (02) 1991, S. 132–142 sowie Bernd Nitzschke, *Freuds Vortrag vor dem Israelistischen Umanitätsverein »Wien« des Ordens B'nai B'rith Wir und der Tod (1915). Ein wiedergefundenes Dokument,* in: ebd., S. 97–131.

KARL-JOSEF PAZZINI

FLIRT UND FEHLLEISTUNG

Freud führt Beispiele für das »Vergessen von Namen und Wortfolgen« an. Er übernimmt einiges von Kollegen:

> »Dr. Hanns Sachs: ›Ein junger Mann lernt in einer gemeinsamen Pension eine Engländerin kennen, die ihm gefällt. Als er sich am ersten Abend ihrer Bekanntschaft in ihrer Muttersprache, die er so ziemlich beherrscht, mit ihr unterhält und dabei das englische Wort für ›Gold‹* verwenden will, fällt ihm trotz angestrengten Suchens das Vokabel nicht ein. Dagegen drängen sich ihm Ersatzworte [...] auf, so daß er nur mit Mühe imstande ist, sie abzuweisen, [...]. Er findet schließlich keinen anderen Weg, sich verständlich zu machen, als den, einen

goldenen Ring, den die Dame an der Hand trägt, zu berühren; sehr beschämt erfährt er nun von ihr, daß das langgesuchte Wort für ›Gold‹ genau so laute wie das deutsche, nämlich: *gold*. Der hohe Wert einer solchen, durch das Vergessen herbeigeführten Berührung liegt nicht bloß in der unanstößigen Befriedigung des Ergreifungs- oder Berührungstriebes, die ja auch bei anderen, von Verliebten eifrig ausgenutzten Anlässen möglich ist, sondern noch viel mehr darin, daß sie eine Aufklärung über die Aussichten der Bewerbung ermöglicht. Das Unbewußte der Dame wird, besonders wenn es dem Gesprächspartner gegenüber sympathisch eingestellt ist, den hinter der harmlosen Maske verborgenen erotischen Zweck des Vergessens erraten; die Art und Weise, wie sie die Berührung aufnimmt und die Motivierung gelten läßt, kann so ein beiden Teilen unbewußtes, aber sehr bedeutungsvolles Mittel der Verständigung über die Chancen des eben begonnenen Flirts werden‹.«[1]

Fehlleistung führt zur Berührung. Die Berührung war im Wunsch eingearbeitet, der, als nicht realisierbar eingeschätzt, das Vergessen zustande brachte. Er hatte das Gold schon gesehen. Der Finger, aktiv und passiv zur möglichen Berührung da, war vom »Gold« umgeben, nach dem er suchte. Vielleicht wollte er das Wort, das Sprechen überhaupt umgehen.

Flirt sucht mit Worten und Gesten, mit Mimik temptativ, Bewegung und Berührung. Wie könnte Kontakt sein? Gleichzeitig ist in den Flirt oft eine Grenze der Moral, der Scham, der Schüchternheit, Ungewissheit eingebaut, ein Als-ob. Voraussetzungen als Anreiz. Es wird eine Bewegung zu erzeugen versucht, die etwas erfahrbar macht, das in der Beziehung, so wie sie sich im Moment zeigt, nicht ist.

Der Flirt beginnt verbindlich zu werden, verbindend zumindest, wenn Fehlleistungen passieren, sich etwas verrät.

* * *

Der Spannungsaufbau während der Sitzung begann zu knistern, die Übertragung war im vollen Gange, der Analytiker, beruflich, bildete den einen Rand, und was darum herum noch unterwegs und ab durch die Mitte war, war nicht mehr so genau zu umreißen. Eine Art aufregender Flow. Der Rand, an dem er sich festhielt, war die Position des Analytikers, der wissen wollte, was da gerade lief, und wusste, dass es nicht zu erfahren sein würde, wenn er den Rand als Befestigung verlöre, aber auch nicht, wenn er nicht riskierte, in den Flirt einzusteigen. Auch wenn er sich das nicht vorgenommen hatte. Es sei der Modus, der in der Unterstellung liege, dass in ihm ein Subjekt zu erfahren sei, das wisse, was gut sei, sagte er sich. Die Herausforderung war nicht unwillkommen, mit Bedauern und Erleichterung, dass es im Setting auftrat.

Die eine Versuchung bestand darin, das Widerstandsmoment jeder Übertragung zur Abwehr der Herausforderung werden zu lassen. Das wäre gegangen, behauptet der Analytiker. Er entschied sich und ließ sich entscheiden, riskanter zu sprechen. Er fragte. Fragen kann obszön sein.[2] »Sie sagten eben, wie sehr es Sie erregt, in Gegenwart eines Mannes zu spüren, wie die Knospen der Brust, von innen den Stoff berühren.« Im Ton zwischen Frage und Feststellung. Aber unsinniger Weise korrigierte sich der Analytiker: »Nicht Knospen, Knöpfe!« Sie lachte ganz kurz. »Warzen!«

Der Satz und sein Gehaspel trieb dem Analytiker eine Röte ins Gesicht. Er war froh, dass die nicht zu sehen war. Imaginäres tat Wirkung.

Das kommt vor im psychoanalytischen Arbeiten. Es ist der Hintergrund der Ansprechbarkeit in den Lücken des Buchstäblichen. Die reale Dimension des Sprechens und der körperlichen Präsenz tuen das Ihre dazu. Es passiert eine Art Suture.[3] Es kommt etwas durch Bilder zusammen, die bei ihrer Einbindung kleinere Perforationen setzen, das ist vielleicht das, was bemerkt werden kann: ein Reiz. Genäht mit einem Faden von Signifikanten, die ihre Wirkung im Realen tun, nämlich den Körper anstacheln. Der Faden geht durch und durch. Das Subjekt wird von den Signifikanten gekreuzt und so in Existenz gesetzt. Das Subjekt ist eines des Begehrens und des Unbewussten. Das, was da vorher nicht zusammen, geöffnet war, ist ein Effekt des Begehrens des Analytikers.[4] Dieses wird gefärbt und steht in Interferenz mit dem Begehren der je anwesenden Menschen, selbst Analytikern.

Das Wagnis führte zu vernehmbarem Schlucken der Analysantin. Dann eine Zeit des Zögerns, des Schweigens, dann Schluchzen, das sich wieder fängt: »So gerne hätte ich ihm gezeigt, wie schön meine Brüste sind. Aber es war mir klar, dass er das nicht aushalten würde. Er würde verstummen, er würde schlimmstenfalls so tun, als hätte er nichts gesehen, oder er hätte mir befohlen: ›Zieh dir was an!‹ Bei mir war es Stolz, natürlich auch Verführung, aber – ich habe oft darüber nachgedacht – auch irgendwie Dankbarkeit: ›Guck mal, was aus deiner Tochter geworden ist! Du kannst stolz sein!‹ Irgendwie so.«

Der Analytiker bemerkte, wie die Spannung nachließ, seine jedenfalls, es entstand etwas Melancholisches aufgrund des erzählten Verfehlens.

Die Arbeit ging weiter: Erotisierung, Sexualisierung der Grenze, Bedecken und Entblößen zugleich, und immer wieder, nicht immer, dieses bescheuerte Gefühl, wie die Analysantin sagte, dass es der falsche Mann sei, dass er nicht verstehe, was sie sagen und zeigen möchte. »Dieser dauernde Flirtzwang! Und das verunglückt öfter, als dass es Freude macht.«

Beim Abschied vermutete der Analytiker bei ihr einen freudigen Abschiedsschmerz von dem, was hier und jetzt möglich war, damals aber nicht. Der Analytiker spürte ihn bei sich deutlich.

1 Freud, Sigmund: *Zur Psychopathologie des Alltagslebens*. In: *GW*, IV. Frankfurt am Main 1941: Fischer, S. 43
2 Vgl. Bodenheimer, Aron Ronald: *Warum? Von der Obszönität des Fragens* (6 Aufl.). Stuttgart 2004: Reclam
3 Vgl. Pazzini, Karl-Josef: *Suture – Bilder in den Medien als Nähmaschinen*. In: *Riss. Zeitschrift für Psychoanalyse. Freud – Lacan* (39/40 September/Oktober) 1997: S. 133–144

4 Vgl. Lacan, Jacques: *Vom Freud'schen »Trieb« und vom Begehren des Psychoanalytikers*. (Übers. Gondek, Hans-Dieter) *Schriften II*. Vollständiger Text (orig. 1966; 1999) Wien, Berlin 2015: Turia + Kant, S. 396–400, insbesondere S. 399

GENEVIÈVE MOREL

KRIEGSGEFLIRT

In *Zeitgemäße Betrachtungen über Krieg und Tod* spricht Freud 1915 vom Einfluss des Todes auf unser Leben: Ohne dies höchste Risiko des Todes wäre das Leben arm und ohne jedes Interesse, einem faden und leeren »amerikanischen Flirt« vergleichbar, dem er die »kontinentale Liebesbeziehung« mit ihren eventuell »ernsten Konsequenzen« gegenüberstellt.

Die Bezugnahme auf den Flirt überrascht in diesem tragischen Text, der vor dem Hintergrund der kollektiven Trauer über den Ersten Weltkrieg verfasst wurde. Sie macht uns lächeln wie eine kuriose Abschweifung und scheint genährt aus Freuds wohlbekannten »anti-yankee«-Vorurteilen. Ist dieser Verweis auf den Flirt nicht sehr *altmodisch*? Natürlich sind mit den »ernsten Konsequenzen«

der »kontinentalen Liebesbeziehung« Ehe, Kinder, Familie gemeint, also diejenigen Institutionen, die den Sex mit dem Tod verbinden. Der Flirt jedoch wäre eher ein bloßes Vergnügen, eine freie, aber leere Lust. Als ein solches Vergnügen wäre es seinem Jenseits, dem *Genießen*, wie Lacan es versteht, welches der Mühe zwar wert ist aber von soliden menschlichen Institutionen gerahmt werden muss, um lebbar zu bleiben, entgegengesetzt.

Ist dieser Gegensatz, den Freud bildet, haltbar? Gibt es ein Spiel zwischen den Geschlechtern, das *nur* aus Scheingebilden bestünde, den amerikanischen Flirt, der somit den Titel eines Seminars, *Von einem Diskurs, der* nicht *von einem Scheingebilde wäre*, herausfordern würde? Gibt es ein sexuelles Spiel, das erlauben würde, sich in Sicherheit zu wiegen, geschützt vor dem Realen?

Sofia Coppolas *Die Verführten* (USA, 2017) deutet darauf hin, dass die Trennung zwischen dem Scheingebilde des Flirts und dem Realen »ernster« Beziehungen kaum haltbar ist.

Dieser Film ist das Remake der gleichnamigen Produktion von Don Siegel mit Clint Eastwood aus dem Jahr 1971. Beides sind Adaptionen des Romans *The Beguiled* von Thomas Cullinan (1969), der auch das Drehbuch für Don Siegel schrieb. Im Gegensatz zu ihrem Vorgänger nimmt Sofia Coppola die weibliche Perspektive ein, die Perspektive derjenigen, die sie nun als die Verführten ansieht. Sie vereinfacht dafür die Struktur der Erzählung drastisch, indem sie die »Rassenfrage« des zu Ende kommenden Bürgerkriegs herauslässt. Dieser Film ist auf eine Weise »gotisch«: voller blutiger Szenen, und er zeigt junge Mädchen von großer Schönheit, die eine gewisse Arglosigkeit ausstrahlen. Die Regisseurin hat der Erzählung einen linearen Lauf gegeben, der aber mit unerwarteten und plötzlichen Wendungen durchsetzt ist.

Rahmen des Films sind die Überreste eines Pensionats für junge Mädchen, die dort von ihren Eltern, die sich für die Südstaaten engagieren, zum Schutz vor dem Krieg untergebracht wurden. Das Haus wird zu einer weiblichen Überlebensgemeinschaft, platziert in einer natürlichen Oase inmitten des Kriegs; die einzige Spur aus der Außenwelt, die Armee der Männer, oder was davon übrig geblieben ist, wacht in der Ferne über das Pensionat. Es wird geführt von Miss Marta (Nicole Kidman), die, so steif wie die Gerechtigkeit selbst, den Pensionärinnen gute Manieren beibringt, als sei man im London des 19. Jahrhunderts. Die Mädchen tragen komplizierte Röcke und Korsette in der Hitze des Südens und sie lernen Französisch sowie Sticken. Miss Marta jedoch weiß einen Revolver zu bedienen und mit einem Messer umzugehen, »virile« Fähigkeiten, die sie von ihrem Vater, einem Colonel, gelernt hat. Auch gibt es die schöne und melancholische Edwina (Kirsten Dunst), die ihren Gatten im Krieg verloren hat und unterrichtet; sowie Amy, mit 12 Jahren die Jüngste, die einen verwundeten Nordstaaten-Soldaten beim Pilzesammeln unter einem Baum findet; sodann die sehr verführerische Alicia (Elle Fanning), ein junges Mädchen in Blüte, vibrierend vor Sexualität; und schließlich eine Gruppe weiterer Jugendlicher, die die Südstaatengesellschaft mit ihrem Hass auf den Norden und seine Soldaten repräsentiert.

Der verwundete Soldat, John McBurney (Colin Farell), ist ein Söldner, was ihn in den Augen der Damen entschuldigt (wäre er aus Überzeugung gegen den Süden in den Krieg gezogen, wäre es moralisch noch verwerflicher gewesen, sich um ihn zu kümmern). Man nimmt ihn auf, pflegt ihn zunächst im Namen der christlichen Caritas, aber, wie man weiß, beginnt diese immer mit einem selbst, gerade wenn sie sich gut eingerichtet findet. Eine jede wird also ihr eigenes »Gut« bei dem Soldaten suchen. Jedoch ist dieses Gut ein Sexuelles, wie die Regisseurin, die aus den Heldinnen ihres Films sexuelle Wesen macht, die sich vom Konventleben, das ihnen aufgezwungen wird, eingepfercht fühlen, deutlich macht. Und keine, von der kleinen Amy bis zur Leiterin, entgeht dieser sexuellen Dimension, die sich seit der Kindheit aufdrängt.

Ihr weibliches Begehren richtet sich auf einen verwundeten Mann, der bald »kastriert« werden wird (er selbst verwendet dieses Wort, auch wenn er in dieser Affäre »nur« ein Bein und nicht sein Geschlecht verliert). Seine Verwundung bildet also einen zusätzlichen Anreiz, der sich durch die »Gefahrlosigkeit«, die er darstellt, rechtfertigen lässt, aber man weiß, dass die – hysterisch genannte

– Anziehung der Frauen für den symbolisch kastrierten Mann in psychoanalytischer Hinsicht eine Konstante bildet. Sodann unterstreicht die Pflege – ein weiterer hysterischer Zug –, die dem Soldaten gegeben wird, seinen Charakter als »Kastrierter« und sie erlaubt zugleich eine vertrauliche Nähe, die der Soldat mittels einer schmeichlerischen Rede, die auf jede in ihrer einzigartigen Intimität abzielt, in zynischer Weise zur Verführung zu nutzen weiß. Mit Edwina spricht er über die Liebe; mit Marta über Verantwortung und Geschichte; mit Amy über Tierliebe; und mit Alicia gibt es nur Augenzwinkern, Gekicher und Flirt.

Es ist nun aber dieser Flirt, zunächst leicht und folgenlos, und nicht das Projekt einer ernsthaften Verbindung mit Edwina, der die ernsten Konsequenzen, um den Ausdruck Freuds noch einmal zu verwenden, nach sich ziehen wird. Denn es ist dieser fast wortlose Flirt, der auf direktestem Weg zum Sexualakt führen und die Katastrophe auslösen wird, die in der Rache durch die übrigen, missachteten Frauen liegt.

Drei Momente kann man in dem Film markieren: Zu Anfang erlaubt eine erste Umkehrung der Tradition von schwachen Frauen/Kriegern in starke Frauen/verletzter Mann den Ausdruck einer unterdrückten Sexualität. Diese zeigt sich zunächst durch das Hervortreten der vom Viktorianismus des Pensionats unterdrückten Koketterie: Alle halten Schmuck und Spitzen in ihren Schubladen bereit und holen sie hervor.

Sodann wird man Zeuge der Wiedereinrichtung der traditionellen Geschlechterordnung mit starkem Mann/verführten Frauen, die von einem einzigen Mann verführt werden, also miteinander rivalisieren.

Die Originalität des Films liegt nun in einer letzten Wendung: Die Gemeinschaft der Frauen, trotz ihrer Rivalität vereint, wird den verführerischen Soldaten besiegen, ihn noch weiter verstümmeln und schließlich töten.

Hier liegt die wesentliche These des Films: Frauen nehmen oft an, dass Neid und Rivalität unüberwindbare Hindernisse für ihre Vereinigung und ihre Freundschaft darstellen. Sie empfinden dies bereits angesichts ihrer eigenen Mutter, in der ödipalen Rivalität mit ihrem Vater. Hierzu hat die Regisseurin die Möglichkeit einer Antithese entworfen: Es handelt sich um einen feministischen Standpunkt Sofia Coppolas, die oft als Vatertochter behandelt wird, und nimmt damit vielleicht die #*MeToo*-Bewegung vorweg (der Film kam kurz zuvor in die Kinos). Auch die *Witwen* von Steve McQueen (2018) zeigt eine weibliche Gemeinschaft, die sowohl Rivalität als auch die Gegensätze von Klassen und Rassen überwindet.

Nun bildet sich in dem Film von Sofia Coppola die weibliche Gemeinschaft aber durch das Opfer und den Mord des sexuellen Objekts, das allen gemein ist. Man muss unweigerlich an den freudschen Mythos von *Totem und Tabu* zu denken, in dem die vereinten Söhne den tyrannischen Vater töten, um sich die Frauen zu teilen, die er besaß, und die Macht an sich zu nehmen. Hier nun aber opfern die Mädchen das phallische Objekt, das sie verraten hat, ohne allerdings etwas Weiteres als die Rückkehr zur traditionellen Ordnung des Pensionats dafür zu erhalten. Die Macht bleibt in den Händen der Männerarmee. Was genauso enttäuschend ist wie ein Karnevalsfest, auf dem sämtliche Überschreitungen und die Subversion der Ordnung nur für einen Tag im Jahr erlaubt sind.

Ob es Freud gefällt oder nicht, ein amerikanischer Flirt kann also zum tödlichen Genießen führen. Wie Lacan sagt: »Es beginnt beim Kitzeln und endet in der Feuersbrunst. Immer ist es Genießen.«[1]

1 Lacan, Jacques: *Le séminaire livre XVII. L'envers de la psychanalyse.* Paris 1991: Seuil, S. 83

* Aus dem Französischen übersetzt von Marcus Coelen

NICOLA BEHRMANN

FLIRTEN MUSS MAN: LIEBE
UND KRIEG IN HITCHCOCKS
THE BIRDS

Der amerikanische Flirt nimmt in *Zeitgemäßes über Krieg und Tod* (1915) eine merkwürdige Stellung ein: Eine assoziative, vielleicht unbedachte Nebenbemerkung in Freuds Diagnose, die moderne Gesellschaft klammere den Tod aus dem Leben aus und erst der Krieg bringe diese Tatsache wieder zu Bewusstsein. Die Analogie verwirrt gleich mehrfach: Freud verschiebt den Fokus vom Krieg abrupt auf die Sexualität. Er greift ausgerechnet auf ein nationales Vorurteil zurück, um das plötzlich feindselig gewordene Verhalten »hochzivilisierter Kulturnationen« untereinander zu erklären. Und der amerikanischen Oberflächlichkeit stellt er nicht europäischen Tiefgang oder romantische Liebe gegenüber, sondern »ernste Konsequenzen«; eine Art Gewissensinstanz, welcher der verliebte

Europäer immer eingedenk bleibe, der flirtende Amerikaner aber nicht. Was genau diese ernsten Konsequenzen mit dem höchsten Einsatz in den Lebensspielen zu tun haben, ein Risiko, welches sich der flirtende Amerikaner angeblich nicht mehr zumutet, sagt Freud nicht. Eben diese lose Analogie zwischen unserer Einstellung zum Tode und dem konsequenzlosen amerikanischen Flirt hat aber Alfred Hitchcock in all seinen amerikanischen Filmen intensiv beschäftigt. In *Rear Window* (1954), *To Catch a Thief* (1955) oder *North By Northwest* (1959) erweist er sich als Meister der Inszenierung des sprachlichen Flirts, mit Dialogen, die sich in der Kunst der Grenzüberschreitung vor dem Hintergrund einer Mordgeschichte üben. Kein geniales *mastermind*, sondern ein in eine Liebesgeschichte verhedderter *playboy* ist es, der den Mordfällen für gewöhnlich auf die Spur kommt.

In keinem Film jedoch hat Hitchcock die Liebe und unsere Einstellung zum Tode so eng verknüpft wie in *The Birds* (1963), wo der Flirt zwischen der skandalerprobten *socialite* Melanie Daniels und dem bodenständigen Rechtsanwalt Mitch Brenner von Anfang an in Aggression umkippt, während im Hintergrund, scheinbar ohne Zusammenhang, der Tod in Gestalt zielgerichteter und zugleich desorientierter Vögel durch die Luft schwirrt: prophetische Warnung, wie es scheint, aber wir erfahren nicht genau, wovor.[1] Der zweideutige Flirt wird in *The Birds* mit dem unheimlichen Mordwunsch der Vögel verknüpft – symbolisch geschieht dies in Gestalt von zwei harmlosen Zierpapageien (*love birds*), die sich als einziges Gepäckstück in einem zu schnell fahrenden Cabrio der Kleinstadt Bodega Bay nähern, wo Melanie und Mitch vor den Augen der übertölpelten Bewohner öffentlich Fangen spielen. Der amerikanische Flirt in *The Birds* – den Hitchcock am Ende doch besser verstanden hat als Freud – ist von »ernsten Konsequenzen« und einem unabwendbaren Unheil nicht zu trennen.

Wie manchmal in Märchen übermitteln die Vögel in *The Birds* eine geisterhafte Botschaft, deren Inhalt abhandengekommen oder vergessen worden ist. Sie scheinen sich keinen bestimmten Adressaten ausgesucht zu haben und sind auch nicht darauf aus, verstanden zu werden. Hitchcock hat sich bekanntlich strikt geweigert, die Frage zu beantworten, warum die Vögel angreifen. Flirt und Vogelangriff sind durch eine Kette metonymischer Verschiebungen miteinander verbunden, ergeben aber keinen kausalen Sinn. So bleiben auch die unterschiedlichen Interpretationen des Films Spekulation, etwa die Vermutung, dass es Melanie war, die in ihrer sexuellen Aggressivität und Offenheit die Vögel mitgebracht hat, wie ihr die verängstigte Mutter-von-zwei-Kindern im örtlichen Diner vorwirft; die These, dass es sich bei dem Vogelangriff um die Freisetzung von Lydias roher, inzestuöser mütterlicher Wut handele (Slavoj Žižek); oder die Annahme, dass die Vögel für das unbekannte Grauen der Natur stehen, von denen das Raster unserer Zivilisation bedroht wird (Camille Paglia). Am Ende des Films sind Melanie und Mitch lediglich Überlebende einer Katastrophe, und die auf den Stromleitungen sitzenden Vögel lassen vermuten, dass ihr Leben auch in Zukunft auf dem Spiel stehen wird, weil die Welt sich in einem sinnlosen Kriegszustand befindet.

Beim Flirten und im Krieg geht es um Akte lustvollen Verletzens und aggressiven Übersetzens. Ein gelungener sprachlicher Flirt misst sich letzten Endes daran, ob er treffsicher ist und etwas im Adressaten bewegt oder beunruhigt. Hitchcocks Flirts beziehen ihre Energie aus dem *punch* und dem *pun*, dem sprachlichen Hieb und dem doppelbödigen Wortwitz. Das Gesagte wird buchstäblich genommen und dem Partner scherzhaft im Mund verdreht. Der Flirt zwischen Melanie und Mitch, der blitzschnell zwischen Verhüllen und Enthüllen wechselt, ist dem blankem Sarkasmus, dem *practical joke* und der abgründigen Doppeldeutigkeit näher als der harmlosen Tändelei nach präfiguriertem Muster, als die Freud den amerikanischen Flirt beschrieb. Der Flirt in *The Birds* hat einen Hang zur Probe und zum Test und überschreitet dabei beständig die Grenze zur Taktlosigkeit. Er hat aber auch etwas mit einer aufrichtigen/aufrechten Suche nach der Wahrheit über sich selbst und den anderen zu tun: ein Erkundungsgang jenseits des Lustprinzips.

Sartre hat in *L'être et le néant* (1943) das Freud'sche Unbewusste mit dem Begriff der Unaufrichtigkeit ersetzen wollen. Zu seinen

Beispielen der *mauvaise foi* gehört bekanntlich auch das Verhalten einer flirtenden Frau, die ganz in einer fingierten Rolle aufgeht.[2] Auch hier hätte Hitchcock etwas zu sagen: Der als *punch* oder *pun* inszenierte Flirt wird bei ihm zum Kriegsschauplatz, der die Oberfläche zerreißt und unbewusste Todeswünsche freisetzt. Wer mit den/dem Vögeln spielt, schwebt bei Hitchcock zwar immer in Lebensgefahr, aber, um den von Freud zitierten Wahlspruch der Hanse (*navigare necesse est, vivere non est necesse*) einmal auf die Liebe selbst anzuwenden: Flirten muss man, leben muss man nicht. Auch bei Hitchcock fungiert das Unbewusste stets nur als *mauvaise foi*, aber Unaufrichtigkeit (hier der oberflächliche, aber die Wahrheit suchende Flirt) provoziert gleichzeitig den Tod: Sie geht aufs Ganze, »höchster Einsatz in den Lebensspielen«. Auf diese Weise öffnet und schließt der Flirt die Tür zur Wahrheit des Subjekts. Und diese Wahrheit, das wissen wir seit Nietzsche, ist eine Frau wie Melanie: eine, die »Gründe hat, ihre Gründe nicht sehen zu lassen«, und eine, mit der ein Wahrheitssuchender – der bodenständige Anwalt Mitch – zu flirten verstehen muss.[3] Die Wahrheit operiert stets nur auf der Oberfläche, nicht in der Tiefe, und kann deshalb auch nur oberflächlich verhandelt werden.

Tatsächlich wird Melanie von Mitch gnadenlos auf ihre Aufrichtigkeit hin geprüft. Bereits bei ihrer ersten Begegnung in der Tierhandlung sagt er ihr auf den Kopf zu, dass sie auf Kosten anderer vulgäre sexuelle Spiele treibt, nennt sie einen Vogel im goldenen Käfig und verabschiedet sich mit den Worten: »See you in court.« Er hält ihr also sofort ernste, juristische Konsequenzen vor Augen, und von dieser maskulinen, indifferenten Über-Ich-Instanz werden Melanie (und auch die anderen Frauen im Film) offenbar magisch angezogen. Nachdem ihr auf aggressive Weise deutlich gemacht wurde, dass ihre Flirtkünste nichts anderes sind als ein unaufrichtiger Gag einer gelangweilten Großstädterin, setzt Melanie zielstrebig und auf etwas gewagte Weise mit einem Boot zu Mitchs Elternhaus über, dringt in sein Wohnzimmer ein und platziert dort die *love birds* zusammen mit einer nicht an Mitch selbst, sondern an seine kleine Schwester gerichteten Grußkarte. Als sie von einer

Möwe am Kopf verletzt wird, betupft Mitch die Wunde zwar sorgfältig mit Alkohol (in einer nicht verwendeten Drehbuchfassung ist die Rede von einem »Loch im Kopf«; in semiotischer Hinsicht ist es ein Riss in der Oberfläche), reibt ihr dabei aber auch unter die Nase, dass sie sich in ihn verguckt habe und sicher nur seinetwegen nach Bodega Bay gekommen sei.[4] Auf der Geburtstagsparty seiner kleinen Schwester geleitet er sie, zwei Martinigläser in der Hand, zielstrebig in die Dünen neben dem Haus, aber anstatt sie zu verführen, presst er aus ihr die Wahrheit über ihren oberflächlichen und belanglosen Alltag heraus. Als sie ihn im Gegenzug mit einem ihrer *practical jokes* zu amüsieren versucht (sie will ihrer prüden Tante Papageien schenken, denen sie vorher obszöne Worte beigebracht hat), reagiert er herablassend: »You need a mother's care, my child.« Woraufhin sie umgehend mit der Wahrheit über ihre Mutter herausrückt (»She ditched us when I was eleven«) und einmal mehr den Schauplatz verschiebt – hinter ihrer Unabhängigkeit verbirgt sich die Trauer um ihre verlorene Mutter. Melanies unerschrockene sexuelle Aggressivität und Mitchs beleidigende Art zu flirten grenzen dabei oft genug an einen unbewussten, aber nahezu offen ausgedrückten »kraftvollen Todeswunsch«.[5] Wer letzten Endes zum Teufel geschickt wird, erfahren wir auch: Es ist die sexuell aktive, solitäre, kettenrauchende Liebhaberin, deren imaginäre Oberfläche die Vögel ja bereits in ihrer ersten Attacke auf doppelsinnige Weise angekratzt haben, ohne sie wirklich zu verletzen. Der häufig besprochene deplatzierte Blutstropfen nach dem ersten Angriff einer Möwe auf dem Boot, der zunächst auf Melanies Finger auftritt und erst nach einer Weile unter ihrem Haar hervorrinnt, ist nur ein weiterer Hinweis darauf, dass Sex und Krieg in *The Birds* gleichermaßen imaginär sind und flirtend miteinander in Bezug gebracht werden.

Aus Melanies Perspektive wird der Film erzählt, und wenn sie mit blinden, unverständlichen Attacken konfrontiert wird, so geschieht der Angriff auf ihre Oberfläche (und Oberflächlichkeit) auch dem Zuschauer. Den Einwohnern von Bodega Bay mag der Angriff der Vögel unverständlich sein – die konservative

Ornithologin im Diner etwa beharrt auf den unveränderlichen Gesetzen der Natur, nach denen Vögel keine Menschen angreifen –, aber wir, die Zuschauer, und Melanies nachdenkliches Gesicht angesichts des verwüsteten Brenner-Wohnzimmers und der hilflos die Scherben einsammelnden Mutter Lydia legt dies ebenfalls nahe, wir wissen instinktiv, dass die Vögel nicht von ungefähr kommen und einen Einbruch in unsere eingefahrenen Objektbeziehungen markieren. Melanie, gespielt von Tippi Hedren, die vorher nur in Werbefilmen aufgetreten war – Hitchcock nannte sie François Truffaut gegenüber nur »the girl« –, deren makelloses Gesicht eine reine Oberfläche präsentiert, wird also zum einen auf lustvolle und spaßhafte, zum anderen auf verstörende und unheimliche Weise versehrt. Sie jedoch hat nichts zu verlieren, hält die Wahrheit über sich aus und gibt sich nicht geschlagen. Es ist paradoxerweise nicht das Leben, das sie riskiert; es ist der Tod selbst, auf dessen Seite sie – unerlöst, wie im Märchen – bis zuletzt gestanden hat. Ohne es zu erkennen und ohne es zu wollen, befindet sie sich, fatalerweise, auf der Seite der Vögel, die sie zugleich als Köder verwendet. Als sie am Ende auf den Dachboden hinaufgeht (dass dies völlig grundlos geschieht, ist oft bemerkt worden), tut sie nur das, was sie den ganzen Film über bereits getan hat: Sie nimmt das Risiko in Kauf, verletzt zu werden, und ist einmal mehr bereit, dem Angriff auf ihre Oberfläche standzuhalten.

Am Ende ist aus dem aggressiven Flirt eine stabile Beziehung geworden, die auf der Angst gegründet ist. Mitch, der sämtliche Fenster seines Hauses mit Brettern vernagelt hat, aber auf die mehrfach an ihn gerichtete Frage, was denn nun zu tun sei, mit hilflosem Achselzucken reagiert, hat Melanie mehr als einmal deutlich gemacht, dass sich hinter ihrer makellosen Oberfläche ein von allen guten Geistern (und ihrer Mutter) verlassenes Mädchen verbirgt.[6] Melanie hat den richtungslosen Mordversuch der Vögel ebenso überlebt wie die verbalen Attacken des mit ihr flirtenden Mitch. Lydia hat im Auto die völlig fertige und hilflose Melanie endlich in ihre reserviert-mütterlichen Arme geschlossen. Annie, die trauernde Rivalin und Verbündete, ist tot (sie hat Melanie auf mehrfache Weise geholfen, Mitch näherzukommen). Im Gegensatz zu Filmen wie *Marnie* oder *Psycho* verzichtet Hitchcock in *The Birds* jedoch auf jede Psycho-Logik: Weder verstehen wir am Ende Melanies, Mitchs und Lydias Geschichten besser, noch ist uns einsichtig geworden, warum die Vögel so aggressiv in unsere Objektbeziehungen eingreifen. In *The Birds* ist es nicht die psychologische Tiefe der Hauptfiguren, sondern die Oberfläche, die, wenn sie einmal angekratzt wird (von den Vögeln und im Flirt), uns die tödliche Ambivalenz unserer Objektbeziehungen vor Augen hält. Der Flirt in *The Birds* wird zum Einsatz in den Lebensspielen, die Vögel das vergessene Risiko. Der amerikanische Flirt, erzählt uns Hitchcock, ist also alles andere als oberflächlich. Er spielt sich lediglich auf der Oberfläche ab – das Gewebe unserer sozialen Bindungen – und testet ihre Haltbarkeit immer wieder aufs Neue.

1 Die Handlung des Films, eine Adaption von Daphne du Mauriers gleichnamiger Erzählung, hatte Hitchcock von der britischen Insel auf die amerikanische West Coast verschoben. Der abschließende Angriff der Vögel auf das Haus der Brenners mit der im Dachboden eingeschlossenen Melanie basiert, Peter Ackroyd zufolge, auf Hitchcocks eigenen Erfahrungen deutscher Luftangriffe auf London. S. Ackroyd, Peter: *Alfred Hitchcock*, New York 2015: Anchor Books, S. 218

2 Sartre, Jean-Paul: *Das Sein und das Nichts* [1943]. Reinbek bei Hamburg 1993 (10. Aufl.): Rowohlt, S. 132–134 Unter anderem versucht Sartre am Beispiel einer flirtenden Frau nachzuweisen, dass es sich beim Freud'schen Unbewussten in Wahrheit um die Unaufrichtigkeit handelt (siehe ebd., Teil 4, Kap. 2 [Die existentielle Psychoanalyse]).

3 Nietzsche, Friedrich: *Fröhliche Wissenschaft*. In ders.: *Kritische Studienausgabe*, Bd. 6, Hg. Giorgio Colli und Mazzino Montinari, München [1980] 1999: dtv, S. 439. »Vorausgesetzt«, beginnt Nietzsche ähnlich seine Vorrede von *Jenseits von Gut und Böse*, »dass die Wahrheit ein Weib ist –, wie? Ist der Verdacht nicht gegründet, dass alle Philosophen, sofern sie Dogmatiker waren, sich schlecht auf Weiber verstanden? Dass der schauerliche Ernst, die linkische Zudringlichkeit, mit der sie bisher auf die Wahrheit zuzugehen pflegten, ungeschickte und unschickliche Mittel waren, um gerade ein Frauenzimmer für sich einzunehmen?« (Nietzsche: *Jenseits von Gut und Böse*. In: ebd. Bd. 5, S. 11)

4 In einer von Hitchcock nicht verwendeten Fassung des Drehbuchs von Evan Hunter sagt Melanie scherzhaft zu Mitch: »[A]ll I get for my pains is a… a… hole in the head!«, woraufhin Mitch grinsend antwortet: »Right next to the one you already had.« Hunter, Evan: *The Birds. Based on the Novel by Daphne du Maurier*, 2nd draft [March 2, 1962]. Link: https://www.dailyscript.com/scripts/The_Birds.html (01-15-2019).

5 Freud, Sigmund: *Zeitgemäßes über Krieg und Tod*. In: Studienausgabe. Frankfurt/Main 1969–1975: Fischer, Bd. IX, S. 57

6 Durch den Film geistert das Gerücht von Mitchs Unnahbarkeit: Wer sich ihm nähert, dies deuten Annie und Lydia an, verbrennt sich die Flügel.

LUCE DELIRE

**EIN TAG IN VANILLA –
FLIRTEN AM ENDE DES
KAPITALISMUS**

Mit Dank an: Eshan Rafi, Rose Buttress, Marcus Coelen, Hagia Yani, Thomas Lehnen, Lene Vollhardt, Barbara Mienou, Lydia Dykier, Jamieson Webster, Tucké Royale, Vishnu Vardhani Rajan, *Nathanja und Heinrich*, Hannah Corogil, Karl-Josef Pazzini, Judith Kasper

Irgendwann stehe ich auf. Ich hab vergessen, wann oder warum. Könnte sein, dass es um Arbeit geht. Jedenfalls ziehe ich das T-Shirt an – Nostalgie und so. Ein Rest von *Edginess* ist gern gesehen. Ich streichle das Pony, es lebt auf dem Schreibtisch – Technologie und so. Ein Rest von Zuversicht. Vielleicht mache ich mir was zu essen, aber vielleicht ist auch noch was da. Jemand* ist auf dem Sprung – Theater und so. »Ich möchte es allen schenken« und »Wir haben echt gut gearbeitet«. Irgendwann verlasse ich das Haus. Umbaumaßnahmen dauern an. Die Bourgeoisie hatte sich in der Bausubstanz festgesetzt und Gift und gute Worte konnten das nicht ändern. *Vanilla* ist nicht zuletzt eine architektonische Maßnahme, eine architektonische Aufgabe. ›Architektonisch‹ im weiten Sinne, versteht sich – Medienarchitektur und Erinnerungskultur inbegriffen. Und so weiter und so weiter. Wir haben aufgehört, unsere Gedanken auszuführen. Unsere Sätze zu beenden. Vollständige Grammatik ist nicht nur Mittel autoritärer Disziplinierung, sondern auch Vehikel einer Fantasie von Einsamkeit (vormals: ›Individualität‹), die es zu beruhigen, einzuhegen, zur Ruhe zu betten gilt. Freilich gibt es noch ›ganze Sätze‹. Aber es gibt eben auch das symphonische Sprechen, in dem Stimmen sich wie Instrumente in barocken Chorälen übereinanderstapeln, sich anschmiegen, verstummen und wieder einsetzen; und Bedeutung eher eine Frage der Sammlung ist denn eine Frage von Unter...

*sagung, *werfung, *setzung, *ordnung, *jochung – *you name it*.
So singt die Stadt manchmal, wenn wir aneinander vorbeilaufen. Das intime Zwiegespräch, in dem eine redet und die andere lauscht, geschieht nur unter der Maßgabe, dass niemand sie selbst ist. Hier sprechen wir durch die anderen mit uns selbst und einander – eine Art gegenseitiger Mäeutik, die unterschiedliche Stimmen und Begehren erklingen lässt. Solo-Symphonie mit Streich(el)begleitung.

Ich gehe in die Bar. Wir nennen das immer noch ›Bar‹. Warum auch nicht. Begrüßung dauert. Ich setze mich ins Fenster, rühre im Tee und frage mich. Es ist ruhig im Herbst. Ich notiere und analysiere. Gespräche und Lektüren. Ab und zu fällt ein Gewicht dabei ab. Zunächst aber eine Sammlung von Ideen, Aussagen, Instrumenten. Das symphonische Sprechen ist so entstanden. Es hat das Sonnenbaden als kollektive Lieblingsbeschäftigung abgelöst. Der Unsicherheitsdienst ist so entstanden (mit Dank an Thomas) – Menschen, die ihre Unsicherheit teilen, insbesondere in Institutionen und anderen Orten, die Gefahr laufen, zu spontanen Machtkonzentrationen zu verleiten. Der Unsicherheitsdienst sagt: »Ich bin unsicher.« »Ich habe Angst.« Oder »Ich weiß nicht genau ... warum noch mal?« Aufmerksamkeitskonzentration streuen. Das funktioniert ganz gut. Alle kommen irgendwie runter und erklären noch mal. Unsicherheitsdienst – per Losverfahren. Es ist auch eine Gelegenheit, sich vom sozialen Gefüge auffangen zu lassen. Viele erinnern sich nicht mehr daran, aber es könnte als eine umgedrehte Form von Polizei verstanden werden – die Polizei hatte damals den Auftrag, ›die Sicherheit‹ im sozialen Gefüge herzustellen. Der Unsicherheitsdienst weiß, dass die Mobilität im sozialen Gefüge die *neue* Sicherheit *ist*. Dass nichts hergestellt werden muss, weil nichts bleibt, wie es ist. Polizei war eine Art staatlicher ›Sicherheitsdienst‹ im negativen Sinne – ›Sicherheit‹ herstellen hieß Ausschluss von ›Unsicherheitsfaktoren‹. Der Unsicherheitsdienst ist hingegen der Versuch, das soziale Gefüge durch Konfrontation mit partieller Unsicherheit dazu zu animieren, zusammen Unsicherheiten zu integrieren. Und weil alle mal im Unsicherheitsdienst unterwegs sind, erleben auch alle irgendwann mal das soziale Plastik. »Ich weiß nicht genau.« Langsam verschiebt sich das soziale Gefüge, zerstreut sich Konflikt und Autorität. Ein Fest der Schwäche.

Viele erinnern sich nicht mehr daran, aber das Gründungsgefühl dessen, was sie ›westliche Moderne‹ nannten, war der Zweifel – Descartes und so. Und die zweifelhafte ›Sicherheit‹ dementsprechend die Abwesenheit von Unsicherheitsfaktoren. Isolation, Determination, Terminierung, Immunisierung. ›Fortschritt‹ hieß das. In Wissenschaft, Gesellschaft, Politik, im Denken wie im Fühlen. Es wurde dagegen aufbegehrt, doch das Paradigma blieb immer der Zweifel – affirmiert, negiert, isoliert, ignoriert.

Wir verstehen ›Paradigmen‹ als unausweichliche Endpunkte konzeptueller wie pragmatischer (...) Differenzierung. Das Paradigma birgt ein Versprechen, und im unausweichlichen Bruch dessen eine Drohung.[1] Das Leben unter stabilisierten Paradigmen ist daher eines von Furcht und Hoffnung – und von Zweifel. Spinoza schlägt vor, dass vielen diejenigen Dinge angenehm seien, die wir uns leicht vorstellen können, und dass das, was wir uns leicht vorstellen können, unserer Imagination nah ist, wie sie schon da ist. *The message most likely to arrive is the one that has been there all along.* Und so zogen die Menschen die Ordnung der Konfusion vor, als gäbe es eine natürliche Ordnung außerhalb unserer Vorstellungskraft. Die

Menschen zogen eine Ordnung vor, die zu ihren Kapazitäten passt, anstatt die Kapazitäten an komplexen Realitäten wachsen zu lassen.[2] Beim Versuch, die Realität ihrer Vorstellungskraft anzupassen, wurde die Welt im Gegenzug nur komplexer – #Anthropozän. Als ›Paradigmen‹ verstehen wir also Arrangements, die alternativlos scheinen – daher Versprechen und Drohung. Ihre Transparenz ist Beweis einer gewaltsam schleichenden Autorität (s. die Anmerkung[3]). Ihre Realität Ergebnis eines Differenzierungsprozesses. Wenngleich das frühe 21. Jahrhundert von der gewaltsamen Einschleifung der Kleinfamilie und des Zwei-Geschlechter-Systems wusste, schienen sich Alternativen doch immer nur von Gewalt gewordenen Körpern abgrenzen zu können – Körpern, die in diese oder jene Richtung geschämt, geprügelt oder sanft gelockt worden waren. Die geschlechtliche Ordnung der Welt war paradigmatisch. Ebenso diejenige in rassifizierte Gruppen: Obwohl sich im »globalen Norden« viel Mühe gegeben wurde, die ökonomische Aufteilung der Welt zu ignorieren, war es doch schwer zu übersehen, dass arm und reich global sich nicht zufällig so verteilten, wie sie im 19. Jahrhundert *et passim* von langer *weißer* Hand erwürgt worden waren; spätestens als die Grenzen Europas fielen und der lang geschobene Kredit – aus den Augen aus dem Sinn – vor der Tür stand. Kolonialismus war *paradigmatisch*. Und Ignoranz macht das *Paradigma* nicht ungeschehen. Der Referenzpunkt zeigt seine Autorität *gerade* durch den Widerstand hindurch.

Das Paradigma sozialer Interaktion war das Privateigentum, und daher die Identifikation mit der Polizei. Privateigentum ›als Ideal‹ war die realisierte, negative Freiheit; negative Freiheit der Ausschluss externer Einflussnahme. Privateigentum *real* allerdings bestand in der Bestimmung eines (Tausch-)Wertes, der durch einen verschleierten oder naturalisierten Index stabilisiert werden musste[4] – angeblich autochthone Bedürfnisse; unbezahlte reproduktive Arbeit; Ausbeutung angeblich kostenloser, ›natürlicher‹ Ressourcen; Menschen (insbesondere im ›globalen Süden‹), deren soziale und ökonomische Fragilität die Preise anderswo niedrig hielten.⁵ Hier, in der Zinnfolie sozialer Reproduktion, vor geblendeten Rückseiten riesiger Reflektoren, konnte sich ‚Wert spiegeln'. Die politische Materialisierung des Privateigentums als klassenübergreifendes Prinzip vom 16. Jahrhundert an blieb Ergebnis des Raubbaus an Menschen und Ressourcen.⁶ Die Herstellung des ›Individuums‹, das durch Konsum und Privateigentum (›Stil‹, ›Meinung‹, ›Geschmack‹, ›Vorliebe‹, ›Auswahl‹, ›Interesse‹) definiert und sich selbst durch Äquivalente von Tauschwert in *likes*, Attraktivität, Bankkonto und kulturellem Kapital à la Style, Gruppenzugehörigkeit und geteilter Praktiken etc. verstand⁷, war daher direkt mit dem Leiden der Welt verquickt. Kolonialismus hatte über Jahrhunderte hinweg den Reichtum in diejenigen Länder gespült, deren Konsum nun den *Status quo* vorantrieb; Sklavenarbeit in kongolesischen Coltanminen versorgte weite Teile der Menschheit mit elektronischen Geräten, die ihnen Zugang zu *Dating Apps* und *Apple Life Style* verschafften; Billiglöhne und ungesicherte Arbeitsmärkte im globalen Süden ermöglichten Nordamerikaner*innen den Nahrungsmittelplan (#AsianFood); globale Ausbeutung schuf Europäer*innen eine Sicherheit, die tagelanges *Clubing* zur Option und zum Begegnungsort machte und gesunden Schlaf auf weichen Matratzen zum Lebensstandard.

Die Institutionen und Praktiken der Liebe waren diejenigen des Privateigentums, und daher die Identifikation mit der Polizei. So, wie Eigentum Diebstahl ist, weil der Diebstahl als Möglichkeit immer – paradigmatisch – ausgeschlossen können werden muss; so war Liebe Trennung und Gewalt, weil Letztere als Möglichkeit immer – *paradigmatisch* – ausgeschlossen werden können mussten. Diese Logik materialisierte sich von Schloss und Schlüssel, Passwort, Grenze, Abschottung und Vertrauen unter Strafe über die Gründung von Gesellschaften auf abstrakten Versprechungen und die Institution der ›Ehe‹, den Ring als romantisierte Metallfessel, Ausschluss der anderen im gemeinsamen Netflix-Abend als konstituierendes Moment der ›Romantischen ZweierBeziehung‹ (RZB), Familiengerechtigkeit als architektonisches Prinzip auf allen Ebenen etc. Nach der Abschaffung des Besitzrechts an Partner*innen blieben ›die gemeinsame Welt‹, die running gags, die kulturelle und soziale Nähe zueinander, das individualisierte Gefühl und die Anpassung von Oberflächen wie Gesichtern und Haarschnitten Markierung von ›Liebe als Privateigentum‹ *next level*. Auch polyamoröse Beziehungen blieben meist schwache Versuche, die immer schon potenziell zeitlich begrenzten Nahbeziehungen schlicht ›räumlich‹ zu streuen – statt nacheinander wurde der indexikalisierte Ausschluss nebeneinander arrangiert.

Wo Diebstahl ist, da ist auch die Polizei (Danke, Rose). Je kommodifizierter, desto rechtshöriger. In unserem Sinne heißt das: Gerade diejenigen, die sich der Polizei zu entziehen suchten, waren um die Einhaltung von Regeln (die besser oder schlechter sein konnten als die von Staats wegen, von der Mehrheit, von den Sieger*innen propagierten) umso mehr bemüht. Diejenigen also, die sich mit Diebstahl, Drogen und politischem Widerstand befassten, waren umso eingenommener von der Logik des richtig und falsch, gut und schlecht, Norm und Abweichung, progressiv, regressiv, konservativ, revolutionär (was immer den Index der Aufwertung trug), als sie sie im Gegenwind direkter spürten. Die anderen konnten sich in Ermangelung von Konfrontation mit Beurteilungsobjekten für ›liberal‹, ›offen‹ und ›weltgewandt‹ halten. Gerade dort, wo ›Privatheit‹ die Augen der Institutionen verschloss – im Club, im Schlafzimmer, in aller Freundschaft –, bemühten sich alle jederzeit um die Identifikation mit dem Gesetz – ›gut‹ ›richtig‹ ›schön‹ ›aufgeschlossen‹, ›sexy‹ etc. Immer am Paradigma entlang oder daran vorbei dagegen an. Die meisten dieser Identifikationen blieben haltlos, folgenlos. Die Polizei ist eine Institution, ihre Abschattungen Teile realer Paradigmen. Dennoch wollten alle mit dem Stöckchen spielen, einander für Vergehen auf die Finger klopfen – oder fühlten sich stark im Ignorieren der Regeln, schwach in ihrer Unfähigkeit, ihre Grenzen und Bedürfnisse durchzusetzen, unfähig, sich selbst überhaupt irgendwo wiederzufinden. Widerstand war zwecklos. Wer Privateigentum abschaffen wollte, musste die Polizei neu erfinden, und also von der ›Wahrheit‹ der eigenen Haltung Abstand nehmen. Und andersrum: Wer die Polizei abschaffen wollte (#PrisonAbolition), musste Privateigentum neu erfinden. So drehten sich Tischgespräche, Mediendebatten und Juristereien um die Rechtmäßigkeit politischer, zwischenmenschlicher und aller anderen Verhältnisse. ›*Justitia*‹ blind, vom Zweifel ferngelenkt.

Alle beschweren sich über *Dating Apps* und die Digitalisierung des Flirtens. ›The fifth Wall‹ gewährt Unsichtbarkeit hinter Daten-Avataren – fb, twitter, insta etc. (Danke, Vishnu). Angeblich war dem Liebesspiel die Magie abhanden gekommen, oder wahlweise war sie Wegwerfware ›geworden‹. Tatsächlich aber war die Unzufriedenheit scheinheilig, verschärfte sie doch nur ein ohnehin gegebenes *Paradigma*: Wo ›Wert‹ den Flirt bestimmt, dort wird gefeilscht – und gleichzeitig auf die Wahrheit bestanden. Es bedarf eines Urteils. Es bedarf der Polizei. Im fließenden Übergang fanden sich Schuldspruch und Verschleierung. »Wer kommt rein – in mich, mein Bett, mein Leben, meinen Körper?« Der Zweifel gab auch hier den Ton an. Und die Polizei das gesellschaftliche Paradigma. Denn Identifikation mit dem Gesetz, Ignoranz oder Widerstand dagegen blieben unausweichlich, immer in Sichtweite. Ob ich die ›richtigen‹, ›guten‹, ›langzeittauglichen‹ Partner*innen suchte, mich im magischen Moment abseits dieser Logik zu verlieren versuchte (mit oder ohne Drogen, Reisen, die Überschreitung von Landes-, Klassen-, kulturellen oder geschlechtlichen Grenzen etc.), ironisch auf die offensichtlichen Regeln bezog oder mich verführen zu lassen spielte – sie blieben doch immer in Reichweite. Immer war die eheähnliche Formation nur einen Schritt hinter mir und das Versprechen auf ein Ende der Einsamkeit gar nicht so weit entfernt … immer blieb das Urteil über ja und nein, Schmerz und Hoffnung Aufgabe der Polizei (Danke, Eshan).

Im neoliberalen Kapitalismus galt es also, die *fünfte Wand* so lange wie möglich aufrechtzuerhalten, um den Flirt möglichst erfolgreich weiterzuspinnen. Denn der echte Flirt in einer narzisstisch individualisierten Gesellschaft ist der Flirt mit mir selbst, vermittelt durch einen minimalen Widerstand, der mir gerade so ermöglicht, davon überzeugt zu bleiben, dass ich nicht ganz mit mir selbst rede. Es geht also um eine Verschleierung des Selbstgesprächs – und des doppelten Selbstgesprächs im besten Falle. Wie lange aber kann sich ein solcher Prozess hinziehen? Der ›reale Kontakt‹ jedenfalls birgt den Terror der allgemeinen Unzulänglichkeit und den Schrecken eines Lebens jenseits polizeilicher Verordnungen.[8]

Das Sediment der nicht abgeschlossenen Paradigmatisierung ist die Keimzelle eines Gegen-Paradigmas. Praktiken, die noch das Potenzial der Widerholung in sich tragen (nämlich ›nochmal‹ und ›dagegen‹), die emotional so besetzt sind, dass sie genügend Gravitationskraft entfalten, um mitreißen zu können. Niemand handelt nach dem guten Willen – es sei denn, es winken Streicheleinheiten, real oder imaginär.[9] Es galt, den ungerechtfertigten Zorn gegen gerechtfertigte Objekte zu richten. Das erste Drittel des 21. Jahrhunderts war hierin so ungeschlagen wie ungerichtet. Als Kommodifikation fast alles paradigmatisiert hatte, blieb nur der Serviervorschlag. Denn ›Kommodifikation‹ bedeutet auch Einschleusung in den Marktplatz der Ideen – »Tu x und y wird passieren«. Der Serviervorschlag kann (!) dem Produkt von den Teilnehmenden hinzugefügt werden, ist aber nicht in der Packung enthalten. Keine Äpfel im Apfelsaft und nicht der schöne Herr im Eier-Sechser. Kein Heilsversprechen, kein Ende der Verantwortung. Serviervorschlag statt Ethik. Der Stattstaat: Ein Serviervorschlag. Der Serviervorschlag erfordert Initiative, kollektive Kreativität. Der Serviervorschlag bleibt unmöglich, vielleicht unerwünscht – wer will schon Haselnüsse mit unbekannten Eichhörnchen teilen? Der Serviervorschlag ist ein kollektives Projekt, eine schwache Besetzung. *Vanilla* war ein Serviervorschlag.

Vanilla galt als Gegenstück zu ›BDSM‹ – ein Euphemismus für langweiligen Sex. Wir wollten, dass *Vanilla* sich davon emanzipiert. Das würde sie (*Vanilla*) natürlich auch aus dieser Scheinopposition mit BDSM herauslösen. Warum sollte *Vanilla* in diesem

Sinne keine Handschellen, kinky Rollenspiele und ausgeklügelte Szenarien beinhalten können? Es ging darum, eine Sensibilität für und durch Virtualität zu etablieren oder zu emanzipieren ... es ging darum, den unausweichlichen Kollaps von Entzug in Effekt, von Aktualität auf Abwesendes, von Verschiebung in ihre Instantiierung aufzuwerten.[10] Neoliberales ›Flirten‹ war eine Quelle dessen: Zwar handelte es sich um verschleierte Selbstgespräche, doch war der Mechanismus am Werk die Wirkung eines minimalen Kontakts, der von ständig reproduzierter produktiver Abwesenheit lebte. Es ging also darum, die Fantasie der Vereinigung, des Ausschlusses der anderen, der Realisierung einer Fantasie aus dem Spiel herauszulösen. Eine Verführung ohne Ziel. Eine Verführung, die der Möglichkeit ihrer Realisierung vorausginge. Es ging um eine genaue Analyse und konkrete Praktiken. Praktiken nicht unter der Zielvorstellung ›Beischlaf‹, sondern unter der Zielvorstellung ›Produktion von Praktiken‹. Es ging um ein Ende des Konsums von Vorbildern und voneinander.

Wie würde eine solche Kultur aussehen – eine Kultur in *Vanilla*? *Vanilla* wäre eine Abkürzung für alles, was Virtualität *anders* praktiziert oder probt, als sie bloß auf *Aktualität* zu reduzieren. Es ging dabei um die denkbar pragmatischsten, materiellsten Elemente: Gesetzestexte, Bräuche, Gewohnheiten, Flirten, Kriege usw. Natürlich war *Vanilla* selbst unvermeidlich virtuell, ein Ort ständiger Neubestimmung. Ein Ende der Angst vor dem Zweifel (Danke, Eshan).

Wir probten. Wir probten, einander nie zum ersten Mal zu treffen. Wir probten, aufeinander zu reagieren, wie es Bekannte tun, die aneinander interessiert sind. Wir weiteten den Flirt zur sozialen Matrix aus. Wir wollten die Polizei abschaffen, den Flirt von der Richtigkeit, der Witzigkeit, dem ›Unrecht‹ befreien. Wir haben viel geprobt – wie flirten, jenseits der richtigen Wahl? Wir mussten Individualität entlernen, uns vom Versprechen des individuellen Ausdrucks losmachen, voneinander lernen, nicht wir selbst zu sein. Wir spielten Theater, zuerst, manchmal. Dann spielten wir immer Theater – so wie wir es vorher getan hatten, nur wechselten wir jetzt ständig die Namen, die Rollen, die Gesten, die Stimmen. Das bedeutete, sich von der Wahrheit oder (Aus)Richtung des Versuchs freizumachen, den Kanon zu verlassen und außerhalb des kolonialen Rahmens zu suchen. ›Vanilla‹ musste über ›Individualität‹ hinausgehen, ohne einem totalitären Traum kollektiver Aktualität zu verfallen. Psychoanalyse war hilfreich – eine Praxis, in der geprobt werden konnte, Begehren aus der Aktualisierung herauszulösen.[11]

Es ist Zeit. Es ist Zeit. Zeit, den Schwarm zu wechseln. Eine weitere Einsicht: Menschen sind Schwarmwesen wie Bienen und Ameisen. Sie kommen nicht ohne Staaten vor. Bienen sind nicht staatenlos. Die Drohnen vielleicht im Transit. Der aber setzt die Staatenhaftigkeit des Biene-Seins voraus. So auch die Menschen. Im stillen Flug orientieren sie sich netzartig aneinander. Und je flacher die Hierarchien, desto gesättigter die Seelen. Ich schwinge mich aufs Fahrrad und radle durch den frühen Abend in die Ansbacher Straße. Jmd.* präsentiert das Gewehr. Das Kostüm nämlich. Das Kostüm ist die Waffe im Kampf gegen ererbte Herrschaft, die sich nach all den Jahren noch immer durch unsere Praktiken schleicht. Manchmal sehe ich dich. Oft studieren die anderen, die jüngeren, neugierig mitfühlend meine Bewegungen, das zögernde Sprechen, die ausweichende Art, meine Augen, der emotionale Horizont von Schuld und Strafe, mich. Trauma verjährt nicht. Viel Liebe begegnet mir. Die Angst bleibt.

It's party time. Ich könnte sagen: »Ich gehe auf eine queere Sex-Party.« Aber alle Partys sind queere Sex-Partys. Im Vergleich zum alten Modell sind alle ziemlich queer. Sex passiert – auf Partys oder anderswo. Wir sind verabredet und einander im Labyrinth zu finden ist Teil des Spiels – Aufschub und Wiedersehensfreude Teil der Erotik. So viel ist geblieben. Diese Partys waren instrumentell für die Recodierung der sozialen Sphäre. Ich erinnere mich an nacktes Garderobenpersonal, um Gästen ein positives Beispiel zu geben. Wie dezidiert verschiedenste Formen von Menschen Kontakt suchten, um mitgebrachte ›Sicherheiten‹ (nämlich: Grenzen, Ängste) sanft erodieren zu helfen. Später, als Sexualität sich vom Ideal der Nacktheit langsam lösen konnte, weil den Körpern die Scham und uns allen die Angst ausging – später also konnten auch paracorporale Gadgets und Elemente in den libidinösen Austausch eingehegt werden. Das war eine aufregende Zeit. Reparationszahlungen ermöglichten Umschichtungen sexueller Codes. Die Grenzen, die Köpfe, die Konten, die Fabriken, öffneten und zerflossen auseinander miteinander ... Die Gefängnisse. Gerade aber finde ich dich aufregend. Es ist nicht ungewöhnlich, dass der Schwarm sich stellenweise verdichtet, zwei, drei, viele enger zusammenrücken – physisch; auch psycho-kulturell: Die Idee von Permeabilität und Osmose, gesammelt und verstärkt wie Unsicherheitsdienst und symphonisches Sprechen. Wir sprechen von einer Verdichtung des Schwarms immer dann, wenn ein erhöhter Austausch von Praktiken, Gedanken, Gefühlen und Stilen beobachtet werden kann. Menschen permeieren ineinander, sie lächeln ähnlich, teilen ihre Themen, Terminologien und Kusstechnologien, berühren und laufen ähnlich, gestalten ihre Tage aneinander angepasst etc. Das kann, muss aber nicht mit einer Synchronisierung von Zeitökonomie einhergehen – wir können uns häufig sehen, müssen es aber nicht. Gesellschaft ist nicht länger Ausdruck des Selbst. Gesellschaft ist Permeation, Übertragung eine Übung. Psychoanalyse bleibt ein Instrument zur Recodierung von Sozialität – eines von vielen.

Viele erinnern sich nicht mehr daran, aber die bürgerliche Gesellschaft und ihre Post- und Smart- Varianten wandelten auf geotemporalen Füßen: Der Schwarm verdichtete sich dort, wo Leute viel Zeit miteinander verbringen (mussten) und einander räumlich nah standen (Schule, Krankenhaus, eheliche Gemeinschaft, Privatwohnung, Flugzeug, später soziale Medien usw.). Das ist jetzt anders. ›Nachbarschaft‹, wie wir es nennen, wird nicht in zeitlicher und räumlicher Nähe gemessen. Sie wird vielmehr durch das Permeieren von Praktiken, Gedanken und Gefühlen greifbar – ich bin denen nahe, die mir viel mit-teilen, auch wenn wir einander selten sehen, auf verschiedensten Planeten residieren oder keine gemeinsamen modalen Sphären bewandern. Das Unbewusste hat die Intuition ersetzt. Nachdem sein Index sich im 19. Jahrhundert an der Sexualität und vom späteren 20. Jahrhundert an am Finanzhaushalt orientiert hatte (jeweils an den primären Steuerungsmechanismen gesellschaftlicher Verknappung), kombinieren sich Fantasien und Unterbrechungen, Virtualitäten nun auf Weisen, die ich nicht verstehe. Konsistenz allerdings ist keine Tugend – Permeation zählt. ›Nähe‹ und ›Nachbarschaft‹ sind psycho-kulturell empirische, materielle Kategorien, Praktiken. ›Nähe‹ und ›Nachbarschaft‹ sind nicht länger Fragen von Schlüsselhaft und Sanduhr. ›Flirten‹ ist daher Permeation – sexy sind der Austausch von Elementen, Gesten, Mimiken, das Spiel des Auffassens und Weitergebens. Alles wird geteilt. Teilen ist sexy. Das ist die zugrundeliegende Nähe, die eine *neue* Sicherheit generiert: die Gewissheit, dass andere Praktiken, andere Fantasien, andere Ängste kommen werden (Danke, Eshan). Ich bin denen nahe, mit denen ich viel permeiere, aber *dass* wir permeieren, bringt alle in unmittelbare Nachbarschaft. Zirkulation bleibt, permeable Sicherheit.

Und doch gibt es eine spezielle Koppelung von psycho-kultureller Praxis und körperlicher Nähe, für mich. Ich glaube, dass es für die *kids* nicht so ist. Ich habe nicht verstanden, warum das so ist oder wie sich das anfühlt. Ich bin alt. Wir begegnen einander im Lächeln, wenn es darauf zu sprechen kommt. Denn niemand erwartet Verständnis von mir. Mein Verstehensprozess motiviert sich selbst. Dafür bin ich dankbar. Die Musik spielt, die Kostüme leuchten. Viele erinnern sich nicht mehr daran, aber …

1. Derrida, Jacques: *Autoimmunity: Real and Symbolic Suicides. A Dialogue with Jacques Derrida*. In: Borradori, Giovanna: *Philosophy in a Time of Terror – Dialogues with Jürgen Habermas and Jacques Derrida*, Chicago und London 2003: The University of Chicago Press
2. Spinoza, Benedict de: *The Collected Works of Spinoza*, Volume I, Edwin Curley (Hg. und Übers.). Princeton 1985: Princeton University Press
3. Vgl. Bhabha, Homi: *The Location of Culture*. London and New York 1994: Routledge, S. 158
4. Spivak, Gayatri Chakravorty: *Scattered Speculations on the Question of Value*. In: *Diacritics*, 1985, Vol. 15, No. 4, S. 77
5. Dies.: *A Critique of Postcolonial Reason*. Harvard 1999: Harvard University Press, S. 83
6. Ebd., S. 174–176; Bhandar, Brenna: *Colonial Lives of Property – Law, Land and Racial Regimes of Ownership*. Durham und London 2018: Duke University Press
7. Adamczak, Bini: *Theorie der Polysexuellen Ökonomie* (Grundrisse). copyriot 2006 http://copyriot.com/diskus/06-1/theorie_der_polysexuellen_oekonomie.htm (letzter Zugriff 1. 1. 2019); Illouz, Eva: *Consuming the Romantic Utopia: Love and the Cultural Contradictions of Capitalism*. Oakland 1997, University of California Press; Dies.: *Cold Intimacies: The Making of Emotional Capitalism*. Cambridge 2007, Polity Press; deLire, Luce: *L'Ancien Regime Strikes Back – Response to Paul Preciado*, e-flux 2018 https://conversations.e-fluxcom/t/l-ancien-regime-strikes-back-letter-to-paul-b-preciado/7566/2, (letzter Zugriff 1. 1. 2019)
8. deLire, Luce: *The neighbor as metaphysical constant of virtuality*. In: *Permeable Subjects: A column, Reflektor-M 2018* (http://reflektor-m.de/kuenstler/text/the-neighbor-as-a-metaphysical-constant-of-virtuality-with-luce-delire (letzter Zugriff 1. 1. 2019)
9. Spinoza, 1677, II/197, S. 12–27
10. siehe deLire: *The neighbor*
11. Webster, Jamieson; deLire, Luce: *What Do We Even Want From One Another?*, public seminar 2018 http://www.publicseminar.org/2018/08/what-do-we-even-want-from-one-another/ (letzter Zugriff: 6. 1. 2019), S. 14–16, S. 18–20

WIEDER GELESEN

BARBARA SICHTERMANN

**VERGEWALTIGUNG UND
SEXUALITÄT - VERSUCH
ÜBER EINE GRENZLINIE**[1]

In ihren Diskussionen über Vergewaltigung hat die Frauenbewegung indirekt die Umrisse eines Konzepts von (weiblicher) Sexualität erkennen lassen, das zu viel ausspart, als daß das nun alles sein dürfte. Sicherlich, das Thema lädt dazu ein, den *Frieden* im Erleben und Äußern von Sexualität zu betonen, aber dabei darf es nicht bleiben, denn: auch dieser Frieden ist militant. So gewiß eine Vergewaltigung nicht nur den Frieden, sondern die körperliche Integrität einer Frau angreift, also ein ordinäres Gewaltverbrechen ist wie jede schwere Körperverletzung, so gewiß geht doch Sexualität nicht auf in einer schlichten Übereinstimmung der Körper, in einem Austausch von Bejahungen. Es hat da, scheint mir, eine implizite Einigung gegeben, die vorschnell war: eine Fiktion von

Eierkuchen-Sexualität, in der zwei lächelnde Gesichter und vier offene Arme zufrieden ineinandersinken. Solange der feministische Protest gegen die Verharmlosung einer Vergewaltigung sich auf die Fiktion einer weiblich-friedlichen Sexualität, die sich zusammenfassen ließe in der Parole: wenn eine Frau nein sagt, dann meint sie auch nein, stützt, solange bleibt die Grenzlinie zwischen Körperverletzung und Sexualität undeutlich. Auf diese Grenzlinie aber kommt es gerade an.

Peggy Parnass hat versucht, wider den Stachel zu löcken – es ist ihr schlecht bekommen. Es trug ihr eine ›Pascha‹-Nominierung in der *Emma* ein[2], eine Spitzennominierung: sie war die erste Frau. Haben wir denn nicht, schrieb Parnass zum Thema Vergewaltigung, den Wunsch, von einem Mann, den wir selber stark begehren, »heftig genommen zu werden«? Für die Verwendung dieses Klischees hätte Parnass vielleicht einen kleinen feministischen Verweis verdient, aber inhaltlich war sie eben doch auf der richtigen Fährte. Vielleicht haben wir diesen Wunsch, dachte ich, als ich ihren Beitrag las, aber abgesehen davon, daß wir ihn nicht durch eine Formulierung wie ›heftig genommen werden‹ disqualifizieren dürften – ist es tunlich, ihn im Zusammenhang einer Diskussion über Vergewaltigung, welchletztere, wenn sie eine ist, mit diesem Wunsch nichts zu tun haben kann, überhaupt zu erwähnen? Je länger ich darüber nachdachte, desto unumgänglicher schien es mir, von diesem Wunsch zu sprechen, von ihm und von anderen tabuierten Erwartungen, Regungen, Ideen und Phantasien unserer Körper. Anders ist die offenbar unbekannte Grenzlinie zwischen Körperverletzung und Sexualität, zwischen Verbrechen und Lust, die das Thema Vergewaltigung der Klärung entzieht, nicht aufzudecken.

Neulich berichtete mir meine Freundin Esther von einem Besuch des Films *Schrei aus der Stille* (Autorin: Poirier), einem Anti-Vergewaltigungsfilm, in dem zu Beginn der Vergewaltigungsakt aus der Perspektive der Frau gezeigt wird. Esther arbeitet als Dozentin an der Volkshochschule, sie bereitet junge Frauen, die keine Arbeit, oft aber eine Biographie zwischen Heim und Jugendknast haben, auf den (nachzuholenden) Hauptschulabschluß vor. Sie besuchte den Film mit ihren Kurs-Frauen. Hinterher diskutierte die Gruppe. »Fandet ihr nicht«, so wiederholte Esther eine mehrfach geäußerte Kritik an dem Film, »daß die Vergewaltigungsszene am Anfang zu realistisch und zu ästhetisch war? Daß sie etwas hatte von einem Porno-Film, ja, daß man fürchten muß, daß Männer durch eine solche Szene stimuliert werden?« »Was heißt hier Männer?« sagte da Kursfrau Gaby, »*mich* hat diese Szene angemacht«. »Das Irre ist«, schloß Esther ihren Bericht, »daß ich, als dieser Einwurf kam, wußte: es war mir genauso gegangen. Aber glaubst du, ich hätte es ohne Gabys Bemerkung noch gewusst? Ich hatte es verdrängt, zensiert. Ganz automatisch.«

Daß die sexuellen Phantasien von Frauen Vorstellungen von Vergewaltigung einschließen, daß also die Vorstellung einer Vergewaltigung nicht nur Männer ›anmacht‹, wurde lange vermutet, inzwischen scheint es empirisch belegt. Mit der wissenschaftlichen Erhebung hat sich aber gottlob auch die Interpretation geändert: Vergewaltigungsphantasien gelten nicht mehr als Beleg für einen elementaren Masochismus des Weibes, sondern lediglich als bildliche Transporte, als Metaphern für die in der ›normalen‹ Sexualität angelegten Bewegungen der Flucht und der Verfolgung, des Versteckens und der Entdeckung, des Verschwindens und des Erscheinens, der Empfindungen von Neugier und Angst, von Schmerz und Erlösung, von Täuschung und Überraschung. Alle diese Bewegungen und Empfindungen konstituieren ein Ritual, ein Spiel, oder wie es manchmal auch heißt: einen ›Tanz‹, an dessen Gesetze der Vollzug von Sexualität gebunden ist. In den Figuren dieses Tanzes müßten die Elemente verborgen sein, anhand derer sich die gesuchte Grenzlinie nachzeichnen ließe.

Wenn sich die Grenzlinie zwischen Lust und Körperverletzung überhaupt verwischen läßt, wenn Parnass mit ihrer These von der ›Heftigkeit‹ auf der richtigen Fährte war, dann muß es in der Lust selbst ein Moment von (potentieller) Verletzung, von Gewaltsamkeit geben oder, um es in den klassischen Termini auszudrücken, Sexualität als nicht-pervertierte müßte mit einem Stück Sadismus und seinem Komplement, dem Masochismus, legiert sein. Daß das wirklich so ist, scheint mir seit langem bekannt zu sein. Aber die (neue) Frauenbewegung, die doch mit einer feministischen sexuellen Revolution begann, macht einen Bogen um die Implikation dieser Erkenntnis.[3] Sie hat sich weitgehend darauf beschränkt, die These vom Masochismus des Weibes zurückzuweisen, eine These, die, soweit ich weiß, eine theoretische Ausformulierung gar nicht erfahren hat, als Meinung aber verbreitet genug war, um dazu beizutragen, die Vergewaltigung als Verbrechen im öffentlichen Bewußtsein zu verharmlosen. Das vorläufig letzte Wort in dieser Polemik haben die Wiener Soziologinnen Cheryl Benard und Edit Schlaffer in ihrer brillanten Expertise über den verbreiteten Typ des masochistischen Mannes in der schönen Literatur gesprochen.[4]

Die Diskussion, soweit sie überhaupt geführt wird, kreist um Zuordnungsfragen: welches Geschlecht ist das sadistische, welches das masochistische? Die Frauen verwahren sich dagegen, in die Leidensbereitschaft abgeschoben zu werden, zu Recht, wenn man bedenkt, in was für Rechtfertigungssysteme die kühne These von der weiblichen Lust am Schmerz eingebaut war. Aber auch der nächste Schritt, die Beanspruchung eines Stücks Sadismus für Frauen – indirekt geschieht ja eine solche Beanspruchung, wenn Frauen einen männlichen Masochismus entdecken – verläßt die Ebene des Zuordnungsstreits noch nicht. Es gibt, vereinfachend gesagt, drei Möglichkeiten, das Problem zu lösen bzw. sich seiner zu entledigen. Erstens, der Sado-Masochismus wird als Perversion abgedrängt und braucht deshalb in der Diskussion um die ›normale‹ (weibliche) Sexualität keine Rolle mehr zu spielen; zweitens, der Sado-Masochismus wird von den Frauen weg auf die Männer projiziert, wobei die heterosexuellen Männer den Sadismus und die homosexuellen den Masochismus zugeteilt bekämen; drittens – und die Leser(innen) ahnen bereits, daß jetzt die ›richtige‹ Antwort folgt – wir lassen die Überlegung zu, ob nicht der Sado-Masochismus, die Lust am Zufügen und Erleiden von Schmerz, ein der ›normalen‹ individuellen Sexualität innewohnendes Element ist, ein Element aus den Figuren des ›Tanzes‹, unabhängig zunächst vom

Geschlecht (und nur durch die jeweiligen kulturellen Definitionen aufgespalten – in hie Sadismus, da Masochismus – und polar auf die Geschlechter verteilt). Wenn diese Überlegung richtig ist, lohnt es sich, jenseits der je herrschenden ›Zuordnung‹ und ihrer Kritik, das Element der Schmerz-Lust selbst, als ein doppeltes, aber ungespaltenes und als frei vom einengenden Merkmal der Definition (›des‹ Weiblichen oder ›des‹ Männlichen) genauer zu betrachten.

Wenn ich davon spreche, daß die Lust am Erleiden oder Zufügen von Schmerz der ganz ›normalen‹ Sexualität innewohne, dann meine ich damit nicht, daß wir alle verhinderte Flagellanten seien. Ich meine damit, daß in der ›normalen‹ Geschlechtslust, im Orgasmus, ein Schmerz wohnt, den zu suchen wir ›normale Masochisten‹ und den zuzufügen wir ›normale Sadisten‹ sein müssen. (Ich verzichte jetzt lieber wieder auf das Begriffspaar ›Sadismus‹ und ›Masochismus‹, weil es nicht ganz paßt, weil es, eng gefaßt, einen anderen, einen paraorgastischen Schmerz meint, der nur die Lust*suche* begleitet.) Die orgiastische Lust selbst wirft das fühlende Individuum nicht nur in seinen ›Himmel‹, sie verwundet es auch. Alle Umschreibungen, die für den Orgasmus gängig sind, belegen das: er sei ein »kleiner Tod«, ein »Sturz«, er »höbe die Ich-Grenzen auf«. Ich weise ja hiermit auf nichts Neues hin, vielleicht aber auf etwas relativ Vergessenes: wir sind es, gerade als Frauen, und als Angehörige einer ›sexualrevolutionären‹ Generation quasi gewohnt, von der Sexualität allein ›die Befriedigung‹, die Spannungslösung, das Glück, den Spaß zu erwarten – so daß wir das Bedrohliche, das der »Sturz«, der »kleine Tod« und die Entgrenzung für das Ich auch immer bedeuten, nicht sehen. Ja, wir kommen, als Feministinnen, sogar so weit, das ›Bedrohliche‹ für eine Zutat der Männer zu halten, für ein Element, das frau loswerden kann – und sollte, z. B. durch Penis-Boykott. Es wirft ein Licht auf die Art der lesbischen Beziehungen in der Frauenbewegung, daß diese Projektion möglich war. Eine sexuelle Beziehung ohne ›Militanz‹, ohne Schmerz-Lust, ist etwas Gekünsteltes, ein Unding.

Vor ungefähr drei Jahren lief in der Bundesrepublik der japanische Film *Im Reich der Sinne* (Autor: Oshima). Er war in die

Schlagzeilen geraten wegen einer grotesken Pornographie-Affäre, die aber dann mit der Freigabe des Films endete. Ich habe selbst den Film nicht gesehen, ich habe mir sagen lassen, er sei eher langweilig, aber darum geht es hier nicht. Ich kenne die Geschichte (die ›Story‹) des Films, und die scheint mir schlüssig: ein Liebespaar, das in einer Art von Besessenheit alles Leben und alle Kommunikation außerhalb seiner Körper dispensiert, braucht den Tod, um sich seiner Liebe zu vergewissern: die Frau erwürgt den Mann, der dies selbst wünscht, während des Akts: sie schneidet danach dem Toten die Genitalien ab, die sie als Reliquie behalten will. (Die Geschichte soll wirklich passiert sein.) – Das Motiv des Liebestodes ist in der dramatischen Literatur uralt; was aber *Im Reich der Sinne* von *Romeo und Julia* unterscheidet, ist die Konzentration auf die Sexualität, der Verzicht auf jede Nebenhandlung, auf das Hereingreifen von ›Gesellschaft‹, die als Intrige oder sonstige soziale Nötigung die Liebenden zur letzten Konsequenz triebe. Im *Reich der Sinne* kommt die letzte Konsequenz aus der Sexualität selbst, die Dichotomie Gesellschaft (oder besser: Soziabilität) und Sexualität wird *in* der Sexualität aufgedeckt. Aus dem »kleinen Tod« wird ein wirklicher Tod, und die filmische Darstellung, wenn sie gelungen war, müßte gezeigt haben, daß in diesem Übersprung eine immanente Logik liegt.

Ich zitiere *Im Reich der Sinne*, weil es mir möglich und nötig erscheint, die Geschichte, die dieser Film erzählt, zu verstehen nicht als die eines Exzesses oder einer Abweichung, sondern als die eines Extrems. Im Extrem verbildlicht und verdeutlicht sie das, was ich mit ›Schmerz-Lust‹ oder ›Militanz‹ des sexuellen Friedens (der Befriedigung) meinte. (Sie hat überdies den Vorteil, daß es das Mädchen ist, das in ihr den – letalen – Schmerz zufügt, daß sie also das Thema ›Grenzlinie zwischen Verletzung und Lust‹ jenseits der traditionellen Zuordnung ansiedelt.)

Gewiß bewahrt der gemäßigte Normalfall die Individuen vor Verletzung oder Tötung, aber er läßt sie doch etwas ›Bedrohliches‹ spüren – so es denn wirklich Lust ist, die sie empfinden. Das ›Bedrohliche‹ – und dies ist ein sehr wichtiger Punkt – geht nicht primär von der/dem anderen aus, es entstammt dem eigenen Lustempfinden, dem eigenen Körper, es spiegelt sich nur im anderen. Aber was heißt ›nur‹, der Spiegel ist wesentlich. Die Rolle, die er spielt, ist immerhin so groß, daß sich schon in das sexuelle Interesse Angst, ja, Abwehr mischen können. Letztere kann sehr stark werden, gerade wenn das Interesse stark ist. Unsere pseudo-hedonistische Kultur kommt mit diesem Widerspruch nicht zurecht, sie versucht beharrlich, die Passion aus der Ekstase zu vertreiben, um das Vergnügen als reines übrig zu behalten; so wird aus dem Sinnengenuß eine Näscherei, aus dem ›Tanz‹ ein (Seiten-)sprung. Wenn die Frauenbewegung sich ihre Radikalität erhalten will, muß sie aufhören, an der Domestizierung von Sexualität mitzuarbeiten, indem sie etwa glauben macht, es bräche ein sexueller Frieden aus, sobald nur die Männer das Feld räumen oder wenigstens dessen von Frauen zu formulierende friedlich-eindeutige Gesetzmäßigkeit respektierten.

Der Kernpunkt meiner These vom Schmerz in der Lust ist, daß der ›Schmerz‹ in der Lust selbst steckt, daß er nicht als Wunsch, zuzufügen oder zu empfangen, auf die Geschlechter verteilbar ist, sondern sozusagen jedem Individuum droht, das überhaupt Lust sucht oder findet. Seit also das Patriarchat eingestehen mußte, daß auch Frauen fähig sind, einen Orgasmus zu erleben, hätte es sich von der Vorstellung eines elementaren rein weiblichen Masochismus (und seinem Komplement, dem rein männlichen Sadismus) trennen müssen. Daß ihm das so schwerfällt, zeigt, wie erschütterlich sein neuerer Glauben an die weibliche Lustfähigkeit noch ist. Es hat allerlei Klauseln in Umlauf gesetzt. Wohl sei das Weib des Höhepunkts fähig, aber ... Seine Kurve verlaufe flacher ... Es wünsche deshalb mehrere Orgasmen ... Es brauche mehr Zärtlichkeit ... Und mehr Gefühl ... Dies alles drohe, den Mann zu überfordern und mit Impotenz zu schlagen...

Ich bin gespannt, wie lang diese Liste von Projektionen und Abwehrtechniken im Laufe der Zeit noch werden wird. Die Frauen möchte ich warnen: es führt zu nichts, wenn wir die ›schmeichelhaften‹ Zuschreibungen (mehrere Orgasmen, mehr Gefühl etc.)

herausgreifen und sie gegen die Männer kehren. Da sie nicht stimmen, können sie uns nichts nützen. Je stärker ein Geschlecht versucht, auf dem Feld von Sexualität dem anderen seine Bedingungen zu diktieren – anstatt zu sehen, daß es nur ein Bedingungsgefüge gibt, das für beide Geschlechter gilt – desto fremder wird uns die Lust, desto bereiter wird auch das Feld für lustfremde Gewalt. Ich versuche hier mal mit einer These einen Hieb durch den gordischen Knoten: Sexualität ist bigeschlechtlich, es gibt sie sozusagen nur einmal, in einer Gestalt, und in der ist sie in jedem, in jeder von uns. *Wir* sind eingeschlechtlich, aber das sagt viel weniger als bisher angenommen über uns einzelne als sexuelle Wesen. Ich glaube nicht, daß sich das Sexualerleben, der ›Tanz‹ im engeren Sinn, von Geschlecht zu Geschlecht wesentlich unterscheidet. Abgesehen von den mit der Mutterschaft verbundenen sexuellen Funktionen, die den Frauen vorbehalten sind, bleibt die sexuelle Erregung und die Geschlechtslust sich gleich, egal, wes Geschlechts der Körper ist, der sie fühlt. All die sorgsam gehegten ›feinen Unterschiede‹ (in der ›Kurve‹, im Zärtlichkeitsverlangen etc.) werden sich nach und nach als Folgen der je geschlechtsspezifischen Beschädigungen erweisen und nicht als genetische Codes. Daß beispielsweise Männer rasch zur Sache kommen wollen, ist nicht mit ihrer größeren (biologisch-sexuellen) Angriffslust zu erklären, sondern mit einer (historisch beschreibbaren) Entstellung ihrer Sexualität, die es ihnen offenbar erschwerte, einen verschlungenen Weg zur Differenzierung ihres Lusterlebens einzuschlagen.

Über den Charakter der zu einem Ritual oder ›Tanz‹ zu fügenden Elemente (von Bewegungen, von Empfindungen), den wir erkunden wollten, können wir jetzt sagen: er sieht für beide Geschlechter Figuren des Sich-Entziehens, des Sich-Weigerns, der Flucht, des Versteckens vor; da aber nicht schlicht der Schmerz geflohen, sondern die mit ihm legierte Lust zugleich gesucht wird, gibt es auch die Figuren des Sich-vor-Wagens, des Entschlusses, der Verfolgung, der Entdeckung, ja, des Angriffs – für beide Geschlechter. Diese Figuren werden ›getanzt‹ nicht nur auf den je anderen Körper zu oder von ihm weg, sondern auch auf den eigenen zu oder von ihm weg. Gewiß gehört es zu den übelsten Hervorbringungen des Patriarchats, daß es durch seine engen Zuordnungsdiktate es den Männern erschwerte, Lust zu suchen über die Figur der Flucht und es den Frauen fast unmöglich machte, Lust zu suchen über die Figur des Sich-vor-Wagens.

Zwar gibt es Bevorzugungen mancher Figuren, die den Individuen durch ihre Lebensgeschichte und durch ihr biologisches Geschlecht nahegelegt werden. Aber Festlegungen? Unsere Kultur, die sich durch ihren Glauben an die Machbarkeit von allem und jedem auszeichnet, wird merkwürdig dogmatisch, wenn es um die Frage der Öffnung sexueller Rollen geht. Aber ich vermisse nicht nur Phantasie und Experiment in Bezug auf Erweiterung der traditionellen Rollen-Fächer, sondern auch die Fähigkeit, ein bestimmtes Rollenelement als doppeldeutiges oder doppelpraktisches zu verstehen. Die meisten Eigenschaften haben eine komplementäre Seite – die zwar nach innen oder unten gekehrt sein mag, aber deshalb nicht weniger wirksam ist. ›Wie man's auch dreht und wendet‹, murmelt das aufgeklärte, lernbereite Patriarchat, ›die Frau ist nun mal durch ihre Anatomie eher zur Passivität bestimmt‹. Fragt frau, alarmiert durch das verräterische ›nun mal‹ nach, was da gemeint sei, erfährt sie, daß Passivität gleichgesetzt wird mit der Bereitschaft, etwas Nicht-Gewolltes über sich ergehen zu lassen. Der Unterwerfungswunsch, den jede Herrschaft in sich wachhalten muß, hat im Falle der Männerherrschaft die Vorstellung von sexueller Passivität nachhaltig pervertiert. Selbst wenn Frauen der Passivität stärker zuneigen sollten als Männer – wieso ›nun mal‹? Es bedeutete nur, daß sie sich einer Situation besser überlassen, nicht daß sie sich besser überwinden können. Was für ein Glück ist die Fähigkeit zur Passivität, wenn es unwillkürliche Körpersensationen sind, die die Sekunde regieren! Der alte Freud war hier ein besserer Dialektiker als wir, die wir glauben, so viel weiter zu sein. »Man könnte daran denken«, schrieb er, »die Weiblichkeit psychologisch durch die Bevorzugung passiver Ziele zu charakterisieren«. Aber das dürfe nicht mißverstanden werden: »Es mag ein großes Stück Aktivität notwendig sein, um ein passives Ziel durchzusetzen.«[5]

Was ist nun der langen Rede Sinn für das Thema Vergewaltigung? Eine Vergewaltigung ist nur sehr vermittelt ein sexueller Akt, sie ist, das hat die Frauenbewegung wiederholt einleuchtend dargestellt, zuvörderst eine Demonstration von Macht, von Autoritäts- und Unterwerfungswillen, ein Versuch, die Dominanz der Männer mit den Mitteln körperlicher Gewalt (wieder)herzustellen, ähnlich wie das Verprügeln der Ehefrauen und Freundinnen. Der Vollzug des Gewaltakts mit dem Sexualorgan sexualisiert diesen Akt nicht, sondern zeigt nur, daß der Vergewaltiger nicht allein die Frau, sondern auch die Sexualität verachtet und unterwerfen will. Eine Verwechslung von Vergewaltigung mit der Figur ›Flucht‹ und ›Angriff‹ im sexuellen Ritual verböte sich also von der Sache her. Es ist das Patriarchat, das seit Ewigkeiten diese Verwechslung suggeriert und für sich, wo es vergewaltigt, frech die mildernden Umstände sexueller Ekstase reklamiert. Für diesen kalten Hohn auf die Frauen und auf die Sexualität hat es jeden Tritt in seine Weichteile verdient. Wir aber arbeiten ihm zu, wenn wir, statt die Grenzlinie zwischen Gewalt und Lust unter Rücksicht auf die Figur ›Flucht und Angriff‹ (also auf die Schmerz-Lust) neu zu bestimmen, die Existenz oder Berechtigung jener Figuren leugnen und so dem Patriarchat die Möglichkeit lassen, die ja tatsächlich existierenden Figuren vorzuschieben, wenn es Gewaltakte begeht.

Es ist sehr gut möglich, daß eine Frau ›nein‹ sagt, wo sie ›ja‹ meint, es ist ebensogut möglich, daß ein Mann das tut. Und beide brauchten doch nicht zu täuschen, sondern im ›nein‹ das ›ja‹ meinen, wie überhaupt – wegen des Doppelcharakters der Lust – ein Ja vom Nein manchmal schwer zu scheiden ist, das eine sich im anderen ausspricht und die Lust durch Vertauschung, Täuschung und Verwirrung, die immer auch ›ehrlich‹ sind, gesteigert werden mag.

Es ist dennoch letztlich unmöglich, ein um Lusterwartung und -angst kreisendes Nein zu verwechseln mit dem Hilferuf eines Vergewaltigungsopfers: und daß sich das Patriarchat in dieser Verwechslung so verdammt sicher fühlt, spricht ein hartes Urteil aus über die Qualität der erotischen Kultur, die es geschaffen hat. Eine Unkultur, so nihilistisch und brutal wie die Erektion eines

Vergewaltigers. Warum gibt es nicht mehr Männer, die davor erschrecken, daß Vergewaltigung möglich ist, daß sie als Sexualdelikt abgehandelt wird, womit implizit die Sexualität der Männer zur Zuchtrute herunterkommt? Die, die ihr Erschrecken doch ausdrücken, stehen jedenfalls auf unserer Seite, die Front in Sachen Vergewaltigung trennt nicht die Geschlechter, sondern das Patriarchat von seinen Kritikerinnen und Kritikern.

Es ist vielleicht ein Trost, daß das Patriarchat mit seiner Verwechslung von Lust-Nein und Verzweiflungs-Nein vor allem seine eigene Sexualität denunziert hat. Da gibt es auch für Männer nichts mehr, das sie zu verteidigen hätten. Wir könnten ganz neu beginnen.

1 Wiederabdruck von Sichtermann, Barbara: *Vergewaltigung und Sexualität*. In: Dies., *Weiblichkeit. Zur Politik des Privaten*. Berlin 1987: Wagenbach © 1987 Verlag Klaus Wagenbach, Berlin.
2 Heft 4, 1980
3 Das gilt natürlich nicht für jede Feministin. Es gibt Ausnahmen, z. B. Mona Winter in: Kursbuch 60, Berlin 1980; Renate Schlesier in: *Weiblich - Männlich*, Berlin 1980; Maria Wieden in: Ästhetik und Kommunikation, Heft 43, Berlin 1981
4 in: *Der Mann auf der Straße*, Reinbek 1980
5 S. Freud, Gesammelte Werke, Bd. 15, Frankfurt 1961, S. 123

INSA HÄRTEL

**ÄSTHETISCHE ERFAHRUNG
ALS *ÜBERGRIFF*.
TSENG YU-CHIN: *WHO'S
LISTENING?* 5**

Dies ist kein Beitrag über das Flirten. Doch auch in ihm geht es – sämtlich als Flirtcharakteristika angeführt[1] – um ein Spiel aus Ambivalenz, ein aufgeschobenes Ende, das Andauern einer Spannung, die in keiner Entscheidung sich löst; um ein Balancieren, ohne eine rote Linie zu überschreiten. Wenn nun z. B. Paul Fleming (teils etwas schematisch) zwischen einerseits *flirtation* – als »nonpurposive logic« oder »permanent extradecisionism«[2] – und andererseits *seduction* (geprägt von Eigennutz, Ziel oder Ende)[3] unterscheidet, dann ließe sich das, was in diesem Beitrag passiert, als ein Dazwischen charakterisieren. Handelt es sich doch um eine körperlich »übergreifende« *Verführung ohne Ende*, und zwar, wie sich zeigen wird, in einem psychoanalytisch verstandenen Sinn.

Ver-führen, das heißt »vom Weg weg[ ]führen«.⁴ Immer auch ist es eine Fehlleistung.

VORGESCHICHTE

Die Videoinstallation *Who is listening?* 5 (2003–2004) des taiwanischen Künstlers Tseng Yu-Chin beschäftigt mich, seit ich auf der *documenta XII* 2007 auf sie aufmerksam wurde. Sie ist u. a. in einen Aufsatz eingeflossen⁵ und ich habe sie zur Fallstudie eines Forschungsprojekts gemacht, welche ich dann aber im Zuge beruflicher Veränderungen einer Mitarbeiterin übergeben habe. Sie hat ihre Sache daraus gemacht.⁶ Nun, nach einer Zeit der »Latenz«, möchte ich den Faden erneut aufnehmen. – Von Beginn an ist meine Geschichte mit diesem Video von einer Unsicherheit im Umgang mit seinem asiatischen Herkunftskontext geprägt. Abgesehen davon, dass ich dafür nicht kompetent bin, trifft er auch nicht meine Fragestellung, die sich (ausgehend eben von der *documenta*) auf eine »westliche« Rezeption dieses Videos richtet.⁷ Auch lässt sich eine Äußerung bekanntlich nicht auf ihren stets ungesättigten (Entstehungs-)Kontext reduzieren.⁸ Doch solche Überlegungen sorgen nicht für die sichere Seite. Keineswegs erledigt ist die wiederkehrende Frage: Wie lässt sich dem *Differenten, Nicht-Assimilierbaren, unverständlich Scheinenden* (das sich gerade nicht auf sogenannte differente Kulturen reduziert, sondern ebenso auch die »eigene« Verfasstheit tangiert) angesichts einer solchen Arbeit schreibend begegnen – ohne sie westlich-selbstbezogen gefangen zu nehmen? Schon auf dieser Ebene finden sich also Fragen denknotwendiger »Übergriffe«, auch in der Betrachtung. Ich möchte dieses Video zum Anlass nehmen, um ausgehend von sich bildlich formierenden Übergriffen (s. u.) auch das *Übergreifen* der künstlerischen Arbeit auf das hiesige Publikum zu diskutieren; ein Übergreifen, das ein einheitliches Selbst bereits torpediert. In *Who's Listening?* 5 wird, so die These, eine Verführungsfantasie nicht nur dargestellt, sondern auch ausgeführt; umgekehrt wird die Adressierung des Videos nicht einfach vollzogen, sondern (nicht zuletzt durch den Titel) auch thematisiert. Inwieweit also wird in einer westlichen Rezeption dieser Arbeit etwas über diese Rezeption selbst vor Augen geführt?

IN-SZENE-SETZUNG

Who's Listening? 5 blendet zunächst Titel, Jahr und Länge der Arbeit ein, und – unmittelbar vor dem Beginn des Geschehens – unmittelbar vor Beginn des Filmens geäußerte Worte: »Right before filming, the mother said, She has never been with her kids this intimately close together before« (00:13). Eine besondere Intimität wird evoziert, ein nahverwandtschaftliches Verhältnis definiert. Dabei wird durch *kids* in der Mehrzahl mehr als das später zu sehende eine Kind suggeriert. Auch das doppelte *before* des eingeblendeten Satzes kann verwirren: Die *niemals zuvor gemeinsam erlebte intime Nähe* scheint auf das im Video Gezeigte bezogen, was aber durch die Angabe, die Aussage sei kurz *vor* der Aufnahme erfolgt, nicht funktioniert. Das, was man sieht, liegt zeitlich nach der angegebenen nie dagewesenen Intimität; das Verwirrende des Settings (auf das ich gleich eingehen werde) wird in die Selbstbeschreibung aufgenommen, Nähe und Distanzierung changieren. Die folgenden Bilder zeigen, im Split-Screen-Modus, parallel zwei Perspektiven auf ein Geschehen – rechts in distanzierterer Halbtotale, links in Nahaufnahme. Ober- und unterhalb ergibt sich eine Art Rahmung durch »Filmbalken«; diese sind aber weiß und vergleichsweise breit.[9] In der Szene finden sich Mutter und der (laut *documenta*-Katalog)[10] vierjährige Sohn auf einem Sofa mit weißem Überwurf; beide Protagonist/innen sind in dem insgesamt weiß ausgestatteten Raum weiß gekleidet. Die insgesamt dominierende weiße Farbe betont den Kunstkontext, deutet etwa auf den White Cube; ebenso können sich durch Assoziationen mit einer Arbeit wie Malewitschs *Weißes Quadrat auf weißem Grund* (um 1918) Hinweise auf das Nicht-Abbildhafte des Gezeigten ergeben. Insgesamt gewinnen die Videobilder durch das Weiß-in-Weiß einen flächigen Zug. Auch hebt die Farbgebung die *nicht* weißen Elemente im Bild hervor, d. h. die nackten Körperteile (beider Arme, Teile der Unterschenkel, Füße, wie auch der kindliche Oberkörper) sowie rote Doppelstreifen seitlich an der Hose des Jungen.

Auf mehrere Weisen macht das Video seine eigene künstlerische Inszeniertheit deutlich: Neben der Farbigkeit betrifft das z. B. die sichtbare Ausschnitthaftigkeit, die gelegentlich direkten Blicke in die Kamera[11], Bemerkungen wie: »He has performance talent« (18:11) oder die Kennzeichnung des Geschehens als *Spiel* (»But I'm just playing with you«; 7:27). So wird eine Ausnahme (*never ... before*) angespielt, eine Schwelle zum Alltagsgeschehen etabliert, die der Situation einen ebenso »geschützten« wie einen »Labor-Charakter« verleiht. Man nimmt beim Betrachten an, dass das Geschehen einer (nicht explizit werdenden) initialen künstlerischen Verhaltensaufforderung folgt, und kann sich z. B. an videoaufgezeichnete psychologische Mutter-Kind-Experimente erinnert fühlen.

Die einsetzende spielerische, aber keineswegs harmlose Video-Handlung zieht sinnenübergreifend in das Geschehen, nicht nur erwartbar visuell-akustisch, sondern vorgestellt ebenso oral wie olfaktorisch. Gleich zu Beginn äußert die weibliche Stimme (in den Bildunterschriften offenbar ins Englische übersetzt): »Give mommy a kiss«; »Come on, just a kiss You smell so nice« (0:20). Visuell wird dann eine Reihe auch taktiler Eindrücke dargeboten. Man könnte z. B. sagen, die (schon durch ihre Größe überlegene) Mutter versucht, den kindlichen Körper mit Küssen zu pflastern, das Kind spielt mehr oder minder mit, bewegt sich zwischen lust- oder angstvoller Erwartung und Schmerz oder Überwältigtsein, wirkt zuweilen bedrängt von der Erwachsenen, die das, was lustvoll sein kann, wie unmäßig ausdehnt und verfolgt. Der Junge ist hin und weg, bewegt sich weg und hin, weicht aus, feixt, wirkt ausgeliefert, defensiv, versucht durchaus auch die Regie zu übernehmen, greift an, bemächtigt sich. Bisweilen ergeben sich Eindrücke einer Deplatzierung oder Verschiebbarkeit von Körperzonen.

Zu hören sind Quietschen, Kreischen, Juchzen, kurze An- und Ausrufe oder sprachliche Fetzen eines Kindes, ebenso (Kuss-)Geräusche, die mütterlichen Äußerungen nebst ihrem Lachen. Die

Tonspur zwischen Sinn und Sinnlosigkeit lädt nicht nur die Bilder auf, sondern die Bilder beantworten die Töne auch. Insgesamt ergibt sich so eine asymmetrische Konstellation, die zwischen Küssen, Geküsstwerden, Sich-Aufdrängen, Bedrängt-Werden oszilliert; Aufforderungen und Wünsche nach Unterbrechung werden laut, »Stopp«, ein Sich-Wehren, kurze Pausen, Wiederaufnahmen des Spiels. Momente der Verausgabung auf beiden Seiten. Immer wieder Versuche vor der und für die Kamera, Ordnung zu schaffen (das Laken auf dem Möbel zurechtrücken), die Situation kurzfristig unter Kontrolle zu bringen. Zeitweilig werden scheinbar Regeln (wie die Festlegung verschiedener *turns*) etabliert, die aber wiederholt nicht standhalten. Die sichtbaren Aktionen machen mitunter deutlich: Den Worten ist nicht unbedingt zu trauen (wenn z. B. anderes als angekündigt ausgeführt wird). Das *Listening* funktioniert hier kaum gradlinig; Äußerungen erfolgen anscheinend in Täuschungs- oder Ablenkungsabsicht – oder man beginnt beim Betrachten, den englischen Untertiteln zu misstrauen. Auch in diesem Fall: ein Nicht-auf-das-Gesagte-Hören bzw. ein Hören, das jedenfalls nicht sicher wörtlich funktioniert. Es wird zum Teil des Spiels.

Abb. 1-6: Videostills (IH) aus
Tseng Yu-Chin: *Who's listening?* 5
(2003-2004)

Bei allem Übermaß der wiederholten Handlungen kommt es weder zu entgleisenden Durchbrüchen noch zu einem Abbruch: Die Szene wird nach knapp 25 Minuten ausgeblendet.[12] In Aspekten ähnlich dem Versuch, »to make permanent the suspenseful moment on the threshold of an event«[13], von dem Arne Höcker im Flirt-Kontext spricht, wirkt es hier, als werde ein Zustand überreizter (und dann auch erschöpfter) Unentschiedenheit in die Länge gezogen, »energieverschwendend« auf Dauer gestellt. Dabei ist die Ungewissheit hier artifiziell eingerichtet. Eine zuweilen schwer erträgliche Spannung baut sich auf[14] und vermag den Eindruck einer Unabweisbarkeit, auch Vergeblichkeit zu erzeugen.

AUSHANDLUNGSPROZESSE
Immer wieder handeln Mutter und Sohn ihren Umgang miteinander aus, immer wieder werden im dargebotenen körperlichen Spiel Abmachungen aufgestellt und verworfen. Vor dem Hintergrund einer *verhandlungsmoralisch* geprägten westlichen Kultur, wie sie seit einigen Jahrzehnten ein ausdrücklich vereinbartes, explizit konsensuelles Sexualverhalten in den Vordergrund stellt[15], bewirkt diese Video-Inszenierung eine Irritation (ohnedies gilt die Verhandlungsmoral bezogen auf das asymmetrische Verhältnis zu Kindern als heikel).[16] In diesem Video, offenbar prädestiniert für eine Auseinandersetzung mit *Verhandlungs*-Fragen, erscheint der hinausgezögerte, in der Schwebe bleibende Aushandlungsprozess weniger als Begrenzung, denn als Stimulation bzw. als etwas, was in die moralische Agenda nicht integrierbar ist, fortwährend konstante Erregung bewirkt und somit auf etwas im Rahmen dieser Agenda Un-erhörtes deutet. *Not being listened to.*

So werden im Video Grenzen fortdauernd »übergriffig« ausgedehnt, ohne jedoch zu verschwinden. Auch hier bleibt offenbar etwas regulierungsbedürftig, mögliche Empörungsimpulse laufen letztlich auf. Gerade die Mutter – wie es scheint ebenfalls unwissend, worauf die künstlerische Aktion hinausläuft – hält den Prozess in einer Balance und in Gang, etwa in der Abwehr mancher Aktionen des Sohnes, durch die eingelegten Pausen, das Zurückholen des Kindes auf das Sofa und ebenso stimmlich. So wie Kinder bei einem möglichen Flirt mit ihren Eltern diesen (hoffentlich) ein Festhalten an ödipalen Verboten unterstellen können[17], und so wie etwa ein Kitzeln der eigenen Kinder eine familiär »offenkundig akzeptable Form sinnlicher Erregung« darstellt[18], so scheint die Mutter in *Who's Listening?* 5 in all ihrer bildlich gefassten Initiative letztlich einen »Kategorienfehler« zu verhindern. Wenn also das, was diese Mutter *sagt*, manchmal täuscht über das, was sie *tut*, während sie an der Erregung partizipiert, so wird das täuschende *Was* auch von einem *Wie* getragen, welches das Setting hält.

LUST-IM-SCHMERZ

Um der spannungsgeladenen Konstellation dieses Intensitäten generierenden Videos nachzugehen, möchte ich zunächst zum bereits erwähnten Kitzeln kommen. Auch wenn dieses im engeren Sinne im Ablauf nicht überwiegt, kann sein Vokabular hier weiterführen. Tut man dabei doch so, »als wollte man den anderen überwältigen«, wobei man ihm, »scheinbar gegen seinen Willen, Lust verschafft«.[19] Die Angriffssimulation hat theatralen Charakter; der Gekitzelte »verrenkt sich, zuckt und zappelt«, unkoordiniert, sich entgleitend, dezentriert, defiguriert.[20] Dabei wird das anreizende, als harmlos erkannte Bemächtigungsspiel ab einem »nur schwer zu bestimmenden Punkt [...] so intensiv empfunden [...], daß die Lust in Schmerz übergeht« und der Gekitzelte »eine von starker Angst durchsetzte Verwirrung erlebt«.[21] So ist Gekitzeltwerden »schrecklich, aber schrecklich schön« und verschafft – als eine Art »verkörperte[r] Ambivalenz« – »einen merkwürdig unerträglichen Genuss«.[22] Ein solcher wird auch in *Who's listening?* 5, gerade durch die z. T. quälende zeitliche Ausdehnung, bis an ein Limit getrieben: asymmetrisch in der Beziehung, aber ohne klare »Täter-Opfer«-Zuordnung und nicht gnadenlos, eben mit kurzen Pausen.

Kitzeln und Video bieten somit einen deutlichen Anlass, über Lust anders denn als spannungsreduzierende, beruhigende Befriedigung oder »Befreiung« nachzudenken. Die Kitzel-Ambivalenz scheint durchaus geeignet, die Lust-im-Schmerz zu beschreiben, die sich mit dem lacanschen Begriff der *jouissance* verbindet[23]: »[D]as Genießen – das ist das Faß der Danaiden, und wenn man einmal in es eintritt, dann weiß man nicht, bis wohin das geht.«[24] Ein quasi-unerschöpfliches »Man-weiß-nicht-wohin« führt *Who's Listening?* 5 vor und zeigt, dass die zugreifend-küssende Interaktion z. B. in einen Bemächtigungsdrang oder in Äußerungen wie »You're dead« (oder auch »I'm dead«; 21:10 ff.) kippen kann, dabei nicht jedoch zum Abbruch, sondern eher zur Wiederkehr der »Toten« führt. Und eben zu der erstaunlichen Fähigkeit, die Intensität, der man überwältigt unterworfen ist, *auch* zu genießen. Wenn Lust oder Schmerz stark genug sind, »to shatter a certain stability or equilibrium of the self«, schreibt Leo Bersani[25], dann werden sie in gewissem Maße als Sexualgenuss erfahren. Als wären die Ich-Strukturen durch die einbrechenden Stimuli mindestens auf die Probe gestellt.

FORMEN DES ÜBERGRIFFS

Von einbrechend-desintegrierenden sexuellen Stimuli handelt bekanntlich auch Jean Laplanches Verführungstheorie, die er in Anlehnung an Sigmund Freuds Konzept der Anlehnung entwickelt. Stützt sich nach Freud die Sexualbetätigung zunächst auf eine zur Lebenserhaltung dienende Funktion (z. B. Ernährung), um sich von dort aus selbstständig zu machen[26], so liegt die *Wahrheit der Anlehnung* für Laplanche wiederum in der *Ur-Verführung*.[27] Demnach werden Botschaften an das Kind herangetragen, in es »eingepflanzt«, die eine sich dem Zugriff entziehende *sexuelle Bedeutung* durchzieht[28] und über deren Implikationen sich auch kein Erwachsener je im Klaren sein kann. Mit dem so gesehen grenzüberschreitenden Eingriff aus der Welt der Erwachsenen entfaltet sich Sexualität also nicht »von innen her«, sondern dringt »von außen wie ein Fremdkörper übergriffig ein[ ]«.[29] Eine intrusiv real-rätselhafte Übermittlung, die sich *quer* zu entweder materiell-faktischen oder psycho-imaginativen Prozessen (im Sinne einer Fantasie-Konstruktion o. Ä.) vollzieht.[30]

Zudem handelt es sich mit Laplanche bei der Urverführung ausdrücklich um »Situationen und Kommunikationen [...], die keineswegs einem ›Sittlichkeitsvergehen‹ entsprechen«.[31] Der hier auftauchende *Übergriff* verweist damit weniger (in seiner gewöhnlich negativ gewaltförmigen Besetzung) auf Missbrauch, Manipulation oder Grenzverletzung, sondern vor allem auf eine Übergriffigkeit von Sexualität. Deren Spiel ist, anders formuliert, ohne »rechtes Maß«; und Grenzen zu etwas »Belästigendem« sind nicht eindeutig zu ziehen.[32] Zugleich ist damit die Frage der notwendigen Unterscheidung zwischen solchermaßen konstitutiv erscheinenden und kriminell-gewaltförmigen Übergriffen aufgeworfen. Wirkt Sexualität als in sich »übergriffig«, was sind dann Kriterien für eine entsprechende Abgrenzung? Laplanche selbst spricht einmal von der »schwierigen Frage«, die »Botschaften, in die sich (und zwar unvermeidbar), als Symptom, als Versprechen oder als Fehlleistung, die ›unbewußte‹ infantile Sexualität des Erwachsenen einschleicht« von jenen »sexuellen Handlungen« abzugrenzen, »die das Kind unter Zwang erleidet, in denen der Teil der Botschaft immer geringer wird, während die entbundene Gewalt anwächst«.[33] Oder er spricht von der gewalttätigen Variante, in der eine Metabolisierung nicht möglich ist: Vereitelt wird die Fähigkeit einer Übersetzung, einer Weiterverarbeitung, und so wäre es die Möglichkeit einer »Verstoffwechslung«, die einen Unterschied macht. Denn Laplanches Ansatz zufolge nehmen die durch Erregung beförderten Botschaften zwar in Anspruch, noch bevor man sie verstehen kann[34]; etwa so, wie in *Who's Listening?* 5 das Kind z. T. irritiert wirkt angesichts dessen, was die Mutter vorhat und von ihm will. Es wirkt erregt durch die turbulente Aufmerksamkeit, deren Objekt es ist, und deren Infiltration sein Begriffsvermögen zuweilen zu übersteigen scheint. Dennoch muss es den Botschaften Sinn geben, sie beantworten[35], d. h. sie *übersetzen*. Im Video erfolgt eine Übersetzung in Form sprachlicher oder auch gestischer Symbolisierung: So wird die Wiederholung in immer neuen Formen in all der Überdrehtheit auch als Versuch lesbar, etwas an der Erregung begreifbar zu machen, einzubinden, ohne fassbares »Was«. Zudem erfolgt durch die Untertitelung eine

Übersetzung in eine Fremdsprache. Nicht nur befallen einen hier angesichts letzterer allerdings bisweilen Zweifel, sondern Laplanche folgend ist allen symbolisierenden Bemühungen ein Misslingen eingeschrieben. Es kommt »zum teilweisen Versagen dieser Symbolisierung [...], das heißt, zur Verdrängung eines unbeherrschbaren, unfaßbaren Restes« – als *Quelle des Triebs*.[36] – Bereits im Fall eines »klassisch-neurotischen« Unbewussten findet demnach (um auf die fragliche Unterscheidung zurückzukommen) ein *teilweises* Übersetzungsscheitern statt. Hingegen bilden bei einem *völligen* Scheitern die nicht übersetzten Botschaften ein sogenanntes »eingeklemmtes Unbewusstes« aus.[37] Dabei kann die Grenze wiederum schwanken.[38] Die Grenzen der Grenzüberschreitung sind immer auch kulturell (und niemals »unschuldig«) zu setzen.

Vor diesem Hintergrund ließe sich sagen, dass die verhandlungsmoralischen Forderungen nach vorgängiger Einwilligung o. Ä. dem (unmöglichen) Ideal einer erfolgreichen, restlosen Übermittlung der Botschaften folgen; die Video-Aktionen würden hingegen genau eine Störung jener Moral bzw. deren Überschuss ausstellen, gleichsam deren begleitend-überschüssiges Erregungsrauschen. Gegenläufige Versuche ihrer Zuordnung wiederum können dann Beruhigung versprechen. Entsprechende Rezeptionen von *Who's Listening?* 5 bezogen auf den Übergriff schlingern. Zwei polarisierende Reaktionen im Rahmen der *documenta 12*[39] können die Spannbreite der Versuche charakterisieren, einen Sinnzusammenhang zu synthetisieren. Der *documenta*-Katalog spricht von »intensiven, glücklichen Momente[n]« des »quasi-romantischen Verhältnisses« zwischen Mutter und Sohn, welche »die grundlegendsten menschlichen Gefühle« offenlegen, durch die Kamera »als melancholische Erinnerung« präsentiert.[40] Anders sieht es im Fall eines während der *documenta* von Kindern und Jugendlichen selbst gestalteten Fernsehmagazins aus[41]: Die Jugendlichen, die das Video »dokumentarisch« aufzufassen scheinen, assoziieren hier eher Beziehungs- oder Respektlosigkeit – teilweise schreiben sie diese potenziell einer *chinesischen* (Erziehungs-)Kultur zu (etwa: »dass es halt [...] in anderen Kulturen vielleicht anders ist. Und, dann, man sieht auch in dem Video, dass die nicht 'ne richtige Beziehung hat, das Kind will gar nicht mit der Mutter irgendwie spielen oder so«; ab 4:02). Vor dem Hintergrund meiner Ausführungen nun würde in beiden Rezeptionen jene »übergriffige« sexuelle Qualität abgewehrt: Sie würde, durchaus derzeitigen Tendenzen westlicher Gesellschaften entsprechend[42], in ihrer Brisanz heruntergespielt oder im Zweifelsfall eben »anderen« zugeschrieben.

VORSTELLUNGEN VON VERFÜHRUNG

Wie nun lässt sich vor dem Hintergrund meiner bisherigen Überlegungen der »Übergriff« auf das durch den Titel unbestimmt adressierte Publikum fassen? Zunächst werden die Rezipient/innen zu Zeug/innen von etwas Intimem: Ein Kind wird geküsst, gegriffen, gekitzelt. Begreift man die Videoszenerie als eine Fantasie bzw. als einen Schauplatz mit wechselnden Plätzen[43], genauer: als Fantasie einer Verführung, dann lassen sich verschiedene Variationen imaginieren. Die Darbietung wäre vorstellbar als eine Wunschfantasie des Kindes, das sich imaginär ein Mutterobjekt halluziniert, um dieses zu verführen/von ihm verführt zu werden; vorstellbar wäre desgleichen eine durch das Kind belebte mütterliche Fantasie infantiler Wünsche. Und/oder schauen wir als Betrachter/innen, durch die Bilder und Töne gekitzelt, unseren eigenen Verführungsfantasien zu? Beim Verfolgen der mütterlichen Aktionen bzw. des zugreifenden Kindes vermag die andauernde Stimulation auch die Betrachter/innen körperlich »anzugehen«, aufzustören und zu bewegen. Auch die Adressat/innen dieser *kulturellen Botschaft* sind dann mit etwas kaum Durchschaubarem konfrontiert und wissen – ebenso wenig wie offenbar der Sohn, die Mutter, die Jugendlichen und vermutlich der Künstler – nicht recht, wie ihnen geschieht. Eine Art Verführung wird nicht nur dargestellt, sondern potenziell auch vollzogen. Ist die Darstellung der Reizung auf dem Sofa auch als (nie restlose) Antwort auf eine infiltrierend-erregende Spannung zu begreifen, dann wird das *Who* des *Listening* durch sie wiederum in einen Zustand versetzt, der ohne klares Einordnungsschema bleibt.

Die Mitübertragung einer Ungewissheit wird unterstützt durch eine Kamera, die die Bilder auf eine Weise zu sehen gibt, die keinem linearen Erzählschema folgt und gleichaufmerksam nicht zu werten scheint. Im Strom der Bilder wirkt kein Element bevorzugt: wie eine »Übung« in gleichschwebender Aufmerksamkeit. Damit ist eine (letztlich unmögliche) sich dem Aufgenommenen überlassende Haltung, das *How one's Listening* (oder hier *Watching*) beschrieben, die wie absichtslos nicht den eigenen Neigungen folgt ... bis sich das Material quasi »aus sich heraus« figuriert. Eine solche Herausbildung von Formeigentümlichkeiten lässt sich wiederum bis in das *Handling* in der von Laplanche aufgegriffenen Pflegesituation zurückverfolgen: Indem das Kind sich mit der »Milch« und der »neue[n] Erfahrung« auch »die Ästhetik dessen einverleibt, wie die Mutter mit ihm umgeht« (»wie sie ihn füttert, ihm die Windeln wechselt, ihn besänftigt, ihm etwas vorsingt, ihn im Arm hält und mit ihm spielt«), so Christopher Bollas[44], lernt das Kind – wie in dieser Lesart der Junge im Bild – subjektkonstitutive Formen der Annäherung kennen; eine ästhetische Struktur bildet sich aus, eine Verwandlung wird bewirkt, auch als jene Verführung, wie Laplanche sie beschreibt.[45]

So gehen die »Botschaften« von Anfang an mit einer Ästhetik einher und nicht allein (wenngleich untrennbar) mit einer sinngenerierenden Übersetzungsarbeit.[46] Dies lässt sich auch als Fokusverschiebung gegenüber Laplanches Zugang zum Rätselhaften begreifen. Dieser setzt die *Bedeutsamkeit* gewissermaßen immer schon voraus: Vor jedem Verstehensversuch ist einem das, was da kommt, bereits enigmatisch erschienen und nicht etwa *bedeutungslos*.[47] Was die Frage mit sich bringt, wie das Rätsel zum Rätsel wird bzw. weshalb eine Ausrichtung auf das Rätselhafte erfolgt. Die Vorstellung des anderen als eine Art Geheimnisträger wird nun, z. B. von Bersani, infrage gestellt.[48] Ihm zufolge geht es, überspitzt formuliert, keineswegs nur um geheimnisvolle Rätsel und unzugängliche Bedeutungen, denen das werdende Subjekt (wenn auch niemals restlos) versucht auf die Spur zu kommen – im Sinne etwa eines Prozesses »of violent investigation« oder des anderen als

»a source of ›paranoid fascination‹«, wie es dann – verschiebend – gefasst wird.[49] Sondern, so ließe sich nun weiter anfügen, im Spiel ist auch eine ästhetische Erfahrung, welche nicht in erster Linie durch Übersetzungsanstrengungen gekennzeichnet ist.

ÄSTHETISCHE EIGENARTIGKEIT
Entsprechend stellt *Who's Listening? 5* die Frage nach der Bedeutung nicht nur als *Was*, sondern auch als *Ob-überhaupt*. Sogar das für kulturelle Bedeutungsaufladungen überaus anfällige Geschehen zwischen Mutter und Sohn rührt hier auch an eine Form des *Speaking* und *Listening*, »that doesn't seek to solve the other's enigma but, rather, ›exists for the sake of the relations it establishes‹«.[50] Solches nimmt das Video auf, insofern nach und nach eine Art Abstimmung der Protagonist/innen im (durchaus uneinigen) Umgang miteinander sichtbar wird: Im verwickelt-wiederholten Hin und Her entwickeln sich Ablaufformen und Relationen, pendeln sich ein – und konstituieren die ästhetische Eigenartigkeit. Doch die »Eigentümlichkeiten des Austauschs«[51] verwirklichen sich eben nicht nur auf dem Screen, sondern auch in der Beziehung, die das Publikum zu der – »zur Wahrnehmung einladen[den], aufrufen[den], verführen[den]«[52] – Darbietung unterhält. Dabei fungiert auch die gleichschwebend eingestimmte Bereitschaft, sich auf unklare Situationen ein- und sich beim Betrachten berühren zu lassen, als »Erzeugungsstrategie«[53] des verwandelnden Erlebens.

Und auch in dieser Beziehung ist ein grenzgängerisches Hin und Her aus Annäherungen und Distanznahmen ins Werk gesetzt und damit markiert. Denn durch den Split Screen, welcher die Perspektivität des Betrachtens mitreflektiert bzw. das Vorhandensein von Perspektiven überhaupt anzeigt, bewegt sich der Blick vor dem Schirm zwischen zwei unterschiedlich eingestellten Entfernungen: rechts erfolgt er tendenziell aus einer (sinngebend-)»überblickenden« Distanz, während man links, mit Körperfragmenten konfrontiert, den abgetrennten Überblick bzw. die eigenen Grenzen eher verliert. Einerseits ein optisch die Szene wie »von außen« als eine Art Schauspiel betrachtende, andererseits eine »haptische«

(eine körperliche Involvierung in die Bilder begünstigende) Art des Sehens.[54] Der Blick wird uneins, die Teilung des Screens nimmt die Trennung zwischen Bild und Betrachter/in visuell auf – und gestaltet wiederum auch einen Übergriff. Denn die Nebeneinander-Einstellungen sind so arrangiert, dass zwischen ihnen gelegentlich ein »Übergreifen« passiert. Wenn die Mutter im linken Bild auftaucht, in dem sie zunächst nicht zu sehen war, scheint sich z. B. ihr Arm unter dem rechten Bild hinüberzuschieben. Darin vergleichbar wird über die Bildschirmgrenze hinaus der Betrachtende ergriffen, nicht ganz »real« und nicht ganz »als ob«, wieder unentschieden. Die linke, »nähere« Perspektive bildet dann eine Art Übergang, und quasi-rotierend aus dem Bild heraus wird ein Übersprung der Verführungsszene inszeniert. Diese wird in der künstlerischen Form aufgenommen, der/die Betrachtende selbst wird zum von der Videoarbeit »erfassten« Objekt – und eben dort kann die (wieder distanznehmende) Deutung ihren Ansatz finden.[55] Ein Deuten als Möglichkeit, der verformenden Macht nicht allein ausgesetzt zu sein, sondern sich ihrer (wie der Sohn im Bild es vorführt) auch zu bemächtigen: parallele *Affirmation* und *Negation* der bewirkten Veränderungsgelegenheit.[56] Mein »Hören« und Schreiben würde damit deutend darin resultieren, dass jenes taiwanisch kontextualisierte Video dem Publikum westlich-kulturell eine eher abgewehrte sexuell-»übergriffige« Struktur nicht nur vor Augen und Ohren führt, sondern auch in ihm anrührt, antreibt. Womit es in seiner Eigenartigkeit einen Rezeptionsprozess zwischen Übersetzungsdrang, ästhetischer Formgewinnung und Spannungsgenießen initiiert, den es überdies »exemplarisch« vorführen, verhandeln und auf seine Weise ausstellen kann.

1. Vgl. dazu Hoffman-Schwartz, Daniel; Nagel, Barbara Nathalie; Stone, Lauren Shizuko (Hg.): *Flirtations. Rhetoric and Aesthetics This Side of Seduction.* New York 2015: Fordham University Press
2. Fleming, Paul: *The Art of Flirtation: Simmel's Coquetry Without End.* In: ebd., S. 22, 26
3. Ebd., S. 21
4. Phillips, Adam: Über das Flirten. Psychoanalytische Essays. Übers: K. Laermann. Gießen 2007: Psychosozial, S. 149
5. Härtel, Insa: *Sexualität als Missverständnis/Sexuality as Misunderstanding.* In: *Shedhalle Zeitung.* Zürich 2009, S. 44–49
6. Witte, Sonja: *Kiss and stop and kiss and kiss and stop and kiss … Über eine eigentümliche Maßlosigkeit im Denken* (anlässlich von Tseng Yu-Chin: »Who's listening? No. 5« 2003–2004). In: Härtel, Insa: *Kinder der Erregung. »Übergriffe« und »Objekte« in kulturellen Konstellationen kindlich jugendlicher-Sexualität* (u. Mitarbeit v. Sonja Witte). Bielefeld 2014: transcript, S. 238–308
7. Auch der Kontext der anderen Videoteile 1–4 findet hier keine Berücksichtigung, sondern erfordert eine weitere Lektüre
8. Vgl. Derrida, Jacques: *Randgänge der Philosophie.* Wien 1988: Passagen
9. Im unteren Teil ist die schriftliche Übersetzung des Gesagten ins Englische zu lesen.
10. Manray Hsu 2007: Tseng Yu-Chin, *Who's Listening 04/2004.* In: *Documenta12 Kassel 16/06–23/09 2007,* Katalog, Köln, S. 166 f.
11. Das Gezeigte changiert gewissermaßen zwischen einem artifiziellen und einem »authentizität-verbürgend-dokumentarischen« Charakter.
12. »Das Verflixte ist ja auch, dass ich/die Zuschauer wissen, dass ein Skandal nicht kommen wird, da sonst das Video nur am Eröffnungstag gelaufen wäre.« (Karl-Josef Pazzini in einem Kommentar zum vorliegenden Text)
13. »where nothing has happened yet, but everything is still possible«, heißt es dort weiter (Höcker, Arne: *Playing with Yourself: On the Self-Reference of Flirtation.* In: Hoffman-Schwartz/Nagel/Stone, (Hg.): *Flirtations,* S. 52)
14. Ein zeitliches Wuchern vermittelt sich auch durch Diskrepanzen zwischen angegebener, gezeigter und gedrehter Zeit: Am Anfang des Videos ist ein Hinweis auf einerseits eine zweistündige Länge des Prozesses und auf die mit 24 sec. angegebene Länge der bearbeiteten Fassung andererseits (statt real etwas mehr als 24 Min.) zu lesen.
15. Vgl. etwa Schmidt, Gunter: *Sexuelle Verhältnisse. Über das Verschwinden der Sexualmoral.* Reinbek bei Hamburg 1998, Rowohlt

16 Pädophilie bzw. »Sexualität von Erwachsenen mit oder an (hier fängt das Problem schon an) Kindern« sei eine »gewichtige Ausnahme« von der Tendenz einer verhandlungsmoralischen »Absegnung« (Schmidt, *Sexuelle Verhältnisse*, S. 75). Ähnliches gilt für die Pornografie, die allein noch in Form von Kinderpornografie die Gemüter erregt (ebd., S. 103)

17 Vgl. Phillips, *Über das Flirten*, S. 23

18 Vgl. Phillips, Adam: *Vom Küssen, Kitzeln und Gelangweiltsein*. Übers: K. Laermann. Göttingen 1997, Steidl, S. 23

19 Busch, Kathrin: *Über das Kitzeln*. In: Grüny, Christian (Hg.): *Ränder der Darstellung. Leiblichkeit in den Künsten*. Weilerswist, Velbrück 2015, S. 179

20 Ebd., S. 180 f.

21 Phillips, *Vom Küssen, Kitzeln und Gelangweiltsein*, S. 24

22 Busch, *Über das Kitzeln*, S. 180

23 »Tickling has long been connected with philosophical debates about the nature of pleasure. From Plato to Lacan via Descartes, Spinoza, Nietzsche, and Freud, among others, tickling has served as an alternate way of thinking about pleasure, not as calming satisfaction or relief but as titillation and excitation. The ambivalence of tickling, a delight that can quickly become excruciating, would seem particularly well suited to describe the pleasure-in-pain that Lacan designated with the term *jouissance* (enjoyment), as opposed to the more placid *plaisir* (pleasure).« Schuster, Aaron: *A Philosophy of Tickling*. 2013. Online: http://cabinetmagazine.org/issues/50/schuster.php (17. 8. 2018)

24 »Das fängt beim Kitzel an und endet damit, daß man sich mit Benzin übergießt und anzündet. Und immer ist es das Genießen«, heißt es weiter. Lacan, Jacques: *Die Kehrseite der Psychoanalyse. Seminar XVII (1969–1970)*. Übers: G. Schmitz (Manuskript) 1997

25 Zit. n. Bersani, Leo; Phillips, Adam: *Intimacies*. Chicago 2008: The University Chicago Press, S. 93

26 Vgl. Freud, Sigmund: *Drei Abhandlungen zur Sexualtheorie* (1905d). In: G.W. Bd. V, S. 82

27 Laplanche, Jean: *Die allgemeine Verführungstheorie und andere Aufsätze*. Übers: G. Gorhan. Tübingen 1988: edition discord, S. 141

28 Vgl. Laplanche, *Die allgemeine Verführungstheorie*

29 Passett, Peter: *Sexualität jenseits der Biologie – Hat der Pansexualismus der Psychoanalyse im Zeitalter der political correctness noch eine Zukunft?* In: Karger, André; Lettau, Gertrud; Weismüller, Christoph; Knellessen, Olaf (Hg.): *Sexuelle Übergriffe in Psychoanalyse und Psychotherapie*. Göttingen 2001: Vandenhoek & Ruprecht, S. 94

30 Vgl. Tuhkanen, Mikko: *The Essentialist Villain. On Leo Bersani*. Albany 2018, State University of New York Press; Laplanche Jean: *Essays on Otherness*. London, New York 1999: Routledge
31 Laplanche: *Die Allgemeine Verführungstheorie*, S. 225
32 Žižek, Slavoj: *Die Pest der Phantasmen*. Übers: A. L. Hofbauer. Wien 1997: Passagen, S. 206
33 Laplanche, Jean: *Inzest und infantile Sexualität*. In: *Psyche*. 2009, 63. Jg., Heft 6, S. 535
34 Vgl. Laplanche, *Die Allgemeine Verführungstheorie*, S. 222
35 Vgl. ebd.
36 Ebd., S. 142 f.
37 Vgl. in anderem Kontext Laplanche, Jean: *Die rätselhaften Botschaften des Anderen und ihre Konsequenzen für den Begriff des »Unbewußten« im Rahmen der Allgemeinen Verführungstheorie*. In: *Psyche*. 2004, 58. Jg., Heft 9–10, S. 898-913, S. 903
38 Vgl. ebd., S. 905 f.
39 Vgl. Härtel: *Sexualität als Missverständnis*
40 Hsu, Tseng Yu-Chin, S. 166
41 *doc.tv* Nr. 36. 6. August 2007, Offener Kanal Kassel
42 vgl. Härtel, Insa: *Kinder der Erregung*
43 Vgl. dazu Laplanche, Jean, Pontalis, J.-B.: *Urphantasie. Phantasien über den Ursprung, Ursprünge der Phantasie*. Übers: M. Looser. Frankfurt a. M. 1992: Fischer
44 Bollas, Christopher: *Der Schatten des Objekts. Das ungedachte Bekannte. Zur Psychoanalyse der frühen Entwicklung*. Übers.: C. Trunk. Stuttgart 2005, Klett-Cotta 2. Auflage, S. 46
45 Vgl. insgesamt Hübner, Wulf: »Jenseits der Worte«. *Versuch über projektive Identifizierung und ästhetische Erfahrung*. In: *Psyche*. 2006, 60. Jg., Heft 4, S. 332 ff.
46 Vgl. Pflichthofer, Diana: *Performanz in der Psychoanalyse*: Inszenierung – Aufführung – Verwandlung. In: *Psyche*. 2008, 62. Jg., Heft 1, S. 56
47 Vgl. Zupančič, Alenka: *Warum Psychoanalyse? Drei Interventionen*. Übers: L. Banki, F. Ensslin. Zürich 2009: diaphanes, S. 40 ff.
48 Vgl. dazu etwa Tuhkanen, Mikko: *Monadological Psychoanalysis: Bersani, Laplanche, Beckett*. In: Mikko Tuhkanen (Hg.): *Leo Bersani. Queer Theory and Beyond*. Albany 2014: State University of New York Press, S. 141–165
49 Tuhkanen: *The Essentialist Villain*, S. 155 und Bersani zit. n. ebd., S. 81
50 Mit Bezug auf Beckett: Tuhkanen: *Monadological Psychoanalysis*, S. 157
51 In anderem Kontext: Hübner: »Jenseits der Worte«, S. 343
52 In anderem Kontext: Pflichthofer: *Performanz in der Psychoanalyse*, S. 52
53 Vgl. ebd., S. 47 ff.

54 Vgl. dazu Marks, Laure U.: *Video haptics and erotics*. In: *Screen*. 1998, 39. Jg., Heft 4, S. 331–348
55 In anderem Kontext Knellessen, Olaf in: Karger, André; Knellessen, Olaf; Lettau, Gertrud; Weismüller, Christoph: *Sexuelle Übergriffe in Psychoanalyse und Psychotherapie*. In: dies. (Hg.): *Sexuelle Übergriffe in Psychoanalyse und Psychotherapie*. Göttingen 2001: Vandenhoeck & Ruprecht, S. 33
56 Ebd.

BENEDIKT WOLF

DAS FLORALOBJEKT.
ZUR MONOMETAPHORISCHEN POETIK
DES ANONYMEN PORNOGRAFISCHEN
GEDICHTBANDES *DIE BRAUNE BLUME*
(UM 1929)[1]

Die braune Blume, so lautet der Titel eines lyrischen Zyklus, der anonym vermutlich 1929 und als Privatdruck veröffentlicht wurde.[2] In der Forschung ist er kaum bekannt.[3] Der Titel eines Textes hat eine zweifache Funktion. Er trägt nicht nur selbst Bedeutung – evoziert in diesem Fall die Vorstellung einer braunen Blume –, er hat zugleich als »Aushängeschild« oder »Etikett« die Funktion, dem Text einen *Namen* zu geben. Damit wird er Teil einer sozialen Interaktion zwischen Text und Leser/in. Zieht man diese beiden Dimensionen des Titels in Betracht, so wird kenntlich, dass die *Braune Blume* diese zweifache, semantische und pragmatische Funktion in besonderer Weise reflektiert. Denn zum einen ruft die Vorstellung einer braunen Blume bestimmte

Bedeutungsassoziationen hervor: etwa die der braunen Erde oder des braunen Kots. Zum anderen ist die Blume in unserer Kultur aber auch ein Gegenstand, der soziale Beziehungen vermittelt: neben solchen, die auf den Tod bezogen sind – man denke an das Kondolenzgesteck –, vor allem solche, die auf die Erotik bezogen sind: Wechseln Blumen den/die Besitzer/in, so soll verführt werden. In diesem Sinne gibt sich die *Braune Blume* als ein Verführungszeichen aus – ein etwas suspektes allerdings im Hinblick auf die Farbe. Es ist denn auch eine Sammlung pornografischer Lyrik, die mit diesem Titel bezeichnet wird.

Die semantische Fülle der braunen Blume, die mit den beiden exemplarischen Assoziationen von Erde und Kot nur angedeutet wurde, löst in den wenigen Beiträgen, die sich mit dem Band befassen, augenscheinlich ein drängendes Bedürfnis nach »Übersetzung« aus. Das *Bilder-Lexikon der Erotik,* das von 1928 bis 1931 vom Wiener Institut für Sexualforschung herausgegeben wurde[4], schreibt: »Die braune Blume, die hier besungen wird, ist der Anus.«[5] Manfred Herzer kritisiert diese Deutung zurecht, »weil die Mehrdeutigkeit des ohnehin nicht besonders treffenden Bildes unberücksichtigt bleibt«[6], vereindeutigt dann jedoch selbst: »[D]ie braune Blume unseres Anonymus [meint] ja nur das eine [...], den versteiften Männerschwanz.«[7]

Dieser Text stellt die Frage nach der Bedeutung der braunen Blume aufs Neue und untersucht ihr Auftauchen in dem anonymen Lyrikzyklus. Nach einer Kontextualisierung des Bandes in der literarischen Tradition (I) wendet er sich der Poetik der *Braunen Blume* zu und erhellt aus dieser Sicht die Stelle, welche die Titelmetapher in dieser Poetik einnimmt (II). Diese Stelle wird in einem dritten Schritt erklärt, indem Begriffe der Lacanschen strukturalen Psychoanalyse auf die Poetik der *Braunen Blume* bezogen werden (III).

I. DIE BRAUNE BLUME IN DER LITERARISCHEN TRADITION

Herzer ordnet den lyrischen Zyklus in die Tradition der »schwule[n] Lyrik« ein.[8] Hierbei handelt es sich um ein signifikantes Fehlurteil, und zwar sowohl auf der deskriptiven als auch auf der literaturgeschichtlichen Ebene. Die Einschätzung der *Braunen Blume* als schwule bzw. homosexuelle Lyrik geht auf das bereits erwähnte *Bilder-Lexikon der Erotik* zurück, wo es heißt: »Es sind Lieder eines Homosexuellen.«[9] Diese Einschätzung verzerrt das Bild, das die Gedichte selbst erzeugen. Unabhängig vom unbekannten Geschlecht des/der empirischen Autor/in markiert sich das sprechende Ich an mehreren Stellen des Zyklus als männlich.[10] Wenn es erlaubt ist, von diesen Markierungen aus für den Gesamtzyklus ein männliches sprechendes Ich zu intrapolieren, dann thematisieren von den insgesamt 40 Gedichten zehn ein exklusiv mann-männliches Begehren[11]; dazu kommt eines, das von der lesbischen und schwulen Subkultur erzählt.[12] Vier der Gedichte sind bisexuell[13], und sechs sind heterosexuell – einschließlich einer *Hymne an die Votze (B 30 f.)*.[14] Es handelt sich bei der *Braunen Blume* keinesfalls um schwule Lyrik, es handelt sich um Lyrik, die eine spezifisch bisexuelle Perspektive profiliert.

Auch in literaturhistorischer Sicht handelt es sich nicht um schwule Lyrik. Denn der Zyklus bezieht sich selbst deutlich in eine andere literarische Tradition ein, die nicht schwul oder homosexuell, sondern *obszön* und *pornografisch*[15] und in der Folge bisexuell ist. Hans Stempel und Martin Ripkens ist zuzustimmen – ohne ihre Wertung gleich zu übernehmen –, wenn sie im Nachwort ihrer Anthologie zur *Männerliebe in deutschen Gedichten des 20. Jahrhunderts* die Differenz der *Braunen Blume* zur homosexuellen Literatur in deutscher Sprache hervorheben:

Als legitim, als druckreif, galt bis in die siebziger Jahre des 20. Jahrhunderts allein die Seelenfreundschaft unter Männern, wenngleich schon in den Zwanzigern aufwendige Privatdrucke wie »Die braune Blume« [...] ungeniert schwulem Sex huldigten, jedoch in Versen, die eher dem schlüpfrigen Niveau eines Herrenabends entsprechen.[16]

Gerade in ihrer drastischen Thematisierung männlich-homosexueller Praxis zeigt sich die Differenz der *Braunen Blume* zur homosexuellen Literatur.

Der implizite Autor der *Braunen Blume* gibt sich als ein *poeta doctus* zu erkennen. Es finden sich u. a. Anklänge an den Ton von Heine-Gedichten[17], an Uhland[18], an Trakl[19] und Herzer zufolge auch an Baudelaire.[20] Doch *Die Braune Blume* zieht nicht nur Linien zur deutschen Lyrik des 19. und frühen 20. Jahrhunderts. Deutlich klingen etwa die das Erste Buch einleitende *Widmung an H. H.* und das programmatische Einleitungsgedicht zum Zweiten Buch *Dieses kleine Buch* an Catulls Dichtung an.[21] Damit eröffnet *Die braune Blume* einen zeitlich und geografisch weiteren Resonanzraum: den der erotischen und obszönen Dichtung des Abendlandes. Wenn sich das Ich der *Braunen Blume* als bisexuell zu erkennen gibt, dann schließt es damit durchaus schon an Catull an, in dessen *Carmina* sich sowohl das Kussgedicht an die Geliebte Lesbia als auch das 16. *Carmen* mit seiner doppelten, an zwei Männer gerichteten Penetrationsankündigung findet.[22]

Bei aller Vorsicht, die vor dem Hintergrund des unterforschten Bereichs deutschsprachiger literarischer Pornografie geboten ist[23], lässt sich doch erkennen, dass sich die *Braune Blume* im Bereich der pornografischen Literatur hauptsächlich auf einen nicht-deutschsprachigen Kontext bezieht[24], auf eine Tradition des Libertinismus und des sexuellen Ästhetizismus.[25] Es handelt sich um einen literarischen Diskurs, der nicht homosexuell ist, weil er sich programmatisch nicht auf eine Objektklasse einschränkt.

II. DIE MONOMETAPHORISCHE POETIK DER *BRAUNEN BLUME*

Diese Weigerung der Einschränkung wird in der *Braunen Blume* poetisch produktiv. Den Schockeffekt der sexuellen Gossensprache vergibt der Band im *Vorspiel*, direkt nach dem Widmungsgedicht:

Meine leichte Muse hat
nirgendwo ein Feigenblatt,
und du brauchst nicht lang zu lösen,
schauest gleich so Schwanz wie Mösen! (B 8)

An der infantilen Freude an der diskursiven Transgression, die das Aussprechen der verbotenen Wörter ausmacht, ist diese Lyrik nicht interessiert. Das Aussprechen der drastischen *propria verba*, die in den folgenden Gedichten Legion sind, hat vielmehr eine präzise bestimmbare Funktion – und ein Gedicht bestimmt diese Funktion präzise:

> Viele dichten noch in Bildern
> und verschweigen was sie sagen wollen.
> Ich will euch die Dinge schildern
> aus dem Echten aus dem Vollen.
>
> Jener sagt: – Kastanienblüte!
> Und er meint doch – Genitalien –,
> der meint – Möse –, liebe Güte! –
> doch er spricht nur von Amalien –. (B 48)

Das metaphorische »Dichten in Bildern« wird hier als eine camouflageartige Codierung eines »eigentlich gemeinten« pornografischen Subtextes verstanden.[26] Das zitierte Gedicht *Meine Meinung* wendet sich vehement gegen dieses »Dichten in Bildern« und setzt dem eine obszöne Poetik entgegen:

> Wenn ich zum Parnassos eile
> durch das Tal der Bildungskaffern,
> bin ich voll Gestalt und teile
> alle Nebel der Metaphern. (B 48)

Der sein Dichten reflektierende Sprecher weigert sich anzuerkennen, dass eine obszöne Poesie weniger kunstvoll oder literarisch sei als ein »Dichten in Bildern«: Auch er macht sich auf zum Parnass, und eher wird hier das »Dichten in Bildern« als das Werk von »Bildungskaffern«[27] beurteilt.

Diese Wendung gegen das »Dichten in Bildern« scheint zum einen gerechtfertigt. Eine Dichtung »ohne Feigenblatt«, in der

»Schwanz« und »Mösen« (B 8) keine Besonderheit sind, benötigt die Metapher nicht, um die sexuellen tabuisierten Signifikanten durch akzeptable substituierende Signifikanten zu ersetzen. Doch andererseits will die *Braune Blume* auf die Metapher offensichtlich nicht verzichten, setzt eine Metapher ein und betreibt so gesehen selbst »Dichten in Bildern«. Die Differenz zum metaphorischen Dichten, in dem anstelle von »Möse« von »Amalien« die Rede ist, liegt erstens darin, dass die *Braune Blume* nicht »in Bildern«, sondern »im Bild« dichtet. Sie kennt eine einzige dominante Metapher, die in zwei Gedichten auftaucht und die den Titel der Sammlung liefert: die Metapher der braunen Blume, die zu den schnellen Vereindeutigungen im *Bilder-Lexikon der Erotik* und bei Herzer führt. An die Stelle einer Vielzahl von Metaphern für sexuelle *propria verba* tritt eine einzige Metapher. Man kann in diesem Sinne von einer monometaphorischen Poetik sprechen.

Zweitens differiert der Metapherneinsatz der *Braunen Blume* vom »Dichten in Bildern«, was das Wesen des substituierten Signifikanten angeht. Das kritisierte »Dichten in Bildern« setzt voraus, dass der tabuisierte Signifikant S bekannt ist, ausgestrichen wird und durch einen metaphorischen Signifikanten S' substituiert wird.[28] Das Gedicht *Meine Meinung* weist deutlich darauf hin, dass für die Metapher der braunen Blume andere Verhältnisse gelten müssen. Fritz Morgenthaler hat in seiner Technik als eine Regel für die Analyse der Patientenrede aufgestellt, »daß unbewußte Reaktionen [...] niemals zugleich bewußtseinsfähig sind«.[29] Was bewusst geworden ist, hat die Macht verloren, als Unbewusstes ein Symptom hervorzurufen. Literarische Texte folgen nicht per se derselben Ökonomie wie die menschliche Psyche. Doch das programmatische Gedicht *Meine Meinung* weist darauf hin, dass für die *Braune Blume* eine restriktive Zeichenökonomie gilt. Die »Metaphern« gelten ihm als ein »Nebel« (B 48), den es aufzulösen gelte. Die der restriktiven Zeichenökonomie der Psyche angemessene Regel Morgenthalers scheint aus dieser Sicht der Zeichenökonomie der *Braunen Blume* angemessen. Für das »Dichten in Bildern« gilt, dass die tabuisierten Signifikanten auf der Ebene des verdrängten, metaphorisch substituierten Subtextes verbleiben, der für den literarischen Text die Systemstelle des Unbewussten einnimmt: »Schwer ist es auf diese Weise [d. i. auf die Weise des ›Dichtens in Bildern‹ – B. W.] / im Gedichte mehr zu meinen« (B 48). Die Metaphern »meinen« stets nur die in den Subtext abgedrängten *propria verba*. In der *Braunen Blume* sind die obszönen Wörter dagegen nicht subtextuell, sondern manifest: »[U]nd du brauchst nicht lang zu lösen, / schauest gleich so Schwanz wie Mösen!« (B 8)

Wenn nun also die subtextuellen Signifikanten, die das konventionelle »Dichten in Bildern« metaphorisch substituiert, in der *Braunen Blume* manifest sind, d. h. von der Systemstelle des Unbewussten auf die des Bewussten übergegangen sind, müssen wir annehmen, dass die verbliebene Metapher, die braune Blume, für einen Signifikanten eingetreten ist, der all das, was im Text manifest ist, *nicht ist*. Vor dem Hintergrund der im Gedicht *Meine Meinung* statuierten restriktiven Zeichenökonomie ist es also geradezu auszuschließen, dass die braune Blume den Anus metaphorisiert, wie das *Bilder-Lexikon* schreibt, denn der steht manifest im Text, u. a. als »Arsch[]« (B 24 und 55). Für Herzers Vorschlag, die Metapher substituiere den »versteiften Männerschwanz«[30] gilt dasselbe, denn auch der steht manifest im Text, u. a. in den *Erinnerungen an Lina,* wo das erinnerte Kind »an dem ersten Ständer rieb« (B 12). Wie weiter unten gezeigt wird, ist die Beziehung zwischen »versteiften Männerschwanz« und brauner Blume nicht metaphorisch, sondern katachretisch. Doch auch Herzers erster Vorschlag, der mit dem Hinweis auf die »Mehrdeutigkeit« der Metapher zunächst treffender zu sein scheint, ist bei genauerem Hinsehen wenig hilfreich. Denn dann müsste geklärt werden, welche mehreren Signifikanten von der Metapher substituiert werden – um die sexuellen Signifikanten der Pornografie kann es sich aufgrund des restriktiven ökonomischen Prinzips nicht handeln.

Es führt kein Weg an der Einsicht vorbei, dass die Monometapher der *Braunen Blume* einen subtextuellen Signifikanten substituiert, der im Text nicht manifest werden kann.

III. DAS FLORALOBJEKT

Nach dem Titel begegnen wir der braunen Blume an zwei weiteren Stellen.[31] Zunächst im Eröffnungsgedicht nach Widmung und Vorspiel:

> Der Phallus ist das neue Ornament,
> er ragt vereinsamt jetzt und sucht und sucht
> nach einem Widerpart, den niemand kennt;
> denn ach, die alte Votze ward verflucht.
>
> Dann erst ist eine neue Zeit erfüllt,
> wenn sich der Schöpfungsnebel wieder schließt
> und auch der Phallus wiederum verhüllt.
> Solange, braune Blume, sei gegrüßt! (B 9)

Das Gedicht kündet von einer »neue[n] Zeit«, in der ein »neues Ornament« (B 9) erschienen sei. Indem das Gedicht den »Phallus« und die »Votze« nennt, schließt es diese als Kandidaten für den neuen »Widerpart« aus. An ihrer Stelle wird eine »braune Blume« begrüßt. Aus der Sicht der zeichenökonomischen Analyse des vorangegangenen Abschnitts kann es sich bei dem unbekannten »Widerpart« auch um den Anus nicht handeln. Anstatt Penis, Anus und Vulva zu verdrängen, tritt der Signifikant »braune Blume« in eine metonymische oder besser syntagmatische[32] Beziehung zu den expliziten Signifikanten der Pornografie. Herzers »Mehrdeutigkeit« fasst diese gleitende Verkettung im Syntagma, nicht aber die Stelle, die die braune Blume selbst einnimmt.

Zum zweiten Mal taucht die braune Blume im Gedicht *Die Regel* auf, das sich an einen bekannten Poesiealben-Spruch anlehnt – »Rosen, Tulpen, Nelken, / alle Blumen welken« – und damit die florale Thematik entfaltet:

> Alle geilen Luden
> in den Pinkelbuden
> fass' ich bei der braunen Blume an,
> und sie bäumt sich, spritzt und welket dann. (B 32)

Hier scheint in Herzers Sinn die Metapher an die Stelle des Penis getreten zu sein. Und tatsächlich muss man dieses Bild unter dieser Voraussetzung als »wenig treffend[]«[33] bezeichnen, denn eine Blume »bäumt sich« selten und »spritzt« jedenfalls nicht. Die Bezeichnung des Penis durch die braune Blume hat katachretischen Charakter und verweist hierin auf einen nicht symbolisierbaren Rest, der mit dem Penis in Beziehung steht, nicht aber mit ihm identifiziert werden kann.

Der Lyrikband geizt mit seiner Titelmetapher. Er initiiert durch die Verknappung der Hinweise eine Suchbewegung. Er schickt die/den Leser/in auf eine Expedition durch den Text, auf eine Reise, die von dem Verlangen getrieben ist, die braune Blume zu finden. In der Literaturgeschichte ist die Blume eine prominente Metapher für die Vagina, vor allem – etwa in Walters von der Vogelweide *Unter der linden* oder in Goethes *Heidenröslein* – im Motiv der gebrochenen Blume, das auf die Defloration anspielt.[34] Diese deflorative – floralerotische – Konnotation spielt der Lyrikband zweifellos aus. Doch in der *Suche* nach der braunen Blume ist ein weiterer Intertext präsent, auf den im Titel deutlich angespielt wird. Denn auf die Suche nach einer Blume macht sich auch der junge Heinrich von Ofterdingen in Novalis' gleichnamigem Roman (1802). In seinem Fall handelt es sich freilich nicht um eine braune, sondern um eine blaue Blume – *die* blaue Blume der Romantik.[35]

Der Protagonist in Novalis' Romanfragment liegt zu Beginn des Textes im Bett und formuliert eine Sehnsucht: »Nicht die Schätze sind es, die ein so unaussprechliches Verlangen in mir geweckt haben […]: aber die blaue Blume sehn' ich mich zu erblicken.«[36] Heinrich verlangt es nach der blauen Blume nicht als etwas, das er kennt, sondern vielmehr als etwas, von dem er gehört hat, nämlich aus dem Mund eines »Fremden«.[37] Der Besuch und die Erzählung des Fremden gehen der erzählten Zeit des Romans allerdings voran. Bei der Erzählung von der blauen Blume handelt es sich um ein »im vorgeschichtlichen Dunkel liegendes Initiationsereignis«[38], dazu um eines, das in der Relationalität mit einem »Fremden« erlebt wird, den wir auch einen *Anderen* nennen könnten.

In seiner Lacanianischen Medienlektüre differenziert Slavoj Žižek verschiedene Objekttypen in Alfred Hitchcocks Filmen, unter ihnen eine Objektklasse, die er mit Hitchcocks eigenem Begriff »MacGuffin«[39] nennt.[40] Anton Fuxjäger schlägt in der kritischen Auseinandersetzung mit Hitchcocks Aussagen als Definition vor:

> Der MacGuffin ist ein diegetisches Element – ein Ding, eine Figur, eine Information, eine Fähigkeit –, das zwar der unmittelbare Anlaß für die im Vordergrund stehenden Handlungen ist, jedoch wenig bis keinen Einfluß auf deren konkreten Verlauf hat.[41]

Ein Beispiel sind etwa die nicht näher konkretisierten geheimen Unterlagen, die die Verwicklungen in Hitchcocks *The Thirty-Nine Steps* (1935) auslösen.

Die blaue Blume des *Heinrich von Ofterdingen* scheint mit dem MacGuffin einiges gemeinsam zu haben. Sie ist, wie Fuxjäger für den MacGuffin formuliert, »jenes diegetische Moment, das eine Geschichte ins ›Rollen‹ bringt«.[42] Wie der MacGuffin ist sie zwar keineswegs bedeutungslos, doch sehr wohl austauschbar.

Žižek identifiziert die Objektklassen der Hitchcock-Filme mit Objekten der Lacanschen Psychoanalyse. In Bezug auf die Klasse des MacGuffin schreibt er:

> MacGuffin ist eindeutig *objet petit a*: der Mangel, das Überbleibsel des Realen, das die symbolische Bewegung der Interpretation in Gang setzt, eine Lücke im Zentrum der symbolischen Ordnung, der bloße Anschein eines zu erklärenden, zu interpretierenden »Geheimnisses«.[43]

Žižeks Identifizierung folgend lassen sich die blaue Blume und ihre braune Wiedergängerin als Metaphern für das Objekt klein a lesen. Allerdings ist die Bezeichnung Metapher sogleich infrage zu stellen, denn was die Metapher der Blume (S') substituiert, ist kein Signifikant (S), sondern ein nicht-symbolisierbarer Rest des Realen.[44]

Wie in Lacans Lesart »das Begehren des Menschen das Begehren des Andern«[45] ist, so wird das Begehren, das sich auf die blaue Blume richtet, bei Novalis von einem *Fremden* in Heinrich eingepflanzt, einem Fremden wohlgemerkt, den uns der heterodiegetische Erzähler ausschließlich als Bewusstseinsinhalt des Protagonisten präsentiert: »Der Jüngling lag unruhig auf seinem Lager, und gedachte des Fremden und seiner Erzählungen.«[46] Heinrichs *Begehren des Fremden* lässt sich ausbuchstabieren als das Begehren des fremden Gegenstandes (*genitivus obiectivus*) und als das Begehren als Fremder (*genitivus subiectivus*). Das begehrte Objekt trägt den Namen der blauen Blume, die als *causa efficiens*[47], als »Ursache des Begehrens«[48] das Begehren auslöst (Objekt klein a) und die Handlung initiiert (MacGuffin). Das Verhältnis der blauen Blume zu Heinrich entspricht dem Verhältnis der braunen Blume zu ihren Leserinnen und Lesern. In beiden Fällen handelt es sich um Verführungsverhältnisse.

Diese Potenz der blauen Blume als eines Objekts, das das Begehren auslöst, nimmt die *Braune Blume* in ihrer intertextuellen Bezugnahme auf und präzisiert die blaue Blume als die Manifestation eines poetischen Floralobjekts. Hierfür ist die bedeutende Modifikation der pornografischen Bezugnahme auf die Romantik fundamental. Die Farbe Braun ist es sicherlich, die das *Bilder-Lexikon* der Erotik zur »Entschlüsselung« der Metapher als Anus bringt. Herzer erkennt richtig, »[d]aß die braune Blume die Farbe der Scheiße hat«, will diesen Umstand aber für die Interpretation ausschließen. Nur so kann er zu dem Schluss kommen, »daß der Dichter [mit der braunen Blume] nicht den Anus gemeint hat«.[49]

Das Farbadjektiv ist das eigentlich metaphorische Element in der Metapher der braunen Blume. Denn die Farbe Braun fungiert als Signifikant, der einen Signifikanten ersetzt: präzise die *Austauschbarkeit*, die für den MacGuffin gilt und die zum Missverständnis der »Vieldeutigkeit« der Metapher führt. Die Metapher der braunen Blume (S') metaphorisiert nicht den Anus (S), sondern führt die Farbe des Analobjekts als Metapher (S') ein. Nicht der Anus ist der verdrängte Signifikant – er ist in der *Braunen Blume* »textfähig« –, das anale Partialobjekt ist die Metapher für das nicht-metaphorisierbare Objekt klein a. In *Über Triebumsetzungen insbesondere der Analerotik* hat Freud gezeigt, welchen Stellenwert Ersetzungsoperationen für die Analerotik haben: »[I]n den Produktionen des Unbewußten [...] [werden] die Begriffe *Kot* (Geld, Geschenk), *Kind* und *Penis* schlecht auseinandergehalten und leicht miteinander vertauscht«.[50] Freud begründet diese Ersetzungen in der Analerotik bekanntlich durch ihren Primat vor der genitalen Erotik: »Der Kotballen – oder die ›Kotstange‹ nach dem Ausdruck eines Patienten – ist sozusagen der erste Penis, die von ihm gereizte Schleimhaut die des Enddarmes.«[51] Der Analerotik eignet in Lacanschen Begriffen eine besondere metaphorisierende Potenz: »Die Ebene der Analität ist der Ort der Metapher.«[52]

Aus dieser Sicht kann man die Farbe der braunen Blume, die Farbe des Analobjekts, in Reminiszenz an Sigrid Weigels Formulierung von der »Metapher des Metonymischen«[53] als die Metapher des Metaphorischen bezeichnen. Die braune Farbe ist der Signifikant (S''), der einen substituierten Signifikanten bezeichnet, der selbst die Operation der Metaphorisierung ist:

$$\frac{S''}{\frac{S'}{s}}$$

Die braune Blume ist eine hochkomplexe Metapher. Ein Teil von ihr metaphorisiert die Metaphorisierungsoperation, als Ganzes ist sie weniger Metapher als vielmehr Platzhalter für das nicht-metaphorisierbare Objekt klein a. Sie ist im System Text das Floralobjekt, das nicht nur der Grund, *causa efficiens*, des Begehrens ist, sondern in eins damit die Ursache des Dichtens.

In der letzten Strophe des programmatischen Gedichts *Meine Meinung* spricht das Dichter-Ich von einem Mehrwert der Bedeutung, einer Möglichkeit »mehr zu meinen«, die es dem »Dichten in Bildern« zuvor abgesprochen hat:

[U]nd ich kann bei Schwanz und Mösen,
all dem sogenannt Gemeinen,
eine fade Zeit erlösen
und die ewigen Sterne meinen. (B 48)

Es ist eine Koinzidenz, dass Lacan im II. Buch seines Seminars von den Sternen spricht, um das menschliche Subjekt in seiner Verwiesenheit auf den Anderen zu konturieren: »Die Sterne sind real, vollständig real, im Prinzip gibt's bei ihnen absolut nichts, was von der Ordnung einer Andersheit für sie selbst wäre, sie sind schlicht und einfach das, was sie sind.«[54] Wenn in der deutschen Literatur von »ewigen Sterne[n]« die Rede ist, steckt man gewöhnlich mitten in einem idealistischen Denkzusammenhang. Aus Sicht der hier zur Diskussion gestellten Lektüre bezieht die *Braune Blume* mit ihren »ewigen Sterne[n]« dagegen eine dezidiert materialistische Position. Sie setzt das als Signifikant symbolische, als Signifikat imaginäre Floralobjekt ein, um auf den realen Rest der Sexualität zu verweisen, der textuell nicht zu fassen ist.

Wie Novalis' *Heinrich von Ofterdingen* ein »Roman der Poesie«[55] ist, so lässt sich *Die braune Blume* als pornografische Lyrik der Poesie lesen. In der erzählerischen Manifestation des Objekt klein a als MacGuffin ist die blaue Blume im *Heinrich von Ofterdingen* Ursache des Begehrens und Ursache des Erzählens: »Sie liegt mir unaufhörlich im Sinn, und ich kann nichts anders dichten und denken.«[56] Als Ursache des Erzählens ist die blaue Blume »Symbol der Poesie«.[57] Gleiches lässt sich für die braune Blume sagen: Sie ist Ursache des Begehrens und Ursache des Dichtens. Damit suggeriert *Die braune Blume, dass als Ursache* »hinter«[58] dem poetischen Sprechen und Schreiben das Begehren des Anderen steht.

Der Lyrikband nimmt eine weitere Substitution vor, wenn er die braune Blume die *barre* überschreiten lässt, die Gedichte zum signifizierten Signifikanten werden lässt und den Gedichtband *Die braune* Blume nennt. Er statuiert damit, dass er selbst die braune Blume *ist*. Er stellt sich als das poetische Floralobjekt dar und suggeriert in der Kommunikationskonstellation zwischen Text und

Leser/in, dass er selbst Ursache des Begehrens der Leserin oder des Lesers ist. Er verwickelt uns in eine Dialektik des Begehrens und formatiert den Lektüreakt als erotisches Geschehen.[59] Als Floralobjekt ist die *Braune Blume* eine erfolgreiche Verführerin.

1 Für ihre Hinweise danke ich Patrick Henze, Judith Kasper, Aaron Lahl und Karl-Josef Pazzini.

2 O. A.: *Die braune Blume*, o. O. o. J.: Privatdruck. Das Erscheinungsjahr geben Herzer (»angeblich«) und ein Auktionskatalog mit 1929 an, Herzer, Manfred: U*ngeheuere Unzucht/ Unnennbar Brudertum. Anmerkungen zur schwulen Lyrik und zur braunen Blume.* In: *Capri. Zeitschrift für schwule Geschichte*, 1996, Heft 22, S. 2–5, hier S. 4; *Christian Hesse Auktionen. Auktion 13*, Hamburg 2016. Online: http://hesse-auktionen.de/wp-content/uploads/katalog13/cat13_03.pdf (28. 11. 2018), S. 220 f. Der Katalog der Staatsbibliothek Berlin datiert auf »um 1928« (http://stabikat.de/DB=1/SET=2/TTL=7/SHW?FRST=7 (2. 12. 2018). Weitere bibliographische Informationen finden sich bei *Christian Hesse Auktionen*, S. 220 f. Für diesen Aufsatz wurde das Exemplar der Staatsbibliothek Berlin (Signatur Yo 38364) benutzt. Diese Ausgabe wird im Folgenden mit der Sigle B und Seitenzahl nachgewiesen. Der Nachdruck von Herzer ist leider, was Interpunktion, Vers- und Strophenaufteilung betrifft, nicht zuverlässig, dazu kommen seltener Abschreibfehler. Vgl. o. A.: *Die Braune Blume*. In: *Capri. Zeitschrift für schwule Geschichte*, 1996, Heft 22, S. 5–21

3 Eine verdienstvolle Ausnahme ist Herzer: *Unzucht*

4 Vgl. zum *Bilder-Lexikon* Ulrich Bach: *Leo Schidrowitz' Bilder-Lexikon der Erotik (Wien: 1928–1931)*. In: Friedrich, Hans-Edwin; Hanuschek, Sven; Rauen, Christoph (Hg.): *Pornographie in der deutschen Literatur. Texte, Themen, Institutionen*, München 2016: Belville, S. 267–274

5 *Bilder-Lexikon der Erotik*, zit. nach Herzer: *Unzucht*, S. 4

6 Herzer: *Unzucht*, S. 4

7 Ebd., S. 4, Anm. 8
8 Ebd., S. 2
9 *Bilder-Lexikon der Erotik*, zit. nach ebd., S. 4
10 Vgl. u. a. »[…] als ich Knabe war« (B 11); »und, sich rasch zu meinen Lippen neigend,/findet er den Mann in einem Kuß« (B 19)
11 *Der Kampf mit dem Drachen* (B 21), *Die Rotunde* (B 22 f.), *Die Greise* (B 24), *Die Regel* (B 32), *Ballade* (B 33), *Im feuchten Park* (B 50 f.), *Ottilie oder das Strafgericht* (B 55), *Die Polizeistunde* (B 57–59), *Das alte Mensch* (B 62), *Der Matelot* (B 71 f.)
12 *Mein Vis-à-Vis* (B 20)
13 *Das Milliö* (B 10), *Vorfrühling* (B 13 f.), *Die blonde Sklavin* (B 15–19), *Die Dreieinigkeit* (B 25)
14 Die übrigen fünf Gedichte sind: *Erinnerungen an Lina* (B 11 f.), *Seidenzeug* (B 26), *Die große Leidenschaft* (B 27–29), *Die Göttin der Fluren* (B 34 f.), *Der Tennisplatz* (B 52–54)
15 Vgl. zu den beiden Begriffen Friedrich, Hans Edwin: *Pornographie in der deutschsprachigen Literatur. Problemaufriss und Forschungsperspektiven*. In: Friedrich; Hanuschek; Rauen (Hg.), *Pornographie*, S. 277–375, hier S. 291–295 und S. 311–326, sowie zusammenfassend Wolf, Benedikt: *Penetrierte Männlichkeit. Sexualität und Poetik in deutschsprachigen Erzähltexten der literarischen Moderne* (1905–1969), Köln/Weimar/Wien 2018: Böhlau, S. 109 und 352 f.
16 Stempel, Hans; Ripkens, Martin: *Mehr Lust als Anstand. Nachwort*. In: Dies. (Hg.): *Ach Kerl, ich krieg dich nicht aus meinem Kopf. Männerliebe in deutschen Gedichten unseres Jahrhunderts*. München 2002, Deutscher Taschenbuch Verlag, 2. Aufl., S. 181–191, hier S. 181. Vgl. zur Vermeidung der offenen Referenz auf Sexuelles in der homosexuellen Literatur des frühen 20. Jahrhunderts Wolf: *Männlichkeit*, S. 84–92
17 Herbert Kästner sieht in der *Widmung an H. H.* (B 7) eine Heine-Referenz, zit. nach *Christian Hesse Auktionen*, S. 220. Kästners Nachwort in der sehr seltenen Neuausgabe der *Braunen Blume* (Leipzig 1993) war mir leider nicht zuglänglich.
18 »Droben stehet die Rotunde,/ blicket still ins Tal hinab« (B 33), vgl. »Droben stehet die Kapelle,/ schauet still in's Thal hinab«, Ludwig Uhland: *Die Kapelle*. In: Ders.: *Gedichte*, Stuttgart/Tübingen 1815: Cotta'sche Buchhandlung, S. 22
19 »Leise trippeln sie zur Abendstunde/durch den dämmervollen Sommergarten« (B 24), vgl. »Hinwandelnd durch den dämmervollen Garten«, Trakl, Georg: *Verfall*. In: Ders.: *Dichtungen und Briefe. Historisch-kritische Ausgabe*, Hg. Walter Killy und Hans Szeklenar, Salzburg 1987: Müller, 2. Aufl., S. 59
20 Herzer: *Unzucht*, S. 4 f.

21 Vgl. etwa Catulls 1. Carmen, *Catulli Veronensis Carmina*, Hg. Henry Bardon, Stuttgart 1973: Teubner, S. 1 f.
22 Ebd., S. 6 f. und 19 f.
23 Friedrich: *Pornographie*, S. 327 und 331
24 Vgl. für die westeuropäische (v. a. englische und französische) pornografische Literatur Hunt, Lynn: *Obszönität und die Ursprünge der Moderne (1599–1800)*. In: Dies. (Hg.): *Die Erfindung der Pornographie. Obszönität und die Ursprünge der Moderne*, Frankfurt a. M. 1994, Fischer, S. 7–43. Der Name Lina im Gedicht *Erinnerungen an Lina* (B 11 f.) könnte allerdings auf den pornografischen Roman *Lina's aufrichtige Bekenntnisse oder die Freuden der Wollust* anspielen, der vermutlich auf das späte 18. Jahrhundert zu datieren ist, siehe Rauen, Christoph: *Krise der Ideen-Pornographie? »Denkwürdigkeiten des Herrn von H. eines teutschen Edelmanns« und andere pornographische Romane der Spätaufklärung*. In: Friedrich; Hanuschek; Rauen (Hg.), *Pornographie*, S. 3–16, hier S. 7 mit Anm. 16
25 Mit seiner Bezugnahme auf Verlaines Lyrik liegt Herzer sicherlich richtig, Herzer: *Unzucht*, S. 2 f.
26 In Bezug auf Homosexualität und Literatur hat Detering in diesem Sinne argumentiert, Detering, Heinrich: *Das offene Geheimnis. Zur literarischen Produktivität eines Tabus von Winckelmann bis zu Thomas Mann*, Göttingen 2002, Wallstein. Vgl. zur Kritik an dieser Position Kraß, Andreas: *Camouflage und Queer Reading. Methodologische Überlegungen am Beispiel von Hans Christian Andersens Märchen »Die kleine Meerjungfrau«*. In: Babka, Anna; Hochreiter, Susanne (Hg.): *Queer Reading in den Philologien. Modelle und Anwendungen*, Göttingen 2008: V&R unipress/Vienna University Press, S. 29–42, hier S. 29–31
27 Die Form ist erklärungsbedürftig: Gemeint ist hier sicherlich das Wort »Kaffer«, Dummkopf, das den Plural mit Nullmorphem bildet. Das Pluralmorphem -n stammt vermutlich – u. U. dem Reim geschuldet – aus der Interferenz des kolonialrassistischen Wortes »Kaffer« (Plural »Kaffern«), vgl. Kaffer [1 und 2]. Online: https://www.duden.de/rechtschreibung/Kaffer_Trottel_Narr; https://www.duden.de/rechtschreibung/Kaffer_Schimpfwort_Schwarzer (30. 11. 2018)
28 Vgl. für diesen Lacanianischen Metaphernbegriff einschließlich der von mir verwendeten Zeichen Lacan, Jacques: *Das Drängen des Buchstabens im Unbewußten oder die Vernunft seit Freud*. Übers.: N. Haas. In: Lacan, Jacques: *Schriften II*. Hg. Norbert Haas, Weinheim/Berlin 1991, Quadriga, 3. Aufl., S. 15–55; Evans, Dylan:

Wörterbuch der Lacanschen Psychoanalyse. Übers.: G. Burkhart, Wien 2002: Turia + Kant, S. 186–189

29 Morgenthaler, Fritz: *Technik. Zur Dialektik der psychoanalytischen Praxis*. Frankfurt a. M. 1981: Syndikat, 2. Aufl., S. 33
30 Herzer: *Unzucht*, S. 4, Anm. 8
31 Ebd., S. 4
32 Da Lacans Begriff der Metonymie sich weit von dem der Rhetorik entfernt und keine (tropische) Ersetzungsoperation, sondern eine Verknüpfungsrelation bezeichnet (Lacan, *Drängen*; Evans, *Wörterbuch*, S. 190 f.), bevorzuge ich im textanalytischen Zusammenhang für verkettende Relationen den Jakobsonschen Begriff des Syntagmatischen.
33 Herzer: *Unzucht*, S. 4
34 Vgl. Möhrmann, Renate (Hg.): *»Da ist denn auch das Blümchen weg«. Die Entjungferung – Fiktionen der Defloration*. Stuttgart 2017: Kröner
35 Zwar gilt der Literaturgeschichtsschreibung Novalis' Roman zu Recht als der *locus classicus für die blaue Blume der Romantik* (vgl. z. B. Safranski, Rüdiger: *Romantik. Eine deutsche Affäre*. Frankfurt a. M. 2015, Fischer, 6. Aufl., S. 109), Novalis (vgl. für seine Quellen Roder, Florian: *Novalis. Die Verwandlung des Menschen. Leben und Werk Friedrich von Hardenbergs*, Stuttgart 1992, Urachhaus, S. 659 f.) ist aber nicht ihr Erfinder, Härtl, Heinz: *Wo fand Brentano die blaue Blume der Romantik?* In: *Zeitschrift für deutsche Philologie*. 2000, 119. Jg., Heft 2, S. 179–189
36 Novalis (Friedrich von Hardenberg): *Heinrich von Afterdingen. Textkritische Edition*, Hg. Knopf, Alexander. Frankfurt a. M./Basel 2015: Stroemfeld, S. 6
37 Ebd.
38 Henschen, Hans-Horst; Blödorn, Andreas: *Novalis. Heinrich von Ofterdingen*. In: Arnold, Heinz Ludwig (Hg.): *Kindlers Literatur Lexikon*. Stuttgart/Weimar 2009: Metzler, 3. Aufl. Zitiert nach: *Kindlers Literatur Lexikon Online – Aktualisierungsdatenbank*: www.kll-online.de (2. 12. 2018)
39 Vgl. Fuxjäger Anton: *Der MacGuffin: Nichts oder doch nicht?* In: *Maske und Kothurn*, 2006, 52. Jg., Heft 2, S. 123–154, hier S. 123–131
40 Žižek, Slavoj: *Liebe Dein Symptom wie Dich selbst! Jacques Lacans Psychoanalyse und die Medien*, Berlin 1991: Merve, S. 54–57
41 Fuxjäger: *MacGuffin*, S. 132 (Kursivierung des Originals getilgt)
42 Ebd.: S. 129
43 Žižek: *Symptom*, S. 58
44 Vgl. Evans, *Wörterbuch*: S. 206
45 Lacan, Jacques: *Subversion des Subjekts und Dialektik des Begehrens im Freudschen Unbewußten*. Übers.: Ch. Creusot und N. Haas. In: Lacan, *Schriften II*, S. 165–204, hier S. 190
46 Novalis: *Heinrich*, S. 6

47 Hammermeister, Kai: *Jacques Lacan*. München 2008: Beck, S. 67
48 Lacan, Jacques: *Das Seminar von Jacques Lacan. Text erstellt durch Jacques-Alain Miller. Buch X. Die Angst. 1962–1963*. Übers.: H.-D. Gondek. Wien 2010: Turia + Kant, S. 131
49 Herzer: *Unzucht*, S. 4
50 Freud, Sigmund: *Über Triebumsetzungen insbesondere der Analerotik*. In: Ders.: *Studienausgabe, Bd. VII: Zwang, Paranoia und Perversion*, Hg. Alexander Mitscherlich, Angela Richards und James Strachey, Frankfurt a. M. 1989: Fischer, 5. Aufl., S. 123–131, hier S. 126 (Kursivierung im Original)
51 Ebd., S. 129
52 Lacan, Jacques: *Das Seminar von Jacques Lacan. Buch XI (1964). Die vier Grundbegriffe der Psychoanalyse. Textherstellung durch Jacques-Alain Miller*. Übers.: N. Haas. Weinheim 1987: Quadriga, 3. Aufl., S. 110
53 Weigel, Sigrid: ›*Das Weibliche als Metapher des Metonymischen*‹. *Kritische Überlegungen zur Konstitution des Weiblichen als Verfahren oder Schreibweise*. In: Stephan, Inge; Pietzcker, Carl (Hg.): *Frauensprache – Frauenliteratur? Für und Wider einer Psychoanalyse literarischer Werke*, Tübingen 1986: Niemeyer, S. 108–118
54 Lacan, Jacques: *Das Seminar von Jacques Lacan. Buch II (1954–1955). Das Ich in der Theorie Freuds und in der Technik der Psychoanalyse. Textherstellung durch Jacques-Alain Miller*. Übers.: H.-J. Metzger, Weinheim 1991: Quadriga, 2. Aufl., S. 303
55 Hiebel, Frederick: *Zur Interpretation der »blauen Blume« des Novalis*. In: *Monatshefte für deutschsprachige Literatur und Kultur*, 1951, 43. Jg., Heft 7, S. 372–334, hier S. 333
56 Novalis: *Heinrich*, S. 6
57 Henschen/Blödorn: *Novalis*
58 Lacan: *Seminar X*, S. 131
59 Vgl. zu einer analogen über eine Blume vermittelten erotischen Rezipient/innen-Text-Relation bei Wolfgang Borchert, Wolf, Benedikt: *Die niedere Blume pflücken. Elemente analer Poetik in Wolfgang Borcherts Erzählung »Die Hundeblume«*. In: *Navigationen. Zeitschrift für Medien- und Kulturwissenschaften*. 2018, 18. Jg., Heft 1, S. 145–158, hier S. 153 f.

JOHANNES UNGELENK

**ETWAS NIMMT SEINEN ANFANG, WEIL ES UM SEIN ENDE (NICHT) WEISS.
FREUD UND DER FLIRT**

Freuds *Zeitgemäßes über Krieg und Tod* steht in doppelter Hinsicht im Zeichen der Zeit: Der Aufsatz ist nicht nur von der Kriegszeit geprägt, die 1915 den Schreibanlass liefert, sondern setzt sich auch inhaltlich intensiv mit Zeitlichkeit auseinander. Beides ist nicht voneinander zu trennen, weil es die aktuellen Erfahrungen sind, die den Bruch mit der vorherrschenden Vorstellung von Zeit und Historizität fordern: Vor dem Hintergrund des Weltkriegs ist die Erzählung von Geschichte als Kultivierungsentwicklung, das heißt von fortschreitender Zeit, unzeitgemäß. Als zeitgemäß erweist sich hingegen das psychoanalytische Modell, das Freud dem Kulturoptimismus substituiert. Es erlaubt, die regressive Aggression zu erklären, die sich in der Welt des frühen 20. Jahrhunderts Bahn bricht. Auf diese

Weise verspricht die Psychoanalyse dem Forscher Freud den sicheren, wissenschaftlichen Boden unter den Füßen zurückzugewinnen, den er, vom »Wirbel dieser Kriegszeit gepackt«[1], zu Beginn als verloren beklagt. Dass dies gelingt, ist wiederum eine Frage der Zeit: Freud etabliert ein Modell von Zeitlichkeit, dem über die spezifisch psychoanalytische Dimension des Unbewussten ein zeitimmuner, a-temporaler Kern eingeschrieben ist, der den stürmischen Zeiten trotzt.

Es ist eine randständige Bemerkung, die den Flirt in Freuds Text einführt. Für die Argumentation ist sie überflüssig: Längst hat Freud das psychoanalytische Modell an der schrecklichen Wirklichkeit des Krieges aufgerichtet, die beste und schwer bestreitbare Argumente für Freuds Unbewusstes liefert. Der »schal[e], gehaltlos[e]« »amerikanische Flirt«[2], den Freud als kontrastiven Vergleichspunkt zum gehaltvollen, weil dem Tode eingedenken Leben recht unvermittelt in seinen Text holt, ist in Hinblick auf die Argumentation ein *surplus*, ein rätselhaftes Zuviel. Jedoch führt der Vergleich mit dem Flirt etwas in Freuds Aufsatz ein, das dieser nicht restlos zu beherrschen vermag: Mit dem Flirt findet ein weiteres Zeitkonzept, eine andere, unerhörte Zeitlichkeit den Weg in den Text, die ganz und gar nicht dem gemäß ist, was Freud entwickelt. Geradezu heimgesucht wird Freuds Text vom Zeitgeist des Flirts, der durch den Vergleich nur oberflächlich gebannt werden kann. Während die Freuds Anliegen stärkende Negation die Textzensur narrt, bringt die Zeitlichkeit des Flirts ein Ringen um das Zeitgemäße in Gang, das dem Aufsatz in seiner Grundrichtung bereits gewonnen schien: Wie der Krieg dem Zeitverständnis der Kulturentwicklung, so raubt der Flirt Freuds psychoanalytischer Zeitkonzeption das Verständnis, entzieht diesem den sicher geglaubten Boden wieder, setzt es *außer Stande*.

Sich mit der Marginalie des Flirts in Freuds Text auseinanderzusetzen und mit ihm das Ringen zwischen den Zeiten zu rekonstruieren, macht aufmerksam für die Spuren eines stillen Dialogs, auf den schon der Titel von Freuds Aufsatz verweist: Das Ringen um »Zeitgemäßes« hält unheimliche Zwiesprache mit Nietzsches *Unzeitgemäßen Betrachtungen*, die damals schon rund 30 Jahre mit großer Resonanz durch Europa geistern. Es ist der von Freud allzu schroff, allzu empört zurückgewiesene Flirt, der dem Un/Zeitgemäßen die unbewusste Dynamik einer Kippfigur gibt. Zunächst gilt es kurz den psychoanalytischen Boden zu beschreiben, den Freud, der Kriegszeit trotzend, dem Forschen legt – um später zusehen zu können, wie der Flirt ihn zu entziehen droht. Anders als die Verfechter einer kontinuierlichen Kultivierungsentwicklung hin zum die Grenzen von Volk und Nation aufhebenden »Kulturweltbürger«[3] muss der Psychoanalytiker Freud am großen Krieg nicht irre werden, weil ihm sein Modell *seelischer* Entwicklungen eine Erklärung für Regressionen liefert:

> Seelische Entwicklungen besitzen nämlich eine Eigentümlichkeit, welche sich bei keinem anderen Entwicklungsvorgang mehr vorfindet. Wenn ein Dorf zur Stadt, ein Kind zum Manne heranwächst, so gehen dabei Dorf und Kind in Stadt und Mann unter. […] Anders geht es bei einer seelischen Entwicklung zu. Man kann den nicht zu vergleichenden Sachverhalt nicht anders beschreiben als durch die Behauptung, daß jede frühere Entwicklungsstufe neben der späteren, die aus ihr geworden ist, erhalten bleibt; die Sukzession bedingt Koexistenz mit, obwohl es doch dieselben Materialien sind, an denen die ganze Reihenfolge von Veränderungen abgelaufen ist.[4]

Unter den früheren Entwicklungsstufen zeichnet sich für Freud eine besonders aus: Diese bilden die »Triebregungen […], die elementarer Natur, bei allen Menschen gleichartig sind und auf die Befriedigung gewisser ursprünglicher Bedürfnisse zielen«.[5] In ihnen sieht Freud »das tiefste Wesen des Menschen«.[6] Der philosophische Begriff *Wesen* unterstreicht den fundamentalen Unterschied, der diese »Triebregungen« von den anderen Entwicklungsstufen trennt. Die elementaren Triebregungen sind der Zeit nicht unterworfen: »das primitive Seelische ist im vollsten Sinne unvergänglich«.[7] Als Wesenskern trägt der Mensch, trotz seelischer Entwicklung, stets die Vergangenheit eines Urzustandes in die Welt.

Damit liefert Freud – trotz des Titels vermutlich unbeabsichtigt – ein psychoanalytisches Modell für das historische Wesen des Menschen, das Nietzsche in seinen *Unzeitgemäßen Betrachtungen* diskutiert. Für Nietzsche zeichnet den Menschen, tragischerweise, aus, »das Vergessen nicht lernen zu können und immerfort am Vergangenen zu hängen: mag er noch so weit, noch so schnell laufen, die Kette läuft mit«.[8] Beider strategischer Umgang mit der durchaus ähnlichen Prämisse könnte sich aber kaum deutlicher unterscheiden. Der Widerspruch der Titel – *Zeitgemäßes* und *Unzeitgemäße Betrachtungen* – spiegelt dies treffend wider: Während Nietzsche gegen die Verklammerung des Menschen mit seinem historischen Wesen kämpft, zieht Freud aus diesem gerade den Halt seiner Argumentation.

Denn jenes zeitlose, zeitenthobene Wesen, das Freud auch »psychologische Wahrheit«[9] nennt, verspricht, was er sich im und mit dem Text ersehnt: Standfestigkeit als Boden für eine aufrechte Haltung. In der Basis-Überbau-Hierarchie, die Freud konstruiert, bildet die »Triebbegründung«[10] die stabile Unterlage. Weil der Überbau – die »Umbildung der ›bösen‹ Triebe«[11], die durch »Zumischung der *erotischen* Komponenten«[12] erfolgt – zeitsensibel ist, also unvorhersehbaren äußeren Einflüssen unterworfen, eignet er sich nicht als Orientierung und Stabilität gebender Bezugspunkt. Den Standard – als das etymologisch *Stand-harte*[13] – liefert die atemporale »psychologische Wahrheit«. Sie ist nicht in einem emphatischen Sinn verstanden, sondern als strategische, funktionale Adäquation mit dem seelisch unveränderbar Vorliegenden, wie Freud anhand der Einstellung zum Tod erläutert:

> Sollen wir nicht diejenigen sein, die nachgeben und sich ihm [dem Krieg] anpassen? Sollen wir nicht zu*gestehen*, daß wir mit unserer kulturellen Ein*stellung* zum Tode psychologisch wieder einmal über unseren *Stand* gelebt haben, und vielmehr umkehren und die Wahrheit fatieren?[14]

Die psychologisch wahre Einstellung zum Tode – »Im Unbewußten sei jeder von uns von seiner Unsterblichkeit überzeugt«[15] – beruht selbst auf einer Täuschung. Sie spricht aber genau die Bedingung für die wörtlich zu verstehende *Aufrichtigkeit* aus, um die es Freud geht: die konstitutive A-Temporalität des Unbewussten, die zeitimmunen Stand bietet, die in den *Stand* versetzt.

Konsequent in diesem Modus verfährt Freuds »Zeitgemäßes«, wenn es zur Aufrichtigkeit, wenn es zum »Ver*ständ*nis der Veränderung«[16] aufruft. Das Ver-Ständnis umstellt gewissermaßen die Veränderung und gibt deren Dynamik Grund, birgt sie in eine Topik – übersetzt letztlich Zeit in Raum. Egal ob eher konservativ ausgerichtete »Aufrechterhaltung«[17] oder ein in die Zukunft zielendes *Zustande-Bringen*[18], in Freuds Text insistiert die Geste des Stehens: ver*stehen*, be*stehen*, Zu*stand*, Ver*stand*. Eine männlich-phallische Geste der Potenz, die mit Aufrichtigkeit vielleicht einer zeitgemäßen, tieferliegenden Angst entgegenarbeitet: der zu *fallen* – das Schicksal der Soldaten.

Paradoxerweise führt die Orientierung am »Zeitgemäßen« – also am Maß, das die Aktualität des Krieges herausfordernd liefert – Freud zielsicher zum Bezug auf eine gegen alle Einwirkungen der Zeit abgesicherte Enklave des Zeitlosen, des Unvergänglichen. Anders als für Nietzsche öffnet die Ausnahmesituation des Krieges als Unzeitgemäßes nicht die Zukunft, sondern verweist auf ein immer zeitgemäßes Unzeitliches der menschlichen Psyche. In dieser Figur fallen das Zeitgemäße – im Sinne von das Maß an der aktuellen Wirklichkeit Findende – und das Zeitlose, Unvergängliche plötzlich zusammen: Am zeitgemäßesten ist immer das Unvergängliche. Aus Freuds Gleichung kürzt sich der Faktor Zeit – oder genauer, Singularität, Ereignishaftigkeit – schlicht heraus.

Da wäre aber noch der Vergleich, den Freud zur Stärkung einer aufrichtigen Einstellung zum Tode anführt:

> Dies unser Verhältnis zum Tode hat aber eine starke Wirkung auf unser Leben. Das Leben verarmt, es verliert an Interesse, wenn der höchste Einsatz in den Lebensspielen, eben das Leben selbst, nicht gewagt werden darf. Es wird so schal,

gehaltlos wie etwa ein amerikanischer Flirt, bei dem es von vornherein feststeht, daß nichts vorfallen darf, zum Unterschied von einer kontinentalen Liebesbeziehung, bei welcher beide Partner stets der ernsten Konsequenzen eingedenk bleiben müssen.[19]

Der heroische, sehr männliche Gestus der Passage mag verdecken, dass die Formulierung des Vergleichs das Verhältnis von Stand und Bewegung geradezu verkehrt und damit Freuds Argumentation im Rest des Textes unterläuft: Dass »feststeht« und »nichts vor*fallen* darf«, qualifiziert für Freud den Flirt als »schal« und »gehaltlos«; *stehen, nicht fallen*: beides Wendungen, die untergründig Freuds Plädoyer für ein aufrichtiges Nachleben der psychologischen Wahrheit gestützt hatten. Generell affirmiert der Vergleich die Dynamik des zukunftsorientierten Wirkens, während Freud im Text sonst statische Wirklichkeiten aufgrund ihrer Erkennbarkeit (Wahrheitsfähigkeit) strategisch klar präferiert hatte. Diese Beobachtungen bleiben jedoch oberflächlich, weil sie den unterschiedlichen Zeitlichkeiten, die Flirt und Liebesbeziehung unterscheiden, nicht gerecht werden. Der Flirt sei »gehaltlos«, weil er, als Flirt, keine »ernsten Konsequenzen«, sozusagen keine Zukunft habe. Diese ernsten Konsequenzen entsprechen in Freuds Gleichnis dem Tod: Wie ein Leben schal sei, das den Tod verleugnet, werde eine Liebesbeziehung schal, die keine ernsten Konsequenzen haben dürfe.

An welche »ernsten Konsequenzen« mag Freud denken? Den kleinen Tod des sexuellen Aktes? Wahrscheinlich eher dessen mögliche Konsequenzen: Schwangerschaft, Kind, (Ärger mit der) Familie, wahrhaft lebensverändernde Entwicklungen, die dem verheirateten, älteren Herrn als sexueller Lapsus – als Vor*fall* und ja bekanntlich vorfallender Abfall von den Sitten – erscheinen mögen. Ein solch kontinentaler Vor*fall* mag seinen kitzelnden Gehalt daraus beziehen, dass er im Stande ist, (ungewollte) Zukunft hervorzubringen; dieser Kitzel ist aber ein voll und ganz verstandener, er ist ein Kitzel der Potenz. Von der Zukunft haben die Beteiligten mehr als Witterung. Mehr noch: *Weil* die potenzielle Zukunft schon in der Gegenwart der Anbahnung des Aktes verstanden ist, kann man ihr eingedenk sein, daran wird die Gegenwart erst gehaltvoll. Das Zeitgemäße – im Sinne von der Zeitlichkeit angemessene – der »kontinentalen Liebesbeziehung« liegt, genau wie in Freuds gesamter Argumentation, im präsentischen Modus des Zeitlosen.

Der Flirt, hingegen, bleibt unverstanden. Nicht nur weil Freud ihn bloß über die Regel einer Konvention zu definieren vermag, sondern weil er sich konstitutiv der Erklärbarkeit entzieht. Ihn damit zu fassen, dass »nichts vorfallen darf«, betrachtet den Flirt gewissermaßen von außen, beurteilt ihn von der Warte der kontinentalen Liebesbeziehung aus. Von hier aus scheint *festzustehen*, dass im Flirt nichts vorfalle. Aber natürlich fällt im Flirt etwas vor – jedoch nichts aus der Ordnung des Feststellbaren. Er kann seinen Gehalt nicht damit ausweisen, zumindest potenziell Frucht zu tragen. Um sich aber selbst in der Stabilität der Ordnung des Feststellbaren zu halten, bedient sich Freud eines gewitzten Kniffs, der auch in der Welt der Philosophie beliebt ist: Er begegnet dem misslichen Umstand, dass es nichts festzustellen gibt, damit, das Nichts festzustellen.

Die Nähe zur absoluten Fluidität des Nichts nähert den Flirt für Freud keineswegs der Zeitlichkeit des Todes, in dessen Angesicht doch nichts von Dauer ist. Was dem Flirt *feststeht*, ist sein Ende. Ein Ende jedoch, an den sich keine Finalität anheften kann: Es liefert keinen Zweck, der dem Flirt als Grund dienen könnte. Wir beginnen einen Flirt nicht, um an sein Ende zu gelangen. Ganz anders die Liebesbeziehung. Egal ob kleiner Tod oder Nachwuchs – es sind die unausgesprochenen »ernsten Konsequenzen«, die dem an ihr modellierten Begehren Sinn und Grund geben und es so verstehbar machen.

Freuds Definition macht den Flirt zu einer Schwundstufe der gehaltvollen, sinngesättigten kontinentalen Liebesbeziehung, die, so lässt sich vermuten, von übertriebenen »sittlichen Anforderungen«[20] zu derartiger Schalheit zugerichtet wurde. Vielleicht ist es aber auch genau anders herum: Vielleicht sitzt ja die Liebesbeziehung einem Interaktions-Ereignis auf, das sich ganz generell jeglicher Ökonomie, auch der des Begehrens, entzieht, weil es sich, ohne einen überzeitlichen Horizont aufzuspannen, er-eignet und daher im Modus der A-Finalität operiert.

Sich der Eigenart des Flirts zu nähern hieße, seine Zeitlichkeit nicht als Deprivation zu verstehen, sondern diese als Positivität zu denken. Versuchen wir es mit folgender Formel: *Etwas nimmt seinen Anfang, weil es um sein Ende (nicht) weiß.* Die Klammer drückt die Ambivalenz, das Oszillieren, die Gleichzeitigkeit des Ungleichzeitigen der A-Finalität aus: Der Flirt ist als Flirt nicht von Dauer, seinem Beginn ist sein Ende eingeschrieben; dieses Ende ist ihm aber kein Antrieb, es verleiht ihm keinerlei Gehalt. Es weiß von keinem *end*, das seinen Anfang rechtfertigen oder motivieren könnte. Es hat, anders als die Wagnisse von Krieg, Hanse oder Entdeckungsexpeditionen, die Freud erwähnt, keine Projektstruktur. Und dennoch, dies ist das kleine, erstaunliche Wunder, dennoch nimmt es seinen Anfang.

Nicht zufällig stoßen wir in Nietzsches *Unzeitgemäßen Betrachtungen* auf ein Beispiel, das unserer Formel des Flirts, insbesondere seiner Zeitlichkeit, ein wenig Anschaulichkeit zu geben vermag. Es handelt sich um eine Szene, in deren Zentrum sich »das Kind« befindet, »das noch nichts Vergangenes zu verläugnen hat und zwischen den Zäunen der Vergangenheit und der Zukunft in überseliger Blindheit spielt«.[21] Wie beim Flirt ist es die zeitliche Begrenzung – die Einschränkung, ohne historischen Belang (Bestand!) zu sein –, die dem Spiel Raum gibt. Es nimmt seinen Anfang, weil es weder Vergangenheit noch Zukunft hat. Es mag den Erwachsenen wie eine (noch) gehaltlose Imitation ihres Lebens erscheinen, wenn die Kinder im Sandkasten backen, ohne wirklich Essbares zu produzieren. Und doch ist die Blindheit des Spiels der Kinder nicht bloß Einschränkung des Sinns für Aufrichtigkeit und Wahrhaftigkeit – ihr Spiel nicht bloß vorbereitende Vorstufe der als echt erlebten Realität der Erwachsenen. Indikator dafür, dass anderes und *mehr* passiert, ist das Überselige des Spiels. Freud würde Nietzsche wohl zustimmen, dass es für den Erwachsenen kaum einen Weg gibt, diese »überselige Blindheit« noch einmal zu erleben.

Dieser ist ihnen ganz offenbar ver*stellt*. Vielleicht ist dafür gerade das verantwortlich, woran Freud das Leben – und damit auch die Liebesbeziehung – misst: an seinem »vollen Inhalt«.[22] Die Überseligkeit des Spiels wird nicht von einer vorhandenen Fülle gespeist. Im Gegenteil: Es ist die Lücke, die Luft, das *Noch-nicht*-Erfülltsein, mit dem gespielt wird. Jedes Spiel braucht und hat Spiel – diese unbestimmte Offenheit, diesen unbesetzten und nicht zu besetzenden Platz. Das Spiel der Kinder findet »ohne Witterung der Zukunft« statt. Es ist immer Spiel mit dem Zu*fall*, weshalb einmal etwaig angenommene Regeln keinen Be*stand* haben müssen, sondern flexibel *fallen* gelassen werden, je nachdem, was vor*fällt*.

Zuvörderst ist das Kinderspiel Begegnung: Es bahnt Begegnung an, weil es offen ist für Begegnendes, für das, was zu-kommt. Es ist schwierig, dies zu rekonstruieren, ohne dabei als Erwachsener das Spiel zu verfehlen: Das miteinander in Spiel Geratende – seien es das Kind und irgendetwas in seiner Umwelt Vorfindliches oder Kinder untereinander – begegnet sich nicht als bereits Erschlossenes und so auch von Außenstehenden Identifizierbares. Die Begegnenden werden miteinander erst im Spiel, was sie (im Spiel) sind. Die Überseligkeit ist somit keine des (eingebildeten) kindlichen, *ewigen* Präsens, sondern des zeitbejahenden Werdens. Auch die Begegnung steht damit ganz im Zeitzeichen der radikalen A-Finalität: Es begegnet dem spielenden Kind eben nicht Zu-Handenes – dass es spielt, zeigt sich am deutlichsten daran, dass es die Zuhandenheit missachtet, in großer Kreativität unterläuft, es scheint fast, als würde es sich mitunter auf geradezu aggressive Art über die Enge der erschlossenen Bezüge lustig machen.[23] Das Spiel, als Spiel, simuliert nicht, es bahnt an. Nur weil manche dieser Bahnungen für das Schema der Finalität nutzbar sind und gewissermaßen erwachsen, erscheint das Spiel retrospektiv wie eine erprobende Simulation des späteren Lebens. Gegenüber dem Werden spielerischer Begegnungen nehmen sich diese wenigen für Finalität erschlossenen Besetzungen allerdings schal aus.

Neben dem spielenden Kind führt Nietzsche in den *Unzeitgemäßen Betrachtungen* eine weitere Szene ins Feld, die ebenso unserer

Formel – *Etwas nimmt seinen Anfang, weil es um sein Ende (nicht) weiß* – als Bei-Spiel dienen kann:

> Man vergegenwärtige sich doch einen Mann, den eine heftige Leidenschaft, für ein Weib oder für einen grossen Gedanken, herumwirft und fortzieht; wie verändert sich ihm seine Welt! Rückwärts blickend fühlt er sich blind, seitwärts hörend vernimmt er das Fremde wie einen dumpfen bedeutungsleeren Schall; was er überhaupt wahrnimmt, das nahm er noch nie so wahr; so fühlbar nah, gefärbt, durchtönt, erleuchtet, als ob er es mit allen Sinnen zugleich ergriffe. [...] Es ist der ungerechteste Zustand von der Welt, eng, undankbar gegen das Vergangene, blind gegen Gefahren, taub gegen Warnungen, ein kleiner lebendiger Wirbel in einem todten Meere von Nacht und Vergessen: und doch ist dieser Zustand – unhistorisch, widerhistorisch durch und durch – der Geburtsschooss nicht nur einer ungerechten, sondern vielmehr jeder rechten That.[24]

Auch hier ist es eine charakteristische Enge, die für das besondere Glücken der Situation verantwortlich zeichnet und – wie beim spielenden Kind – mit einem Verhältnis zu Zeitlichkeit, mit »den Zäunen der Vergangenheit und der Zukunft« zu tun hat. Der von liebender Leidenschaft Gepackte teilt mit dem Kind die Blindheit nicht nur gegenüber Gefahren und Warnungen, sondern auch gegenüber Erfahrungen der Vergangenheit, die auf die zukünftige Zukunft schließen ließen – wie das Kinderspiel ist Nietzsche die Leidenschaft der Liebe »unhistorisch, widerhistorisch«. Damit unterscheidet sich seine Charakterisierung der Leidenschaft fundamental von Freuds kontinentaler Liebesbeziehung, die sich ja genau durch ihre Historizität, dadurch, dass sie »der ernsten Konsequenzen eingedenk« sei, auszeichne. Es ist, gleichsam paradox, der schale (amerikanische) Flirt, der der Zeitstruktur von Nietzsches Leidenschaft anverwandt scheint.

Mehr noch: Nietzsches Lob der Leidenschaft befragt auf elementare Weise die Freuds Text zugrunde liegende Haltung. Statt dem

Gemäßen, das der Wiener Psychoanalytiker fast verzweifelt sucht – der Wahrheit, der man »nachleben« sollte, die einen Maßstab für Anpassung bereit*stellt* – affirmiert Nietzsche das Gegenteil: Sein Text ist ein Plädoyer für den »ungerechteste[n] Zustand von der Welt«. Zwischen Nietzsche und Freud kehren sich allerdings nicht bloß die Vorzeichen um – streng genommen *stehen* sich ihre Thesen auch nicht gegenüber. Denn Nietzsche proklamiert keine Haltung, im starren Sinne: Er affirmiert den Verlust, oder eher die Auf-Gabe von Haltung: Spiel und Leidenschaft sind einzig wirklich darin, dass sie der *Fall* sind. Ein Fall ohne Boden, ohne Grund, der ihn begrenzen, der ihm ein Ende geben würde, auf welches er zusteuerte. Ihre Wirklichkeit ist als wirkende zu verstehen, die alle Beteiligten – alles in Spiel und Leidenschaft Involvierte – einer gegenseitigen Transformation aussetzt: »wie verändert sich ihm seine Welt!«, schreibt Nietzsche über den von der Leidenschaft gepackten Mann. Sie verändert sich, weil der ihn ereilende Entzug der Haltung ihn »herumwirft und fortzieht«. Es resultiert »ein kleiner lebendiger Wirbel«, der, auf unheimliche Art und Weise, auf den Ausgangspunkt von Freuds Text verweist:

> Von dem Wirbel dieser Kriegszeit gepackt, einseitig unterrichtet, ohne Distanz von den großen Veränderungen, die sich bereits vollzogen haben oder zu vollziehen beginnen, und ohne Witterung der sich gestaltenden Zukunft ...[25]

Was Kriegszeit und Leidenschaft verbindet, ist das aus der Haltung Entziehende. Diese ungebändigte Dynamik ist jedoch nur dem nach dem ewigen, unvergänglichen Maß Suchenden ein unannehmbarer und deshalb zu bekämpfender Untergang. Nietzsche ist sie willkommener Durchgang oder Übergang: Zum »Geburtsschoos« wird der Entzug der Haltung, weil er »fortzieht« in eine offene Zukunft. Die Wucht des Wirbels erfasst auch jeglichen wissenschaftlichen *Stand*punkt. Was Freud als eine unerfreuliche passive Position erscheint, die er in den sicheren Stand des distanzierten, souverän erkennenden Akteurs zurückzuwandeln versucht, ist

Nietzsche die Bedingung der Möglichkeit für jede »rechte« (Derrida würde sagen »unmögliche«) »That«.[26] Zu dem, was sich im »Geburtsschoos« ereignet, war niemand alleine aktiv im Stande: *naître* oder *geboren werden*[27] verfehlen jedes im eigenen Genus das, was das andere trifft. *Dass* sich jedoch etwas tut, schreibt Nietzsche der Zeitlichkeit zu, die auch dem Geboren-Sein (zum Tode) zukommt: die Blindheit für Vergangenheit und Zukunft, die er »unhistorisch« oder »unzeitgemäß« nennt. Nur weil es, in Freuds Worten, an »Witterung der sich gestaltenden Zukunft« mangelt, kann sich das Spiel ereignen, in dem sich Zukunft als Zukunft anbahnt.

Leidenschaft ist nicht gleich Flirt – gerade im Gehalt, der Freud ein leitendes Kriterium ist, unterscheiden sich beide erheblich. Der »amerikanische Flirt«, wie ihn Freud charakterisiert, simuliert aber über den Weg der gesellschaftlichen Konvention eine unhistorische Situation, die in wichtiger Hinsicht der Leidenschaft homolog ist: Er erzwingt, gewissermaßen von außen, die Zeitlichkeit, die die Leidenschaft als Leidenschaft konstituiert. Der Flirt führt künstlich die Beschränkung ein – dass »von vornherein feststeht, daß nichts vorfallen darf« –, die als Blindheit in Spiel und Leidenschaft deren fortziehende Wirbel in Kraft setzt. Schal macht den »amerikanischen Flirt«, dass sein Unhistorisches als Konvention bestens in die gesellschaftliche Historie eingepasst ist und ihm deshalb das widerhistorische Moment, auf das Nietzsche seine Hoffnung setzt, abgehen muss. Interessant ist er dennoch: Die künstliche Rahmung gibt Interaktions-Spielen eine Stätte, denen wir andernfalls keinen Platz einräumen können. Solche Stätten verstellen wir uns gewissermaßen selbst: *Darf etwas seinen Anfang nehmen, wenn es um sein Ende (nicht) weiß?* Wenn ihm sein Untergang eingeschrieben und nicht einmal ein Zweck zuzuordnen ist? Die von Finalität ausgehende Orientierung und die Angst vor Sinnlosigkeit schirmen unseren bewussten Alltag vor dem unhistorischen Einfall – dem Zufall – des Ereignisses erfolgreich ab. Das sinngesättigte Leben gerät so zum Projekt und verdrängt dabei, dass jegliches Projektziel am wundersamen Lufthaken Sinn sich hält und aufrichtet, den wir uns über dem Abgrund der A-Finalität unseres Seins-zum-Tode imaginieren.

Dennoch findet solch unhistorisches Anfang-Nehmen unentwegt statt. Vielleicht ist es gar der Grundmodus jeglicher Beziehung. Jener »dunkle Vorbote«[28], der anbahnt, was zur tragenden Struktur kristallisieren kann. Der Blitz des Anfangs oder der »That« verdeckt, dass ein solches Anfang-Nehmen nicht auf den einen, einzigen Ursprung reduzibel ist. Es ist Spiel *zwischen*, das aus der Mitte und ohne definierbaren Grund passiert. Das seine Wirklichkeit daher empfängt, dass es in Veränderungen verwickelt, also wirk-lich, wirk-sam ist.

Was sich im »amerikanischen Flirt«, *per definitionem* ohne weitere Bewandtnis, vollzieht, ist auch der kontinentalen Liebesbeziehung nicht fremd. Im Gegenteil: Theorien der Liebe von Simmel bis Badiou zeigen sich fasziniert vom Zauber des Anfangs.[29] Auffällig ist, dass sich dieser Zauber den Theoretiker*innen nicht ohne Weiteres in den Horizont von Leben und Alltag fügt. Simmel bringt dies auf für uns anschlussfähige Weise auf den Begriff, wenn er den Abstand betont, der die Liebe von der »Lebensteleologie« scheidet:

> Der liebende Mensch ist kein Durchgangspunkt, sondern
> ein Endpunkt, oder richtiger, sein Sein und Sich-Fühlen steht
> überhaupt jenseits von Weg und Endpunkt, [...] wie der religiöse
> Glaubensgehalt und das Kunstwerk; nur daß bei diesen die
> Geformtheit zum Dauergebilde den Abstand von der Lebensteleologie deutlicher macht als er es für die Liebe ist.[30]

In Roland Barthes' Formulierung wird der Zeitmodus der Liebe, der ein Jenseits der Teleologie bildet, noch stärker geschärft: »Man sagt mir: diese Art Liebe läßt sich nicht leben. Aber wie die Lebensfähigkeit bewerten? Warum ist, was sich leben läßt, ein Gut? Warum ist dauern besser als brennen?«[31] Dem Brennen kommt die A-Finalität zu, die wir mit unserer Formel abzubilden versuchten: *Etwas nimmt seinen Anfang, weil es um sein Ende (nicht) weiß.* Es ist Verausgabung, die am ihm eingeschriebenen Ende keinerlei Ziel erreicht, keinerlei Erfüllung vollendet haben wird. Es wird der Vorstellung von Investition und Ökonomie nicht gerecht. Aus der Verausgabung des Brennens spricht allein die Auf-Gabe der Haltung. Die Lust am Fort-Ziehen-Lassen des Wirbels.

Eingebunden in die Beziehungserzählung erfährt das Brennen der Leidenschaft aber eine (retrospektive) Funktionalisierung; es erhält Sinn und Zweck von der größeren Finalität, in das sie als soziales System Liebe eingebettet ist. Wie für Freud zeichnen dann die »ernsten Konsequenzen« für den Gehalt einer Erfahrung verantwortlich, die, als Leidenschaft, doch gerade blind für die Gefahren der Zukunft war. Das Ver*ständnis* der Veränderung erzwingt ihre Einpassung in ein Modell, dessen Zeitlichkeit der Dauer ihrer zukunftsoffenen, dynamischen Ereignishaftigkeit inkompatibel ist.

Die Konvention des amerikanischen Flirts schafft einer anderen Zeitlichkeit (begrenzten) Raum. Deshalb muss Freud die Flirtzeit ebenso fürchten wie die Kriegszeit. Ihre unzeitgemäße A-Finalität widersteht dem Verständnis, sie macht dadurch aber – wie Kinderspiel und Leidenschaft – eine Überseligkeit erfahrbar, die nicht nach dem gewohnten Muster des Vollbringens und Zu-Stande-Bringens erklärbar ist. Statt vom Ende her gedacht – wie das Begehren – d.h. im Modus des »nie zu vollendende[n] Imperfectum«[32], scheint der Flirt dem bevorstehenden Anfang zugewandt: Vielleicht ist sein Losungswort nicht jenes »»es war««, das Nietzsche dem Menschen als Wesen der Historie zuschreibt[33], sondern ein *es wird*. Vielleicht kommt das Gespenst, das den Menschen im Augenblick des Flirts heimsucht, nicht aus der Vergangenheit, sondern kündet von der Offenheit der Zukunft. Und der Mensch freut sich, weil er von seinem Ende (nicht) weiß.

1. Freud, Sigmund: *Zeitgemässes über Krieg und Tod.* In: *Gesammelte Werke,* Bd. 10. London 1949: Imago, S. 324–355, hier S. 324
2. Ebd., S. 343
3. Ebd., S. 327
4. Ebd., S. 33
5. Ebd., S. 331 f.
6. Ebd., S. 331
7. Ebd., S. 337
8. Nietzsche, Friedrich: *Die Geburt der Tragödie. Unzeitgemäße Betrachtungen.* München 1999: dtv, S. 249
9. Freud: *Zeitgemässes über Krieg und Tod,* S. 336
10. Ebd., S. 335
11. Ebd., S. 333
12. Ebd.
13. Vgl. Pfeifer, Wolfgang; Braun, Wilhelm: *Etymologisches Wörterbuch des Deutschen.* München 1995: dtv, S. 1342
14. Freud, *Zeitgemässes über Krieg und Tod,* S. 354, Hervorhebung JU
15. Ebd., S. 341
16. Ebd., S. 337, Hervorhebung JU
17. Ebd., S. 336
18. Vgl. ebd., S. 342, 343, 348, 353
19. Ebd., S. 343
20. Ebd., S. 335
21. Nietzsche: *Unzeitgemäße Betrachtungen,* S. 249
22. Freud: *Zeitgemässes über Krieg und Tod,* S. 344
23. Vgl. Freuds Enkel, der partout mit der Spule nicht Wagen spielen mag, wofür sie doch so offensichtlich gemacht ist! (Freud, Sigmund: *Jenseits des Lustprinzips.* In: *Psychologie des Unbewußten. Studienausgabe.* Bd. 3. Frankfurt a. M. 1979: Fischer, S. 213-272, hier S. 225)
24. Nietzsche: *Unzeitgemäße Betrachtungen,* S. 253 f.
25. Freud: *Zeitgemässes über Krieg und Tod,* S. 324
26. Die »rechte«, also etymologisch *aufrechte* Tat wäre also gewissermaßen auf den Ungrund des Falls gegründet und aufrecht genau als grundlose!
27. Für die Mitteilung dieser Idee bin ich Johannes Kleinbeck verpflichtet.
28. Deleuze, Gilles: *Differenz und Wiederholung.* Übers.: J. Vogl. München 2007: Fink, S. 157
29. Vgl. das Kapitel »Die Dauer des Lebens, das Brennen der Liebe«. In: Leyrer, Anna: *Ja. Nochmal. Über Liebe.* Leipzig 2017: Trottoir noir, S. 30–39, an dem sich die folgenden Überlegungen zur Liebe orientieren.
30. Simmel, Georg: *Fragment über die Liebe.* In: *Schriften zur Philosophie und Soziologie der Geschlechter.* Frankfurt a. M. 1985: Suhrkamp, S. 224-282, hier S. 239
31. Barthes, Roland: *Fragmente einer Sprache der Liebe.* Übers.: H.-H. Henschen. Frankfurt a. M. 1988: Suhrkamp, S. 56
32. Nietzsche: *Unzeitgemäße Betrachtungen,* S. 249
33. Ebd.

JOHN HAMILTON

**DER LUXUS DER SELBSTZER-
STÖRUNG. ROGER CALLOIS'
FLIRT MIT MIMESIS**

Auf Drängen der Herausgeber der psychoanalytischen Zeitschrift *Imago* verfasste Freud im Jahr 1915 den Aufsatz *Zeitgemäßes über Krieg und Tod*, in dem er über das Scheitern der aufgeklärten Zivilisation und die daraus resultierende Verwandlung der allgemeinen Einstellungen zum Tod nachdenkt. Vor dem verheerenden Krieg war es noch möglich gewesen, jeder ernsthaften Erwägung unserer eigenen Vergänglichkeit auszuweichen, den Tod auf einen anderen Tag zu verlegen, ihn in die vage Zukunft aufzuschieben. Im Jahr 1915 ist man, so Freud, angesichts des gewaltigen Ausmaßes der Grausamkeit des Krieges gezwungen, dem Tod ins Auge zu blicken: »Der Tod lässt sich jetzt nicht mehr verleugnen; man muss an ihn glauben.«[1] Jetzt macht uns der Tod eindeutige

Avancen, verlangt Aufmerksamkeit und weigert sich, ignoriert zu werden. Man könnte vermuten, dass die Allgegenwart und Unentrinnbarkeit des Todes die Psyche in die lustlose Indifferenz der Melancholie stürzt und deshalb entkräftend auf sie wirkt. Die gegenwärtig unleugbare Natur des Todes ist jedoch, so fährt Freud fort, keineswegs schädlich. Sie erlaubt dem Leben im Gegenteil wieder bedeutsam zu werden und zwar gerade weil jetzt die Sterblichkeit voll anerkannt wird. Die Erfahrung des Todes im Leben verursacht zweifellos eine schonungslose Erkenntnis des eigenen möglichen Ablebens, das jeden Moment eintreten kann. Im Bewusstsein dieses Bevorstehens aber, gewinnt man den Eindruck, noch am Leben zu sein, erhält die Bestätigung, überlebt zu haben. Wird ernsthaft das Leben genommen, gibt dies Anlass, das Leben ernst zu nehmen, in all seiner Fragilität und Kontingenz. Dabei lernen wir den Umstand schätzen, dass unser Leben zumindest vorerst erhalten geblieben ist. Wenn wir den Tod verneinen und seine Betrachtung auf unbestimmte Zeit beiseiteschieben, berauben wir uns selbst der Möglichkeit, an unseren Selbsterhalt zu glauben.

Vor der Entzauberung, die der Krieg und seine bis dato unbekannten Verluste auslöste, glaubte das Ich in Freuds Augen nicht wirklich an den eigenen Tod und folglich auch nicht an das eigene Leben.

Das Leben verarmt, es verliert an Interesse, wenn der höchste Einsatz in den Lebensspielen, eben das Leben selbst, nicht gewagt werden darf. Es wird so schal und gehaltlos wie etwa ein amerikanischer Flirt, bei dem es von vornherein feststeht, dass nichts vorfallen darf, zum Unterschied von einer kontinentalen Liebesbeziehung, bei welcher beide Partner stets der ernsten Konsequenzen eingedenk bleiben müssen.[2]

Ich lasse die leichtfertige Kulturkritik außer Acht, in der die die amerikanische *levitas* der europäischen *gravitas* gegenübergestellt wird, und möchte meine Aufmerksamkeit im Folgenden auf die flüchtige Beschreibung des Flirts im Zusammenhang mit dem

Selbsterhalt, der Repräsentation und der Mimesis richten. Als den Europäern noch ihre schale Stumpfsinnigkeit möglich war, machte man sich Freud zufolge mittels der Repräsentation ein Bild vom unabbildbaren eigenen Ableben. Unfähig, an die eigene Sterblichkeit zu glauben, »flirtete« man im Grunde mit dem Tod, während man Zuschauer des Todes eines anderen war. Ein ästhetischer Behelf, der das Nicht-Repräsentierbare einrahmt und somit ohne »ernste Konsequenzen« repräsentiert. Unser eigenes Ende – unser sterbliches *telos* – konnte durch diese ästhetisierende Geste suspendiert werden. Jetzt aber, im Jahr 1915, seit die Möglichkeit des Todes unleugbar geworden ist, seit man »an ihn glauben [muss]«, seit das Ende in Sicht ist, sind die ausweichenden und unverbindlichen Gesten des Flirts nicht mehr überlebensfähig. Stattdessen tritt unsere getreulich gewachsene Beteiligung an der untreuen Beziehung zum Tod zutage. Der Tod des Anderen buchstabiert die eigene Sterblichkeit. Die besorgte Betrachtung des kontingenten Lebens ist an die Stelle der sorglosen Einstellungen der Unsterblichkeit getreten. Im Trauern werden wir uns unseres eigenen Erhalts gewahr; uns wird ein Beweis gegeben, dass wir zumindest vorerst verschont worden sind.

Freuds Darstellung des Flirts als »schal und gehaltlos« kommt einer klassisch platonischen Auffassung von Mimesis nahe, der zufolge die mimetische Tätigkeit bloß abgeleitete Kopien hervorbringt. Aus dieser Sicht ist das Abbild streng von seinem Vorbild unterschieden. Freud zufolge leistete der Tod eines Anderen ein mimetisches Abbild des Todes. Dies konnte als Strategie der psychischen Abwehr dienen, weil die Mimesis gemeinhin als eine Nachahmung verstanden wurde, die über unähnliche Ähnlichkeit funktioniert. Sie bot ein Abbild, die dem beobachtenden Bewusstsein entspricht und es zur Identifikation mit der Spiegelung einlädt, während sie aufgrund derselben Spiegelung jede vollkommene Identifikation verdirbt. Weil es den Tod des Anderen einrahmte, ermöglichte das *Abbild* erst das *Bild* vom Tod: ein Bild, das der möglichen Zerstörung des Subjekts entsprach und zugleich genug Differenz erzeugte, um den unbewussten Glauben an die eigene

Unsterblichkeit zu bestätigen. Im Umgang mit diesem abgeschlossenen und umfassenden Bild ließen wir den Tod verschwinden wie einen amerikanischen Flirt, schnipsten ihn fort durch eine plötzliche Freilassung des Zeigefingernagels vom Daumen, durch einen Vorgang also, auf den der Anglizismus *flirt* als ein Onomatopoetikum ursprünglich zu verweisen scheint. So wie der Flirt den ernsthaft Liebenden imitiert, konnten mittels Imitation die ernsten Andeutungen der eigenen Vernichtung hinweggeflirtet werden. Jetzt aber sind wir gezwungen, an die Abbildung zu »glauben«, jetzt sind wir anzuerkennen genötigt, dass die Abbildung überhaupt keine Abbildung ist, sondern vielmehr etwas, das unsere eigene fragile Existenz direkt betrifft. Die Begegnung unterbricht brutal jene behagliche Distanz, die durch das ähnliche und doch unähnliche Abbild gewährt wurde. Unsere Verbindung mit dem Anderen kann nicht mehr so leicht genommen werden.

Freud zufolge ist das Leben schal und gehaltlos wie ein amerikanischer Flirt, wenn es in bloß imitierenden Abbildungen verfährt. Der Flirt mimt lediglich ernste Avancen, wodurch er psychische Sicherheitszonen einrichtet, in denen das Unbewusste keine Übergriffe erleiden muss, die seine Verleugnung des Todes verwirrten. Was aber, wenn Mimesis selbst kein so leicht zu spielendes Spiel wäre? Was, wenn die Unterscheidung zwischen Entsprechung und totaler Identifikation nicht so einfach zu erhalten wäre? Was, wenn die apotropäische Geste, etwas fortzuschnipsen, eine tiefer greifende Angst versteckte? Verbirgt der Flirt in seinem angeblich unernsten Spiel mit Angelegenheiten von wirklicher Auswirkung in Wirklichkeit etwas absolut Bedrohendes?

Freuds Ansichten stimmen mit einer platonischen Tradition überein, die entschieden versucht, den Reiz der Mimesis zu schwächen, indem sie diese auf eine untergeordnete, abgeleitete Funktion reduziert. Um das zu erreichen, wird in platonischer Tradition durchgängig die Unähnlichkeit hervorgehoben, die das Abbild vom Vorbild unterscheidet. Darin äußert sich die Sorge über jene mögliche Auslöschung der Differenz, die im mimetischen Verhältnis trotzdem latent bestehen bleibt. Sokrates beispielsweise verspottet Kratylos, weil dieser das Wort Mimesis verwendet, um die Herstellung einer vollendeten, von keiner Differenz beschädigten Ähnlichkeit zu bezeichnen. Zu diesem Zweck entwirft Sokrates ein hypothetisches Szenario.

> Ein Bild darf ganz und gar nicht einmal [...] alles Einzelne so wiedergeben wie das abzubildende ist, wenn es ein Bild sein soll. [...] Wären dies wohl noch so zwei verschiedene Dinge wie Kratylos und des Kratylos Bild, wenn einer von den Göttern nicht nur deine Farbe und Gestalt nachbildete, wie die Maler, sondern auch alles Innere eben so machte wie das deinige, mit denselben Abstufungen der Weichheit und der Wärme, und dann auch Bewegung, Seele und Vernunft, wie dies alles bei dir ist, hineinlegte, und mit einem Worte alles wie du es hast noch einmal neben dir aufstellte; wären dies denn Kratylos und ein Bild des Kratylos, oder zwei Kratyloi?[3]

Sokrates spricht vom unwahrscheinlichen Fall der Schöpfung eines vollkommen identischen Abbilds seines Gesprächspartners, das von einem Gott mit allen einzelnen physischen, emotionalen und rationalen Eigenschaften ausgestattet ist. Sollte eine solche Schöpfung möglich sein, hätten wir es, behauptet Sokrates, nicht mehr mit einem Abbild, sondern mit einer exakten, ununterscheidbaren Verdoppelung zu tun. Wie die Doppelform des Wortes μίμησις selbst anzeigt – und wie Kratylos bemerken soll –, markiert die Spaltung zwischen dem ersten und zweiten Phonem, *mi* und *mē*, eine durch Ähnlichkeit zusammengehaltene Differenz. Sokrates zufolge ist Kratylos »lächerlich«, weil er verkennt, dass das Postulat der Entsprechung ein gewisses Maß an Unähnlichkeit einbeziehen muss. Der Philosoph versucht seinen Freund zu erschrecken, wenn er kein verspieltes Abbild, sondern einen wahren Doppelgänger heraufbeschwört, eine Gestalt, die das Fundament des singulären, nicht austauschbaren Subjekts wirksam und ernsthaft untergraben kann.

Gleichwohl leugnet Sokrates' Argument keineswegs ein gewisses Risiko. Trotz der Absurdität seines Beispiels bleibt Mimesis eine wahre Bedrohung, wenn sie mit der vollkommenen Identität flirtet, einschließlich der Vorstellung einer singulären, unteilbaren, unwiederholbaren Individualität. Im äußersten Fall einer absoluten Ähnlichkeit – einem Fall, zu dem Kratylos' Argument letztlich führen muss – gäbe es keine Differenz und keine Unterscheidungen mehr, die notwendig sind, um die Stabilität einer persönlichen Identität erhalten zu können. Die Bedrohung durch Mimesis findet sich nirgends deutlicher formuliert als in Platons *Staat*: Die Wächter müssen von der Verführung der Dichtung abgeschirmt werden, von der Bewegung, in der Dichtung mit voller Kraft auftritt und den Hörer dazu bringt, jemand anderes zu werden. Sollten sie zur Identifikation mit der Repräsentation gebracht werden, könnten die Wächter ihre Fähigkeit verlieren, die Stadt zu beschützen. Sie könnten schwach oder machtlos werden, ängstlich oder unentschlossen. Mit einem Wort: Sie könnten verweiblicht werden. Wer den Feigling spielt, wird vielleicht selbst einer. »Oder hast du nicht gemerkt, dass die Nachahmungen, wenn sie von Jugend auf ununterbrochen fortgesetzt werden, zur Gewohnheit und Natur werden, mag es den Leib oder die Stimme oder die Denkweise betreffen?«[4] »Vorsicht«, scheint Sokrates zu warnen, »dass du nicht die Maske wirst, die du trägst!«

Mimesis mag zwar nur mit der Identität flirten, dieser Flirt hört jedoch nicht auf, unsere individuellen, sozialen und politischen Beziehungen zu bedrohen. Bemerkenswert ist das erste Beispiel, das Sokrates anbietet, um die Gefahr der Mimesis vorzuführen, nämlich die Geschichte aus Hesiods *Theogonie,* in der Kronos seinen Vater Uranos kastriert.[5] Einerseits erscheint Sokrates berechtigt zur Zensur solcher Göttergeschichten, die offensichtlich ein verstecktes Beispiel für aufrührerisches Verhalten unter der Bürgerschaft belegen. Andererseits, und dies ist hier von besonderem Interesse, scheint der bloße Gedanke an Mimesis fähig, Bilder der Entmachtung und der gewaltsamen Zerstörung der Männlichkeit, des Vatermords und Königsmords heraufzubeschwören. Im

Angesicht der Mimesis erscheinen sowohl die Souveränität des Subjekts als auch das Subjekt der Souveränität in Gefahr und der völligen Auflösung ausgesetzt.

Die Motive, die in Sokrates' Erörterung der Mimesis auftauchen – die riskante Identifikation, die Entkräftigung, die Entpersönlichung und Kastration usw. – spielen eine Schlüsselrolle in zwei wichtigen Aufsätzen von Roger Caillois: »La mante religieuse« (»Die Gottesanbeterin«) und »Mimétisme et Psychasthénie légendaire« (»Mimese und legendäre Psychasthenie«), erschienen 1934 und 1935 in der surrealistischen Zeitschrift *Minotaure*. In beiden Aufsätzen entwickelt Caillois einen Begriff von Mimesis, der auf die platonische Tradition zurückgreift und zugleich von ihr abweicht. Wir finden genau dieselben Szenarien der Bedrohung, die Platon gefürchtet hatte. Mimesis, so Caillois, ist potenziell entkräftend, eine ernsthaft verführerische Form des Flirts. Vor allem löst die Mimesis aber im Zuge einer Ähnlichkeit, die so stark ist, dass sie Identifikation berührt, die Grenzen zwischen dem Individuum und dessen Umgebung auf. Caillois begreift deshalb die »Psychasthenie« oder die »Entkräftigung der Seele« als Heimsuchung des innersten Kerns subjektiver Identität. Entlang dieser Linie verlagert er Phänomene der Mimesis vom Gebiet des menschlichen Bewusstseins und der Erkenntnis auf das nonverbale Gebiet des Insektenlebens. Die Überlistung des Menschlichen zugunsten des Nichtmenschlichen stimmt mit jenem allgemeinen ästhetischen Programm überein, das Caillois zu dieser Zeit verfolgt hat. Während seiner Verbindung mit André Breton und den Surrealisten suchte Caillois eine rein biologische, nicht-kognitive Grundlage für die künstlerische Praxis, speziell für die surrealistische Praxis des automatischen Schreibens.[6] Vor allem interessierte er sich sehr für nichtmenschliche Formen der Kreativität, für eine Ästhetik, frei von menschlichen Formen des subjektiven, rationalen Handelns – vielleicht für eine Ästhetik des Flirts.

Was die Mimesis betrifft, so lassen sich sowohl die psychasthenischen Effekte als auch die kreativen, aber nicht subjektiven Instinkte im mimetischen Verhalten der Insekten entdecken. Caillois'

Studie über Mimikry hebt mit einer sokratischen Warnung an: »Vorsicht: Wer Gespenst spielt, wird selber eins.« (*Prends garde: à jouer au fantôme, on le devient.*)[7] Das Epigraf verweist darauf, dass der Erhalt des Lebens vom Bewahren der Unterschiede, Grenzen und Formen abhängt, im Zuge derer der Organismus Selbstständigkeit genießt. Wie bei Freud trägt Mimesis auch hier zum Bewahren des Selbst bei, allerdings nur solange sie im Sinne Platons verstanden wird, bei dem sie auf einer unähnlichen Ähnlichkeit beruht. Caillois beobachtet bei den Insekten, dass die Mimesis oder Mimikry diese Grenzen überschreitet und so zum Selbstverlust führt. Mit dieser Beobachtung verabschiedet sich Caillois von der konventionellen Forschung der Biologie seiner Zeit und behauptet, Mimesis habe nichts zu tun mit Selbsterhalt oder dem Erhalt der Spezies, sondern arbeite im Gegenteil oftmals gegen den Selbsterhalt. Um seine Behauptung zu stützen, zitiert er aus verschiedenen wissenschaftlichen Quellen, die zeigen, wie mimetisches Verhalten den Organismus bedroht.

> Allgemein findet man in den Mägen von Räubern zahlreiche Überreste mimetischer Insekten. [...] Umgekehrt sind auch ungenießbare und infolgedessen geschützte Arten mimetisch und so muss man wohl mit Cuénot folgern, dass es sich hier um ein ›Epiphänomen‹ handelt, dessen ›Schutzwirkung offenbar gleich null ist‹.[8]

Im Rückgriff auf die biologischen Forschungen Lucien Cuénots, der übrigens Gene als »mnemons« bezeichnet hatte, verweist Caillois darauf, dass natürliche Tarnung weder zu Zwecken des Schutzes dient noch einen Ablenkungsversuch darstellt. Die Mimesis zeigt unter Insekten keinen funktionalen Gebrauchswert.

Weil die Mimesis keinen Zweck erfüllt und nicht als ein Mittel zum Selbsterhalt dienen kann, sollte sie Caillois zufolge als »Luxus« verstanden werden. Insofern diese luxuriöse Nutzlosigkeit sogar zu einem vollkommenen Verlust des körperlichen Selbst führen kann, sollte sie auch als »gefährlich« betrachtet werden: »Man hat es also

mit einem Luxus zu tun und sogar mit einem gefährlichen Luxus.«
(*On a donc affaire à un luxe et même à un luxe dangereux.*)[9] Zur
Veranschaulichung führt Caillois den Fall der Phyllidae an, deren
Körper Blätter nachahmen und dadurch andere Phyllidae dazu ermutigen, sie zu fressen.

Man könnte hier an eine Art kollektiven Masochismus glauben,
der in der wechselseitigen Homophagie endet; die Vortäuschung des Blattes ist bei diesem totemistischen Festmahl eine
regelrechte *Provokation* zum Kannibalismus.[10]

Wenn das Insekt ein Blatt imitiert, wird es ein Blatt – eine Einladung zum Konsum. Wenn sich ein Organismus in seine Umgebung
einmischt, bricht er aus den Grenzen aus, die seine individuelle
Besonderheit ausmachen.

Caillois nennt diesen Prozess »Versuchung durch den Raum (*tentation à l'espace*)«[11], worin die Umgebung selbst beginnt, anziehend
zu flirten. Verloren im Raum – aufgelöst in den Raum – ist der individuelle Organismus nicht länger Ursprung seiner Bewegung; er bildet
stattdessen nur einen Punkt unter anderen, einen Punkt, dessen
Bewegung vielmehr von einer anderen Quelle bestimmt wird. Um
diesen Prozess zu beschreiben, wendet sich Caillois den Theorien
des Psychoanalytikers Pierre Janet und des phänomenologischen
Psychiaters Eugène Minkowski zu, die das Phänomen der Psychasthenie an ein Konzept knüpfen, das den Willen ausdrückt, sich vom
Raum verschlingen zu lassen, was Caillois zufolge nichts anderes
ist als eine »Depersonalisation durch Angleichung an den Raum«.[12]

Mit dieser Angleichung an den Raum geht zwangsläufig ein
vermindertes Gefühl von Persönlichkeit und Lebenskraft
einher. [...] Das Leben weicht um eine Stufe zurück. Mitunter
macht die Angleichung an der Oberfläche nicht halt: So
erinnern die Eier der Gespenstheuschrecken nicht nur durch
ihre Form und ihre Färbung an Samen, sondern auch durch
ihre innere biologische Struktur.[13]

Das von Sokrates verworfene Szenario, in dem Kratylos' Bild die göttlichen Geschenke der Bewegung, der Seele und des Geistes erhält, nimmt hier konkrete Wirklichkeit an.

Hervorzuheben ist, dass Mimesis hier keine künstlerische Tätigkeit im traditionellen Sinne des Wortes bedeutet, sondern einen erfahrungsbezogenen Prozess, der seltsam passiv ist. Auf diesem Weg verbindet Caillois das mimetisch-metamorphe Phänomen, wie es sich bei den Insekten beobachten lässt, mit der psychischen und physiologischen Paralyse der Menschen.[14] Letztlich soll der mimetische Trieb als ein Instinkt der Selbstvergessenheit oder des Selbstverlusts betrachtet werden, als ein Instinkt, der genauso stark ist wie der Instinkt des Selbsterhalts, wenn nicht sogar stärker. Für Caillois ist die Mimesis deshalb jedoch keineswegs ein gänzlich negativer Begriff. Gerade weil Mimikry das Individuum mit seiner Umgebung vermischt, dient sie als Motor der Gemeinschaft. Mimesis, so lässt sich sagen, schafft das Gemeinsame, insofern es das Nicht-Private ist. Wie Quintilian präzisiert: »Was aber mit den anderen gemeinsam ist, hört auf, eigentümlich zu sein.« (*Quod commune cum alio est dessinit esse proprium.*)[15] Was eigentümlich (*proprium*) ist, gehört rechtmäßig zum Individuum. Es ist *Eigentum* des Individuums und kann nicht fortgenommen werden. Deshalb ist es dem *Gemeinsamen* entgegengesetzt, das in der Tat fortgegeben und ausgeliefert wird. Ein Kollektiv zu bilden, einer Gemeinschaft beizutreten, scheint eine Art Opferung zu bedingen, die Opferung des rein *Privaten*.

Während seiner Zeit am *Collège de Sociologie* entwickelte Caillois seine Theorie der Gemeinschaft in Verbindung mit der Arbeit seines Kollegen Georges Bataille.[16] Bataille zufolge basiert Gemeinschaft nicht auf der Rationalität des Nützlichen, sondern vielmehr auf der Irrationalität des Nutzlosen, nicht auf dem Instinkt des Selbsterhalts, sondern auf dem Instinkt des Selbstverlusts. In seinem wichtigen Aufsatz *Der Begriff der Verausgabung* verwendet Bataille die von Marcel Mauss am Phänomen des Potlatch entwickelte Theorie der Gabe, um zwischen zwei Arten des Konsums zu unterscheiden: zwischen dem produktiven Konsum, der auf die Erhaltung von Waren, Eigentum und Leben zielt, und dem verschwenderischen Konsum, der seinen Zweck nur in sich selbst findet.[17] Luxus ist auf das Prinzip des Verlusts gegründet. Er ist Verausgabung ohne Ausgleich, ohne Zweck. Und die verschwenderische Verausgabung von Waren macht diese Waren sakral – sie macht sie buchstäblich zu einem *sacrificium*, zu einem Opfer. Das *sacri-ficium* wird im Verlust von Eigentum vollführt, ein Verlust des *proprium*, das privat zu eigen ist. Gerade darum ist das *sacrificium* die Grundlage von Gemeinschaft, Bataille zufolge führte etwa die Erniedrigung der Kreuzigung zur Gründung der christlichen Kirche.[18]

Weil er das Selbst als Eigentum zerstört, ist der »gefährliche Luxus« bei Caillois in genau diesem Sinne ein *sacrificium*. In seiner Studie über die Gottesanbeterin deutet Caillois an, wie sich dieser Opferungsprozess unter den Insekten im Liebesakt offenbart. Seine einprägsame Beschreibung scheint selbst von einem Kratylismus, einer sprachlichen Mimesis, motiviert zu sein: Die Gottesanbeterin (*la mante religieuse*) ist die religiös Liebende (*l'amante religieuse*) par excellence. Wie seit der Antike beobachtet wurde, schlägt die Mantis im Paarungsakt den Kopf des Liebenden plötzlich ab und frisst ihn. *L'amour* buchstabiert *la mort*: Das Männchen geht im Liebestod verloren. In seiner Besprechung der Forschungsliteratur zeigt sich Caillois fasziniert davon, wie Wissenschaftler ihre »professionelle Trockenheit« auf- und der Verführung der Dichtung nachgeben. Er zitiert beispielsweise Léon Binet, Professor für Physiologie in Paris, der nicht nur das Insekt als »mörderische Geliebte« beschreibt, sondern seine Beobachtungen um ein Zitat des romantischen Dichters Alfred de Musset ergänzt: »Sie schwächt, sie tötet und wird dabei nur noch schöner.«[19]

Caillois fällt vor allem auf, dass das Männchen sogar nach der Enthauptung und gewissermaßen nach seinem Tod, fähig ist vorzuführen, was er die »objektive« (d. h. nicht subjektive) »lyrische Bedeutung der Gottesanbeterin«[20] nennt. Kurz gefasst: Auch »die tote Gottesanbeterin [kann] sich totstellen.«[21] In direktem Gegensatz zu Freud schließt Mimesis hier nicht die konkrete

Konfrontation mit dem Tod aus. Sie erlaubt keine platonische, auf der Unähnlichkeit des Bildes beruhende Unberührtheit. Das Bild vom Tod eines Anderen kann nicht als etwas »schales und gehaltloses« abgeschrieben werden. Die mimetische Begegnung offenbart im Gegenteil, wie die Leichtfertigkeit des amourösen Flirts weder die schwersten Konsequenzen noch die ekstatischsten Versprechen ausschließt. Im Blinzeln eines Auges, im Schnipsen eines Fingers kann der Flirt immer zur luxuriösen Gefahr der Selbstverausgabung führen, nicht weil er die mimetische Kraft verloren, sondern weil er sie erhalten und intensiviert hat: ohne jegliche Absicht und darum ohne Aussicht auf ein Ende.

* Aus dem Englischen übersetzt von Julia Landmann

1. Freud, Sigmund: *Zeitgemäßes über Krieg und Tod* (1915). In: Ders.: *Gesammelte Werke*. Hg. Anna Freud u. a., Frankfurt a. M.1959: Fischer, Bd.10, S. 344
2. Ebd., S. 343
3. Platon: *Kratylos*. Übersetzer Friedrich Daniel Ernst Schleiermacher. In: Platon: *Platons Werke. Zweiter Teil*. Berlin 1984; Akademie, 432 b-c
4. Platon: *Der Staat*. Hg. u. Übersetzer: Otto Apelt. Hamburg 1989: Meiner. 3.395b
5. Ebd., 3.377e–378c
6. Für weitere Beispiele siehe Pressly, William: *The Praying Mantis in Surrealist Art*. In: *Art Bulletin*. 1973, 55. Jg., S. 600–615
7. Caillois, Roger: *Mimese und legendäre Psychasthenie*. Übersetzer: Peter Geble. In: Ders.: *Méduse & Cie*. Berlin 2007: Brinkman & Bose, S. 27
8. Ebd., S. 33
9. Ebd.
10. Ebd.
11. Ebd., S. 35
12. Ebd., S. 37
13. Ebd.
14. Für eine erweiterte und aufschlussreiche Lektüre siehe Rosalind Krauss: *Corpus Delicti*. In: *October*. 1985, 33. Jg., S. 31–72
15. Quintilianus, Marcus Fabius: *Ausbildung des Redners*. Hg. u. Übersetzer: Helmut Rahn. Darmstadt 1988: Wissenschaftliche Buchgesellschaft. 7.3.24
16. Vgl. Cheng, Joyce: *Mask, Mimicry, Metamorphosis: Roger Caillois, Walter Benjamin and Surrealism in the 1930s*. In: *Modernism/modernity*. 2009, 16. Jg., S. 61–86. Über weitere Auswirkungen auf die Geistesgeschichte siehe Weingrad, Michael: *The College of Sociology and the Institute of Social Research*. In: *New German Critique*. 2001, 84. Jg., S. 116–129
17. Batailles, Georges: *Der Begriff der Verausgabung*. In: Ders.: *Die Aufhebung der Ökonomie*. Übersetzer: Gerd Bergfleth. München 2001: Matthes & Seitz, S. 9–31
18. Vgl. Marroquin, Carlos: *Die Religionstheorie des Collège de Sociologie: Von den irrationalen Dimensionen der Moderne*. Berlin 2005: Parge, S. 159–192
19. Caillois, Roger: *Die Gottesanbeterin*. Übersetzer: Peter Geble. In: Roger Caillois: *Méduse & Cie*. Berlin 2007: Brinkmann & Bose, S. 7–23, S. 17, Fußnote 27
20. Ebd., S. 17
21. Ebd.

JUDITH KASPER

**EROSIONEN
ZU DEN ARBEITEN VON
ROLANDO DEVAL**

Vor einiger Zeit machte ich eine merkwürdige Begegnung. Ich suchte die auf Deutsch verfasste Bio- oder genauer Thanatografie von Georges Bataille, von der ich erinnerte, dass ich sie vor vielen Jahren erworben hatte. Ich fand sie in den obersten Reihen meines Bücherregals, und als ich sie in die Hand nahm, wusste ich, sie würde mich fortan nicht so sehr aufgrund ihres Inhalts interessieren, sondern wegen der Deformation, die mittlerweile der Umschlag des Buchs erfahren hatte: Ein Insekt, vielleicht ein Bücherwurm, hatte ihn im Laufe der Zeit völlig zerfressen. Zerfressen, verschlungen, aber auch gezeichnet und zerschnitten, ja, man könnte auch sagen: Dieses Insekt hatte auf seine Weise das Cover geöffnet. Die Bedeckung wurde auf unerwartete Weise zu einer Öffnung. Doch eine Öffnung auf was? Auf das Buch, auf seinen Inhalt? Auf seine Lesbarkeit oder vielmehr auf seine Unlesbarkeit? Noch vor solchen sich aufdrängenden allegorischen Ausdeutungen dieser kontingenten Begegnung zwischen einem Insekt und dem Buch befand ich, dass sich der Umschlag in ein kleines unwillkürliches Kunstwerk verwandelt hatte.

Ich konnte meine Entzückung angesichts der Schönheit dieses Zerstörungswerks durch ein Insekt – oder war es ein ganzer Insektenschwarm? –, das davon keine Vorstellung hatte, nicht verleugnen.

Das Porträt von Georges Bataille, ausgeführt von dessen Freund Pierre Klossowski, das sich auf dem Umschlag befindet, ist nun von den Spuren einer unbekannten Kreatur gezeichnet: ohne Zweifel analphabetisch, aber mit einer Gier für Bücher, für Papier ausgestattet, für dieses Papier, für dieses besondere Porträt, aus dem es ein ganzes Auge herausgefressen, aber auch die Haare und die linke Wange angeknabbert hat, indem es den Linien gefolgt war, mit denen der Künstler die Züge von Batailles Gesichts gezeichnet hatte. Unter dem Kinn ist das Porträt zerlöchert und aus der Nase scheint etwas zu fließen: Es ist die Spur, die das Insekt hinter sich gelassen hat als ein Fehlen, das ins Papier eingeschrieben ist. Auf dem Kopf dann noch ein anderes Loch, als ob Bataille von einer Kugel getroffen worden sei.

Wie das lateinische Etymon »insectur« erklärt, ist das Insekt das, was geschnitten ist. Zugleich scheint es, dass dieses Tier auch die Begabung hat, Papier zu schneiden und in diesem besonderen Fall das Porträt auszulöschen, indem es auf diesem seinen eigenen Weg darüberschreibt, angetrieben von einer anderen Kraft, die weder die der Mimesis noch die der Bedeutung ist. Das einzige Zeugnis, dass das Insekt da gewesen ist, dass es über dieses Porträt gekrabbelt ist, besteht in einem Fehlen: in den erodierten Löchern im Papier.

Auf der unversehrt gebliebenen Rückseite des Umschlags der *Thanatographie* steht geschrieben: »Die uns aufgezwungene herrschende Ordnung ist die beständige Verneinung all dessen, was nicht reduzierbar, unbeugsam und stolz ist: wer darüber nicht empört ist, kann nicht der Freund des Menschen sein, er ist sein Feind.« (Bataille 1948)

Es ist, als habe dieses Insekt Batailles Gedanken in unwillkürlicher Weise nachvollzogen: eine irreduzible und unbeherrschbare Geste, dessen Zweck sich entzieht und jeden Versuch, nachträglich eine Bedeutung zuzuweisen, zunichte macht. Schneidend bewegt sich das Insekt in der schieren Differenz.

Dem Weg des Insekts zu folgen ist für mich die Möglichkeit, mich auf indirekte Weise den Arbeiten von Rolando Deval zu nähern. Diese sind keine Hinterlassenschaften eines Insekts, aber in gewisser Weise erinnern sie uns daran, dass Kunst hervorgeht aus einem Tier-Werden (Deleuze), ein Tier-Werden, das statthat, wenn der Künstler den Spuren folgt, die sein Begehren gezogen haben wird.

Rolando Devals Arbeiten kommen ohne Sprache aus, und doch lassen sich die Züge ihrer Schnitte, Risse und Linien als Schrift auffassen: eine unentzifferbare und zugleich unverwechselbare Schrift, eine Schrift, die, das Papier abtastend und abtastend es zernagend, von einem engen Zusammenhang zwischen Materie und Zeit zeugt: der Zeit der Materie sowie der Materialität der Zeit. Es ist, als verbinde sich die Hand des Künstlers mit einer Zeit, die nicht die des Schaffens ist, sondern die um so vieles langsamere des Zerfalls und der Zersetzung von Materie. Der Bezug auf solche *longue durée* verleiht dem Werk eine unendliche und gleichgültige Geduld, wie sie naturgeschichtlichen Prozessen eignet. Zugleich aber ist darin auch eine ungeduldige Insistenz zu spüren, ein Hunger, mit dem diese Spuren sich weiterspuren und sich immer tiefer ins Papier einprägen, bis hin zu dessen Zersetzung und Zerstörung. Es ist, als würde damit das Papier selbst intensiv befragt, so wie die Oberfläche einer Haut im unersättlichen Streicheln erkundet wird, und in solchem Erkunden sich eine Erregung einstellt, die zum Durchdringen der Haut – zum Öffnen der Haut – zu ihrer erotischen Verletzung neigt.

Diese Bewegung ist eine Suche ohne Ziel und ohne Frage, unpersönliche Arbeit der Spur, fraglose Suche in Schriftzügen, Intensität ohne Absicht. Wer diesen Zügen nachgeht, sie mit den Augen bedingert, verliert den Halt, gerät in Schwindel.

Ein Kunstkritiker hat geschrieben, Deval sei kein Maler, sondern ein Zeichner, weil das dominante Element seiner Arbeit die Linie sei. Doch bleibt die Linie keine Linie. Die Linien in seinen Arbeiten sind nie linear, sie sind diskontinuierlich und in ihrer Diskontinuität öffnen sich unerwartete Zonen, entgrenzte Räume. Wir sind jenseits der Zeichnung, die Linien zieht und Räume konturiert: Die Linie wird hier geöffnet, immer wieder neu durch ihre Zerschreibung und Zerschneidung. Die sich so öffnenden Zonen wurden oftmals mit geografischen und geologischen identifiziert – schwimmende Kontinente, erodierende Gesteinsschichten, modernes Holz. Solche Analogien sind naheliegend, sie halten allerdings das Kunstwerk auf Distanz. Es geht ja hier auch um etwas sehr Intimes, das sich zwischen der tastenden, schneidenden und reißenden Hand des Künstlers und dem Papier ereignet. Es gibt Erogenes in diesen Erosionen, erogene Zonen, die sich in der Werkzersetzung eröffnen, verändern, verengen und erweitern.

Wieder kommt mir die Spur in den Sinn, die das namenlose Insekt auf Batailles Biografie, die eine Thanatografie ist, hinterlassen hat. Was für ein Hunger, was für ein unersättlicher Papier- und Buchhunger! Ein solcher Hunger ist auch in Devals Papierarbeiten zu spüren, die er seit mehr als 30 Jahren gleichsam ununterbrochen vorantreibt. Wo seine suchende, schneidende, nagende Hand an den unersättlichen Hunger des Insekts rührt, vollzieht sie eine radikale Transformation der Materie, des Papiers, das ihr einziger Träger ist. Der Grund seines Werks, der materielle Träger, droht gänzlich zerstört zu werden, zu verschwinden. Doch eigentlich wird hier nichts zerstört, verschwindet nichts – es geht um radikale Transformation. Denn Devals Arbeit besteht in einem Herausnehmen und Umschichten, nicht in einem Verschlingen. Der Künstler gräbt im Papier, nagt am Papier, Oberflächen werden aufgerissen, und in den Rissen eröffnen sich Schlunde und Strudel. Was von dieser Dynamik erfasst wird, wird allerdings nicht verschlungen, sondern häuft sich am Rande an: Haufen von Resten, die weder entsorgt noch wiederverwendet werden. Und doch ist dieses kontinuierliche Ausgraben und Verschieben von Linien und Materialien nicht ohne Verlust: denn der Schnitt markiert eine irreparable Differenz – die Vorstellung von einem Puzzle ist hier irreführend, denn sie behauptet die Möglichkeit einer Rekomposition und Restitution.

Der *arte povera* verschrieben, bewegt sich Deval in der Armut seines Materials, meistens dickes gelbliches Papier, mit dem früher Metzger das Fleisch umwickelt haben, ein Papier, das aber auch an die ockerfarbigen *Crete* in der Toskana erinnert, wo Deval lebt und arbeitet. In der radikalen Abwesenheit von (anderen) Farben, von Figuren und Bildern, findet das Begehren seinen rätselhaften und zugleich präzisen Ausdruck als Geste, in der Schriftzug, Berührung und Zerschneidung ein beunruhigendes Verhältnis eingehen, durch das ihr Träger – das fleischerne, erdige Papier – angegriffen, kontaminiert und unwiederbringlich verändert wird. Ich möchte sagen, einer eigentümlichen Wendung Paul Celans zufolge: Diese Arbeiten sind »Wundgelesenes« – das, was gelesen wurde, bis es wund wurde, was aber auch bis zur Verwundung gelesen worden ist; eine Wunde, die gelesen worden ist, und auch eine Wunde, die liest. Knabbern, nagen, schneiden, reißen, Linien ziehen und diese wieder zerschreiben, Material wegnehmen und wieder häufen – dies sind Bewegungen, in denen sich vielleicht der Versuch abzeichnet, mit einer Wunde in Beziehung zu treten, die irreparabel ist. In der Armut verbleibend, im Mangel, dort, wo es nichts mehr zu lesen gibt, wo es nichts mehr zu verzehren gibt, taucht im Begehren selbst etwas auf, was nicht mehr mit den herkömmlichen Vorstellungen vom penetrierenden Übergriff, von verschlingender Leidenschaft oder auch ironischer Oberflächlichkeit des Flirts zu fassen ist. Denn je weiter dieses Drängen vordringt, desto weiter zieht es sich in den Kurven und Aushöhlungen, die es hervorbringt, auch zurück, um sich in nichts anderem zu materialisieren als der Materie selbst.

Zweifelsohne handelt es sich hier um eine irreduzible, unbeherrschbare, noble und insistierende Geste, wie sie Batailles Sätze beschreiben, die auf dem vom Insekt zerfressenen Umschlag zu lesen sind. Eine Geste, die konstant die »herrschende Ordnung« unterwandert, insofern diese Ordnung ein für alle Mal die Definition einer Linie, einer Grenze sowie das Antlitz der Dinge festlegen möchte. Unsicher bin ich, ob man Devals künstlerische Geste als eine Geste des »Menschenfreunds« bezeichnen kann. Mir scheint, sie bewegt sich längst jenseits der Unterscheidung von Freund und Feind, denn sie tendiert ins Unpersönliche, Nicht-Menschliche, ins insektenhaft A-Intentionale, um dort eine ungeahnte, beunruhigende Intimität erfahrbar zu machen, wie sie sich in der langsamen Verwandlung der Oberfläche in einen Tiefenraum einstellen mag.

EIN SATZ

ALEXANDER WASZYNSKI

MITSPRACHERECHT

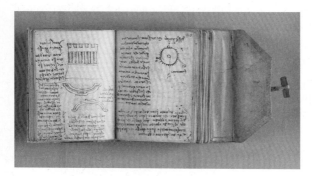

Das Manuskript I besteht aus zwei Notizheften,
die in Pergament eingeschlagen sind.
Ms 2180 © RMN-Grand Palais (Institut de France),
René-Gabriel Ojéda

Dass man ein Buch nicht versteht, mag zugestanden werden. Aber wie viel versteht das Buch? Hat es, als Gegenstand, einen Sinn für die Welt? Immerhin nimmt es Gerüche an, Farbe, Feuchtigkeit. Niemand weiß besser, wie es sich anfühlt, umgeblättert zu werden. Lässt sich ermitteln, wie dieses Wissen beschaffen ist? Zu den bewährtesten Strategien der Auskunftseinholung gehört die Frage. Wenn etwas jedoch nicht von sich aus spricht und sich durch kein Verfahren dazu nötigen lässt, bleibt noch übrig, *mit* ihm zu sprechen. Auch eine Zimmerpflanze kann ja eine Gesprächspartnerin sein. Was darf davon erhofft werden? Nicht viel, traut man einem gebundenen Stapel Papier bloß zu, zum Objekt der Material- oder Konservierungskunde zu werden. Vielleicht gibt es aber einen Gewinn, der die Einsicht in Prozeduren des Einweichens, Zerstampfens, Trocknens, Glättens und Wiederherstellens übersteigt: etwa den, auf ein Gespräch selbst dort zu bestehen, wo noch weniger als das Geschriebene Antwort verspricht, oder den, überhaupt einen Perspektivwechsel für möglich zu halten: zum Weltverhältnis der Lumpen und Fasern. Beim Pergament ist das noch deutlicher: Das zu Verinnerlichende wird auf ein Organ vormaligen Außenkontakts aufgebracht. Leonardo da Vinci hat das gesehen und in seiner Losung »*Von den Tierhäuten, in denen der Tastsinn wohnt und auf denen die Schriften stehen*« zusammengefasst. Die Prophezeiung ist ebenso dunkel wie vielversprechend: »Je mehr man mit den Häuten, dem Gewand des Sinnes, sprechen wird, um so mehr Weisheit wird man gewinnen.« Wie sähe dann eine Welt voller Weiser aus?

JEAN ALLOUCH

**VON DER PSYCHOTISCHEN
ÜBERTRAGUNG (TEIL II)**[1]

ÜBERTRAGEN UND ZUR ÜBERTRAGUNG
BEREITSTEHEN [*POSER TRANSFÉRENTIELLEMENT*]
Lacan beendete das Seminarjahr, welches der Untersuchung des
Falles des Präsidenten Schreber gewidmet war, wie folgt:

> Der Wahn [...] kann sich in all seinen Phänomenen und [...] in
> seiner Dynamik aufklären. Er kann im Wesentlichen als eine Störung der Beziehung zum Anderen aufgefasst werden und ist, als
> solcher, folglich an einen Übertragungsmechanismus gebunden.[2]

Was wäre dieser störende Übertragungsmechanismus der Beziehung zum Anderen als solcher? Man wird sich seiner Besonderheit
nähern, wenn man mit Lacan bemerkt, dass die Freud'sche Matrix
(die Variationen des Satzes »Ich liebe ihn«) eine Darstellung dessen

gibt, worin Schreber enden wird: »was wir eine göttliche Erotomanie nennen könnten«.[3] In dieser Erotomanie ist der Andere[4] – so sagt uns Schreber – lebendig, er spricht (die göttlichen Nerven sprechen die Grundsprache[5]), er spricht auf eine Weise, die Lacan beschreibt als »überwältigend, maßgebend, enorm, wuchernd, eine ungeheure Fesselung des Subjekts in der Welt des Sprechens realisierend, die nicht nur eine immerwährende Kopräsenz für ihn geworden ist – was ich das letzte Mal eine *gesprochene Begleitung der Handlungen* [Hervorh. J. A.] genannt habe –, sondern [mehr noch; Anm. J. A.] eine ständige Ankündigung, ein dringendes Ersuchen, sogar eine Mahnung, die sich auf dieser Ebene äußert. Denn es handelt sich darum, dass das Subjekt niemals auch nur einen Augenblick lang aufhört, in diesem ständig auffordernden Wink des Sprechens, das ihn begleitet, zu bezeugen, […] als seine Antwort oder Nicht-Antwort zu bezeugen, dass es immer wach ist für diesen inneren Dialog.«[6]

Der Begriff des »Zeugnisses« taucht hier mehrfach auf; man findet ihn über weite Strecken dieses Seminars. Das liegt daran, dass es sich hierbei nicht um ein Merkmal dieses oder jenes Falls handelt, sondern um eines der Struktur der Paranoia. Der Paranoiker »spricht zu Ihnen von etwas, das zu ihm gesprochen hat. Die eigentliche Grundlage der paranoischen Struktur ist, dass das Subjekt etwas verstanden hat, das es formuliert, nämlich, dass etwas die Form von Sprechen angenommen hat, das zu ihm spricht. […] Betreffs der Struktur dieses Wesens, das zum Subjekt spricht, legt der Paranoiker Ihnen sein Zeugnis ab.«[7]

Die Spezifität der Übertragung in der Psychose lässt sich aus dieser Struktur ableiten, die aus einem bestimmten Blickwinkel als quasi normal bezeichnet werden kann (Jakobsons linguistischer Schematismus ist auf zwei Partner – einen Sender und einen Empfänger – reduziert. Das Kommunikationsmodell lässt uns nicht vergessen, dass es banal ist, dass jemand zu jemandem über etwas von jemand anderem spricht). In der Psychose weist diese ternäre Struktur eine Besonderheit auf: »Ein Kulissenschieben in Richtung des kleinen anderen«[8], was Lacan noch einmal abwandeln wird, wenn er feststellt, dass »der Wahn von dem Augenblick an beginnt, wo die Initiative von einem Anderen kommt«.[9]

Daraus lässt sich folgern, dass der Psychiater oder der Psychoanalytiker keine andere Wahl hat, als in seinem Dialog mit dem Wahnsinnigen, dessen Position als »offener Zeuge«[10], als Berichterstatter dessen, was ihm vom anderen zukommt, zu bestätigen. Er kann das, indem er sich zum Sekretär des Wahnsinnigen macht. Und nun nimmt Lacan eine seiner üblichen[11] Wendungen vor, die sich dieses Mal auf die Position des Irrenarztes bezieht:

> Mit anderen Worten, wir werden uns anscheinend damit begnügen, uns zu Sekretären des Wahnsinnigen zu machen. Man gebraucht für gewöhnlich diesen Ausdruck, um damit den Irrenärzten ihr Unvermögen vorzuwerfen. Man sagt, darauf war die klassische psychiatrische Forschung lange Zeit beschränkt. Aber ich würde auf der anderen Seite sagen, es handelt sich darum, bis zu einem Punkt zu gehen, an dem wir uns beinahe Vorwürfen ausgesetzt sehen, die schwerwiegender wären. Nicht nur zu seinen Sekretären werden wir uns machen, sondern wir werden das, was er uns erzählt, buchstäblich nehmen – was bis jetzt immer als das betrachtet worden ist, was es zu vermeiden gilt.[12]

Was den Irrenärzten vorgeworfen wurde, war genau das, was sie schlichtweg zu tun hatten. Die ersten Irrenärzte versündigten sich nicht, weil sie Sekretäre waren, sondern weil sie dies gerade nicht genug waren:

> War es nicht, weil sie nicht weit genug waren in ihrem Hören des Wahnsinnigen, dass die großen Beobachter, die die ersten Einteilungen gemacht haben, das ihnen dargebotene Material haben vertrocknen lassen? – so sehr, dass es ihnen nicht mehr als etwas wesentlich Problematisches und Fragmentarisches erschienen ist.[13]

Dass der Irrsinnige wesentlich in der Position eines Zeugen ist, fordert den Irrenarzt auf, diese Funktion des Sekretärs auszuüben, was Lacan bei Marguerite tatsächlich gemacht hat. Und das obige Zitat zeigt einmal mehr, dass es hier um eine aktive Tätigkeit geht: nicht nur aufnehmen, was dieser Zeuge uns über das sagt, was ihm vom Anderen zukommt, sondern sein Zeugnis »buchstäblich« nehmen, was nicht ohne Tragweite bleibt, genau genommen *konstituierend* ist für das Zeugnis.

Das bedeutet jedoch, dass Irrsinniger und Irrenarzt Seite an Seite stehen: Es gibt keine Mauer des Wahnsinns, die sie trennen würde, außer derjenigen, die der Irrenarzt errichtet, der sich als Sekretär entzieht. Alle beide haben es mit der »Struktur dieses Wesens, das zum Subjekt spricht«[14] zu tun. Dieses »Seite an Seite« verleiht der Bemerkung Freuds in Bezug auf seine Schreber-Lektüre ihre ganze Tragweite: »Er hat noch nie etwas gesehen, das so sehr seiner eigenen Libidotheorie gleichen würde.«[15] Wie der Psychoanalytiker wird der Psychotiker dazu gebracht, sich zum Theoretiker seiner Erfahrung zu machen; sie sind Brüder[16] in dieser Notwendigkeit. So wie sie auch Brüder in ihrer gemeinsamen Angst sind, verrückt zu werden.[17] Daher die Korrekturen, die der Wahnsinnige gelegentlich gegenüber den vom psychiatrischen Diskurs vorgebrachten Thesen vorschlägt, so etwa Schrebers Anfechtung Kraepelins:

> Man sagt, dass ich ein Paranoiker bin, und man sagt, dass die Paranoiker Leute sind, die alles auf sich beziehen. In diesem Fall irren sie sich, nicht ich beziehe alles auf mich, er ist es, der alles auf mich bezieht, dieser Gott, der durch seine verschiedenen Agenten, Akteure und Fortsätze ununterbrochen in meinem Inneren spricht.[18]

Dass der Irrsinnige auf diese Weise mit dem Irrenarzt rivalisieren kann, zeigt, dass deren beider Diskurs sich auf ein und derselben Ebene ereignet. Wenn es eine Mauer gibt, so muss man freilich wissen, wo sie sich befindet, nicht dort, wo man sagt, zwischen dem

Törichten und dem Weisen, dem Verrückten und dem Nicht-Verrückten, dem Gepflegten und dem Pfleger, sondern viel eher zwischen dem Irrsinnigen und dem Irrenarzt auf der einen Seite und diesem Wesen auf der anderen, das mit dem Subjekt spricht und in Verhältnis zu dem das Subjekt, in seiner Not, ihm antworten zu müssen, in seiner Verzweiflung, selbst die Antwort geben zu müssen, die der Verfolgung ein Ende setzen würde, sich manchmal an ihn wendet. Diese Dreierstruktur ist homolog zu der, die die Erfahrung der Heiligkeit ausmacht.

Wie ist es mit der psychotischen Übertragung, sobald man die Auswirkung dieser Struktur nicht vernachlässigt? Situiert aufseiten des Irrenarztes, sagen wir des Psychoanalytikers, und ebenso wie er ein Theoretiker seiner Erfahrung des Wahnsinns, kann man vom Psychotiker in der Tat nicht behaupten, dass er auf eine Weise überträgt, wie man das von Neurotikern sagt. Wir werden sagen: Er stellt sich zur Übertragung bereit, so wie es der Psychoanalytiker für jeden an ihn adressierten Anspruch macht. Schreber stellt eine göttliche Erotomanie zur Übertragung bereit, anders gesagt, er bietet sich als mögliches Objekt einer Übertragung an (als möglicher Träger des *sujet supposé savoir* für jemanden[19]), indem er wissen lässt, was der Andere ihn wissen lässt [*en faisant savoir ce que l'Autre fait savoir*]. So auch Freud. Was die Art der Äußerung betrifft, die wir bereits studiert und als »paranoisch«[20] beschrieben haben, so gibt es keinen Unterschied zwischen dem Schreber'schen Akt der Veröffentlichung seiner *Denkwürdigkeiten eines Nervenkranken* und dem Freud'schen Akt der Veröffentlichung der *Traumdeutung*. In beiden Fällen überträgt der Autor nicht auf seinen Leser, sondern stellt sich, indem er sein Verhältnis zur Struktur dieses Anderen bezeugt, für seinen Leser als eine mögliche Figur des SsS zur Verfügung. Fügen wir hinzu, dass Lacans »Rückkehr zu Freud« die gleiche Aussagestruktur ins Werk setzt. Lacan verpflichtet sich nicht mehr zu sagen, was er denkt, sondern zu sagen, was Freud sagt.

Eine in unseren Augen eklatante Bestätigung dieser Homologie der Aussageweisen wird uns von Freud gegeben, der uns sagt, dass wir dort erfolgreich sein sollen, wo der Paranoiker scheitert.[21] Freud sagt nicht, *anderswo* erfolgreich sein, als dort, wo der Paranoiker scheitert. Auch wenn die Frage der Anlage (im Sinne des Bankwesens) der homosexuellen Libido (zu der Freud sich hier bekennen würde) problematisch bleibt (es ist nicht ganz klar, was bei ihm aus ihr geworden wäre), so ist jedoch markant und sogar massiv, dass, wenn Freud etwas gelungen ist, es sich darum handelt, an seinem Platz eine beträchtliche Anzahl von Übertragungen provoziert zu haben. Freud hat erreicht, dass man ihm glaubt, besser gesagt, dass man an seine Sache glaubt, indem man ihm glaubt, oder, dass man ihm glaubt, indem man an seine Sache glaubt. Natürlich ist es nicht verboten, sich zu fragen: War das wirklich sein Ziel? Oder handelte es sich um einen Anspruch (dass die Lehranalyse aufhöre, sobald der Kandidat von der Existenz des Unbewussten überzeugt ist), in welchem Fall man ihm den schlechten Streich gespielt hätte, diesen Anspruch zu erfüllen? In dem durch diese Frage befeuerten Schmelztiegel schließt sich eine weitere an, nämlich ob es dann darum ginge, unendlich Übertragende zu erzeugen oder Analytiker. Und fänden wir uns im ersten Fall nicht in derselben Situation wieder, die wir überholt glaubten? Man sieht, Freuds »Erfolg« ist nicht so sicher wie seine Abgrenzung gegenüber dem, womit er konfrontiert wird (Fliess' Misserfolg). Insofern ist das Problem auch komplexer, als es auf den ersten Blick scheint. So nimmt man an, dass der Paranoiker mehr Schwierigkeiten haben würde als Freud, an seine Sache Glaubende zu finden. Aber ist es nicht so, dass wir den Vorgang des *folie à trois* (oder mehr) unterschätzen, der augenscheinlich Fragen aufwirft, die sich mit derjenigen der psychotischen Übertragung überschneiden? Ist es nicht auch so, dass derjenige, der beruflich mit dem Wahnsinn in Berührung kommt, sich »vor dieser Berührung schützt«?[22]

Wir begreifen nun, mit welcher Begründung der Psychoanalytiker sagen konnte, dass der Psychotiker nicht übertrage: Weil der eine wie der andere zur Übertragung bereitsteht, mit anderen Worten, sich hergibt, eine Übertragung zu tragen. Wie könnte da der Psychoanalytiker den Psychotiker auffordern »zu sagen, was ihm in den Sinn kommt« – eine banale, wenn auch nicht unschuldige Formulierung der Grundregel –, wo es für den Psychotiker doch vielmehr darum geht, mit dem zurechtzukommen, was dem Anderen in den Sinn kommt, sich sogar davon zu befreien? Er kann dem Psychoanalytiker nicht sagen, was er denkt, nicht weil er nichts denkt – weit davon entfernt –, sondern weil das in erster Linie nicht sein Problem ist. Er kann nicht sagen, was er denkt, außer bei jenem, der zuerst sein Problem annimmt. Er kann nicht sagen, was er denkt, außer bei jenem, der zuerst zugesteht, dass »er« nicht er ist, besser gesagt bei jenem, der einen *möglichen* geteilten Wahn [*codélire*] nicht *a priori* ausschließt. Eine mögliche Behandlung der Psychose kommt analytisch nur in Betracht, wenn einmal diese Art der Inkompatibilität zwischen der Standardversion des Psychoanalytikers und dem Psychotiker zugestanden ist. Diese entspringt wiederum der Tatsache, dass alle beide einen Appell formulieren, sie sozusagen Kandidaten für den Platz des SsS sind. Und da der Psychotiker sich nicht davon abbringen lässt, da er nicht anders kann, als zur Übertragung bereitzustehen (das Maß dieses Unvermögens – ein Nicht-anders-Können – ist genau die Vereinnahmung durch den großen Anderen), bleibt dem Psychoanalytiker nur diese Wahl: Entweder das Behandlungsspektrum auf die Neurosen beschränken oder dem Psychotiker die Last des »Zur-Übertragung-Bereitstehens« überlassen, die Richtigkeit dieses Aktes anerkennen, durch den es nun der Psychoanalytiker ist, der sich in der Position des Übertragenden befindet. Auf diese Weise hat Lacan sagen können, dass die psychotische Übertragung in erster Linie eine Übertragung auf den Psychotiker ist.

Hier wird die Funktion des Sekretärs verwirklicht. Wenn man sich nun an das erinnert, was wir bezüglich der Auswirkung des Signifikanten der Übertragung angezeigt haben, seine inaugurale Tragweite für jegliche Übertragung, also auch für die psychotische, wird klar, dass die Funktion des Sekretärs nur dank des Einsatzes eines solchen Signifikanten tatsächlich erhalten wird. So ahnen wir, dass die Frage der Einheit des Übertragungsbegriffs/der Vielfalt seiner Realisationen seine Antwort in der Tatsache finden könnte, dass es nur ein einziges Mathem gibt, jedoch zwei unterschiedliche Lesarten dieses Mathems, je nachdem, ob es sich um die Neurose oder die Psychose handelt, ums Übertragen oder ums Zur-Übertragung-Bereitstehen. Im ersten Fall ist der nicht-subjektivierte Signifikant der Übertragung ein Signifikant des Anderen im Sinne des objektiven Genitivs; im zweiten Fall ist er auch ein Signifikant des anderen, nun aber im Sinne des subjektiven Genitivs (man kann den »anderen« hier mit kleinem a schreiben, weil die Ternarität so besser entfaltet ist; Man muss allerdings den »Anderen« mit großem A schreiben, an dem Punkt, wo der Analytiker zum Verfolger werden würde). Ein Beispiel dieses Signifikanten der Übertragung als Signifikant des anderen im Sinne des subjektiven Genitivs liefert uns der Signifikant »Aimée«, ein nicht-subjektivierter Signifikant, auch kein unbewusster, mit dem Lacan sich dennoch an Marguerite als SsS adressiert und durch dessen Intervention er seine Funktion des Sekretärs erlangt.

Dass die psychotische Übertragung zunächst eine Übertragung auf den Psychotiker ist, kann noch anders ausgedrückt werden, dieses Mal nicht in Bezug auf den Anderen, sondern im Zusammenhang mit dem Objekt klein a, also bezugnehmend auf Lacans Seminar über die Übertragung. Wenn der Psychotiker jemand ist, der sein Objekt klein a in der Tasche hat[23], dann ist er derjenige, der, in der subjektiven Disparität unserer Beziehung zu ihm, der *eromenos* ist, wodurch wir ihm zunächst nur als *erastes* begegnen können.

Wir sehen also, dass, wenn Lacan der hinkenden Situation der Übertragung in der Analyse ein Ende bereitet hat (weil er an zweiter Stelle kam, so bemerkt er, konnte er hier nie eine Unterkunft finden), und wenn dies Resultat erlangt wurde, indem er die Übertragung auf das Begehren des Analytikers bezogen hat, dies geschehen ist, um die Wirkung der psychotischen Übertragung nicht zu vernachlässigen, so wie wir sie gerade dargestellt haben.

Diese Darstellung scheint die Position des Analytikers in der Neurosenbehandlung mit der Position des Psychotikers gleichzusetzen. Die zwei unterschiedlichen Lektüren desselben Mathems der Übertragung werden uns ermöglichen, genauer zu formulieren, wie diese identische Position vom Psychotiker und vom Analytiker je unterschiedlich gespielt werden kann. So werden wir die Frage der Einheit/Vielfalt der Übertragung(en) abschließen.

Der Platz des *sujet supposé savoir* ist im Mathem derjenige des kleinen s. Das so situierte Subjekt wird von zwei Zügen charakterisiert, die im Text der *Proposition* explizit sind: Die Beziehung dieses Subjekts zum Wissen ist »nicht sekundär, sondern direkt«, und, wer diesen Platz einnnimmt, »hat zu wissen«. Diese zwei Züge betreffen sowohl den Analytiker als auch den Psychotiker. Es ist kein Spiel von An- und Abwesenheit, das sie auseinanderhalten wird, sondern eher die Art und Weise, wie beide die Funktion des *sujet supposé savoir* übernehmen. Was der Analytiker zu wissen hat, nachdem er als SsS eingesetzt wird, wird nur zum wirkenden Wissen, insofern er sein eigenes Wissen »zurückgelegt«[24] haben wird. Nur, indem er nicht »zu viel von seinen Falten« einbringt, kann er sich wirklich einbringen, anders gesagt sich als Analytiker einbringen. Da liegt der Abstand, die mögliche Abkopplung der Analyse der Übertragung von der Übertragung. Der Psychotiker kann seinerseits nicht nicht zu viel von seinen Falten einbringen. Ganz im Gegenteil glaubt er, dass es ihm durch das Einbringen einiger seiner Falten gelingen wird, sich nicht ganz einzubringen und das Eingreifen des Anderen zu vereiteln, besser gesagt das Genießen des Anderen abzusperren, es sogar endgültig zu vernichten.

»Ich bringe zu viel von meinen Falten ein« erscheint uns als die Formulierung des Appells, den der Psychotiker mitunter an uns adressiert (wie auch die Art des Ersuchens Marguerites beim Prinzen von Wales). Man sieht, es handelt sich um dasselbe wie das, was in der Analyse, zumindest wo sie nicht bürokratisch vorprogrammiert ist, eine Forderung nach Kontrolle/Kontrollanalyse [*demande de contrôle*] genannt wird. In dieser Forderung ist der Psychotiker ein »unterstellter Analytiker«.[25] Man erkennt nun auch den möglichen Fehler, ihn zum Analysanten machen zu wollen im Sinne desjenigen, der sich der Regel des freien Assoziierens fügt. So wie der Sekretär einer heiligen Person im Sinne von deren

Heiligkeit interveniert, so kann die Intervention des Analytikers (aber hier hat dieses Wort nicht mehr genau dieselbe Bedeutung) am Ort des unterstellten Analytikers (des psychotischen oder des kontrollierten) nur darauf abzielen, dessen Analytizität [*analycité*] zu unterstreichen und zu verwirklichen.

WISSENLASSEN [*FAIRE SAVOIR*]

»Aimée« ist der – von Lacan nicht subjektivierte – Signifikant, von dem ausgehend er sich in seiner Übertragung auf Marguerite an sie als SsS adressiert. Er hört nicht auf ein mächtiger Signifikant zu sein. »Aimée« als Zeichen repräsentiert etwas für jemanden. Aimée ist ein Zeichen der Liebe, das Zeichen einer Liebe. Die Verbindung zwischen der Benennung als Geliebte [*aimée*] und der Liebe zu ihr ist alles in allem banal: Welche Liebeserfahrung lässt uns nicht von einem oder mehreren Kosenamen Gebrauch machen? So erklärte Lacan 1970 im Kreise seiner von Dr. Daumézon wiedervereinigten Kollegen: »Meine Patientin, diejenige, die ich ›Aimée‹ genannt habe, war wirklich anrührend« – die Artikulation dieser Benennung und der Tatsache, dass Lacan von Marguerite berührt war, ist explizit. Er war berührt, weil sie ihm anrührend vorkam – ein Bekenntnis, welches Lacan bereits in seiner Doktorarbeit ablegte:

> Sich zu diesen Themen zu äußern, ist ihr äußerst zuwider; erst nach beinahe einem Jahr seit ihrem Eintritt in die Abteilung gestand sie es uns eines Tages unter der Bedingung ein, daß wir es unterließen, sie während ihres Geständnisses anzuschauen. Sie offenbart uns daraufhin ihre Träumereien, an denen nicht nur das Kindische daran, sondern auch ein für uns nicht näher faßbares enthusiastisches Glühen berührt: ›Dies sollte die Herrschaft der Kinder und Frauen sein.‹[26]

Lacan ist genau an der Stelle berührt, an der Marguerite ihn nötigt, sich nicht mehr streng an die Position des Beobachters zu halten, welches auch die Stelle ist, an der sie einwilligt, ihm ihre intimsten Träumereien auszuliefern.

Doch die Banalität dieser amourösen Namensgebung zu bemerken, sollte uns nicht daran hindern, herauszustellen, was sie hier an Besonderem an sich hat. Denn allgemein sind solche Namensgebungen zunächst eine Sache der Intimität. Wenn etwa ein Mann seine Frau »mein Spatz« oder »Schatz« nennt (oder was man hier sonst noch für Schrullen einsetzen möchte), geschieht dies nur in Gegenwart nahestehender oder vertrauter Personen. Dass Lacan hingegen Marguerite Aimée nennt, ist ein öffentlicher Akt und man könnte darauf setzen, dass er sie in ihren Dialogen nicht so genannt hat. Wir wissen nicht, wie er sie nannte. War dies etwa schon Lacans Angewohnheit, allgemein die Anrede »*chère*« oder »*très chère*« zu gebrauchen und zu missbrauchen (zu missbrauchen, insofern er damit der namentlichen Ansprache ausweicht)? Wie dem auch sei, die amouröse Namensgebung »Aimée« ist und bleibt extim, was dem Vorschlag aus der Doktorarbeit Rechnung trägt, aus Aimée den Namen eines klinischen Typus zu machen.[27] Doch die geringe Resonanz, die dieser Vorschlag hervorrief, im Gegensatz zur sonstigen Aufnahme, die dem Namen Aimées beschieden war (die man noch unter der Feder Roudinescos findet), zeigt uns, dass der Status dieses Namens derjenige ist, den wir zu entwickeln versuchen: Der eines Zeichens der Liebe, einer öffentlich erklärten Liebe, wenngleich dieser Name als Zeichen von der Intimität der betroffenen Partner ausgeschlossen ist.

Aimée als Zeichen lässt uns wissen, dass Lacan berührt war, dass Marguerite anrührend war. Aber was machte sie anrührend? Worin war er berührt? Obwohl es eine Rolle gespielt hat, dass sie ihm ihre geheimen Träumereien anvertraute, genügt diese Tatsache nicht, diese Fragen zu beantworten. Es ist die ganze Handlung Lacans mit Aimée, die uns die Antwort verraten muss, nicht allein der Erhalt dieses Geständnisses oder dass er von der Gabe dieses Geständnisses geehrt war.

Wenn man es für wahr nimmt, dass die Antwort einer Frage in der Frage selbst liegt, dass sich jede Frage von ihrer Antwort aus stellt, wird es leichter, die Antwort zu geben: Lacan gibt ein öffentliches Zeichen seiner Liebe zu Marguerite, um bei ihr spürbaren

Zeichen eines Liebesmangels zu begegnen. Nun, dies trifft auf Aimée als Heldin von *Le Détracteur*[28] zu, und genau indem Lacan eine Nicht-Unterscheidung von Kunstfigur und Autorin ins Spiel bringt, identifiziert er diesen Liebesmangel bei seiner Patientin:

> Weiter drückt sich darin [in Aimées Schrift; Anm. d. Ü.] ein Streben nach Liebe aus, das in seiner verbalen Gestalt um so gespannter ist, als es in der Wirklichkeit in Nichtübereinstimmung zum Leben steht und eher zum Scheitern verurteilt ist [...]. Diese affektive Nichtübereinstimmung verträgt sich gut mit dem unaufhörlichen Hervortreten von Regungen, die der kindlichen Sensibilität nahestehen: plötzliche Offenbarungen eines brüderlichen Denkens, Aufbrüche ins Abenteuer, Pakte, Schwüre, ewige Bindungen.[29]

43 Jahre später wird Lacan hier noch klarer sein:

> Man kann sicherlich sagen, dass die Psychose eine Art von Scheitern bezüglich der Erfüllung dessen ist, was ›Liebe‹ genannt wird. Die Patientin, von der ich Ihnen erzählte [Lacan sagte zuvor, dass er sie nun für eine Erotomanin hält; Anm. J. A.], könnte im Bereich der Liebe gewiss großen Ärger verspüren gegenüber dem Schicksal [*fatalité*]. Und ich möchte gerne mit diesem Wort enden.[30]

Es folgen dann einige philologische Hinweise, die *fatum* auf *fari* beziehen, »die gleiche Wurzel, wie bei *infans*«. Hier bestätigt sich wieder, was schon im obigen Zitat aus der Doktorarbeit gezeigt wurde: der kindliche Charakter dieser Liebe, die bei Marguerite zum Scheitern verurteilt bleibt. Sofern die Namensgebung »Aimée«, als Zeichen der Liebe, sich an Marguerite adressiert, für sie die Liebe repräsentiert, die Lacan für sie empfindet, erscheint diese Liebesantwort auch gekennzeichnet vom brüderlichen Siegel. Sie ist eher *agape* als *eros*. Dies passt wiederum zu dem, was wir oben über die Funktion des Sekretärs gesagt haben.

Dennoch erklärt diese amouröse Antwort, diese antwortende Liebe nicht alleine den öffentlichen Charakter der Deklaration und noch weniger die Tatsache, dass deren Zeichen, die Benennung Aimées, vom Feld des brüderlichen Dialogs ausgeschlossen ist. Könnte Marguerite Lacan noch auf eine andere Weise berührt haben, nicht nur darin, dass sie gute Gründe hatte, von einem brüderlichen Liebesmangel bedrückt zu sein?

Bei der erneuten Publikation seiner Doktorarbeit wird Lacan präzisieren, inwiefern etwas bei Marguerite ihn »gebissen« [*mordillé*][31] habe. Es handelt sich um ihr Verhältnis zum Wissen. Sie wusste. Am 24. November 1975 an der Yale University wird Lacan sogar so weit gehen, von ihr als einer »Person, die immer gut wusste, was sie machte«[32] zu sprechen. Dieses Verhältnis zum Wissen schien für Lacan nicht auf seinen Charakter der Erfindung, der Schöpfung (der etwa durch ihre Schriften bezeugt wird) reduzierbar. Marguerite wusste auch, was sie machte, in ihren Handlungen, die also nicht nur einem *savoir-faire*, sondern auch einem erfahrenen [*faire averti*], einem wissenden Können [*faire sachant*] entsprachen. Und eben weil es bei Marguerite diese Wirksamkeit des Wissens an der Stelle des Machens gibt, wird Lacan zwei Dinge sagen können, die aus diesem Grund auch nicht unvereinbar sind: Einerseits, dass er durch die Anmut der Begegnung mit dem Wissen, das sie erfand, von der Frage »Was ist das Wissen?« erfasst wurde – eine Frage, die ihn zu Freud führte; andererseits, dass Marguerite, indem sie ihm Zugang zur »Maschinerie des *Passage à l'acte*«[33] gewährte, ihn auch auf diesem Weg zu Freud führen musste.

Wir berühren hier die Wirkung von Marguerites Verhältnis zum Wissen, insofern Lacan davon »gebissen« war, d. h. insofern er darauf reagieren musste. Diese Wirkung trieb ihn zu Freud (Didier Anzieu wird sich ebenfalls ausgehend von der Erfahrung des Wahnsinns seiner Mutter an Freud richten, allerdings auf eine andere Weise als Lacan). Mehrmals wird Lacan diesen direkten Weg erwähnen, der ihn von Marguerite zu Freud führte, z. B. in *Von dem, was uns voranging* (1966)[34], der Sitzung vom 19. Februar 1974 des Seminars *Les non-dupes errent* oder auf der Konferenz an der Yale University. Wir fügen noch zwei weitere Erklärungen hinzu. 6. Januar 1972, im Krankenhaus Sainte-Anne:

> Für meinen Diskurs geht alles von da [von Sainte-Anne; Anm. J. A.] aus. Wenn ich zu den Wänden spreche, so habe ich mich spät darauf verlegt. Schon bevor ich höre, was sie mir zurückschicken, das heißt meine eigene Stimme, predigend in der Wüste [...], habe ich ganz und gar entscheidende Dinge vernommen, die das letztlich für mich gewesen sind. Aber das ist meine persönliche Angelegenheit. Ich meine, dass die Leute, die hier mit dem Anspruch [*titre*] sind, zwischen den Wänden zu sein, ganz und gar fähig sind, sich Gehör zu verschaffen, vorausgesetzt, es gibt die dafür geeigneten Lauscher. Um alles zu sagen, und um ihr die Ehre für etwas zu erweisen, woran sie alles in allem persönlich schuldlos ist, bin ich, wie jeder weiß, rund um diese Kranke herum, der ich den Namen Aimée angeheftet habe, welches selbstverständlich nicht der ihre war, von der Psychoanalyse angehaucht worden.[35]

12. Mai 1972 in Mailand:

> Ich bin in die Psychoanalyse eingetreten, einfach so, ein bisschen spät. Tatsächlich, bis zu diesem Moment ... in der Neurologie eines schönen Tages ... was ist mit mir passiert? ... Ich habe den Fehler gemacht, dasjenige zu sehen, was man vielleicht eine Psychotikerin nennen könnte. Ich habe meine Doktorarbeit darüber geschrieben. [...] Schließlich hat dies mich dazu verleitet, selber die Erfahrung der Psychoanalyse zu machen.[36]

Lacans Verhältnis zu Marguerites Verhältnis zum Wissen ist von solcher Qualität, dass sie ihn zu Freud führt. Es ist ein Verhältnis, welches sich nicht auf die beiden beschränkt, sich vielmehr als offen gegenüber Freud erweist. Der junge Psychiater, Schüler Clérambaults, findet in der Psychoanalyse so etwas wie eine Antwort auf die Erfahrung, welche er mit Marguerite machte, und sogar noch im Begriff war zu machen. Denn, wie wir heute wissen, hat sein Eintritt in die Analyse bei Loewenstein stattgefunden, während er gleichzeitig noch Marguerite befragt hat.

Wir können den andernorts von Roudinesco behutsam aufgestellten Hypothesen[37], denen zufolge Lacan seine Analyse mit »Aimée« machte und Aimée dasjenige für Lacan war, was Fliess für Freud, zwar nicht beipflichten. Dennoch spricht Roudinesco von einer Übertragungsbeziehung »von Lacan auf ...«. Die Benennung ist hier ein Problem. Handelt es sich um Marguerites »Namen der Gattin«, also um den Namen Anzieus?[38] Jedenfalls nimmt Roudinesco wie wir zur Kenntnis, dass in Lacans Beziehung zu Marguerite die Übertragung auf Seiten Lacans liegt.[39]

Marguerites Verhältnis zum Wissen nagte an Lacan und brachte zugleich die Frage »Was ist Wissen?« in den Vordergrund. Hier das Geständnis, das Lacan einführt, nachdem er das Wissen als solches im Realen situiert hat, dem Realen, das nicht spricht, und dem man sich nur durch das Symbolische nähern kann, dem Symbolischen, das wiederum »nur lügt, wenn es spricht« (wir finden hier, auf eine andere Weise ausgedrückt, das Verhältnis Wissen/Täuschung wieder, welches so entscheidend für das Schreiben des Mathems der Übertragung war):

Bewusstsein [Lacan behauptet, dass dieses dem Imaginären zugehört; Anm. J. A.] ist sehr weit davon entfernt, das Wissen zu sein, denn, wozu es sich eignet, ist genau die Falschheit. »Ich weiß« wird nie wirklich etwas sagen und man kann gut darauf wetten, dass das, was man weiß, falsch ist, falsch, aber vom Bewusstsein unterhalten, dessen Eigentümlichkeit es ist, die Konsistenz des Falschen zu erhalten. [...] Das ist sehr frappierend – ich könnte selbst mit den Geständnissen weitermachen, mit denen ich in meinen alltäglichen Analysen überladen werde –, dass ein »ich weiß« des Bewusstseins nicht nur ein Wissen, sondern einen Willen, sich nicht zu verändern, bedeutet.[40]

Auch Marguerite hat ein Wissen, ein Wissen jedoch, welches, statt einem Willen, sich nicht zu verändern, gleichzukommen, von ihr als ein möglicher Umweg [*biais possible*] der Veränderung eingesetzt wird. Sie legt Wert darauf, dass man wisse, was sie weiß. Zahlreich sind ihre Wege des Wissenlassens: Sie belagert das Büro eines kommunistischen Journalisten, um die Publikation ihres Artikels zu erwirken, in welchem sie ihre Anklagen gegen Colette offenlegt; sie erstattet Anzeige gegen Pierre Benoit, provoziert diverse Vorfälle, die lauter Versuche sind, zu machen, dass man wisse, leistet unermüdliche intellektuelle Arbeit, um ihre literarischen Waffen zu schärfen, appelliert an einen erotomanischen Ausweg, schreibt die Romane, die sie an ihren unterstellten Beschützer, aber auch an eine breitere Öffentlichkeit adressiert, von der sie sich Anerkennung verhofft, verlangt Rache von ihrem Bruder, etc. Und wir haben die Tragweite des letzten *Passage à l'acte* analysieren können, die in der wirksamen Weitergabe eines Wissens an Jeanne lag, eines Wissens darüber, was in ihrem Wahn von ihr, Jeanne, kam. Abgesehen jedoch von diesem letzten *Passage à l'acte*, dessen Status einer Ausnahme durch die darauffolgende »Heilung« bestätigt wird, ist deutlich, dass alle Versuche Marguerites, wissenzulassen, was ihr geschah und was ihr vom Anderen zukam, zahllose Fehlschläge waren. Marguerite fand sich mehr als zehn Jahre lang permanent konfrontiert mit ihrem Unvermögen des Wissenlassens (wir benutzen den Begriff »Unvermögen« [*impuissance*] in seinem lacanianischen Sinn eines Nicht-Könnens, d. h. gemäß Marguerites Wahn als eine Suspension des Aktes).

Es ist klar, dass eine der Funktionen eines Sekretärs wie Lacan ihn verkörperte darin besteht, das soziale Spiel vom Begehren des Wissenlassens zu spielen. Lacan hebt Marguerites Unvermögen des Wissenlassens auf, welches nur in ihrem letzten *Passage à l'acte* und ausschließlich am Ort Jeannes nicht am Werk gewesen ist. Er publiziert ihre Texte, schreibt ihren Fall, macht das Wissen, welches sie erfindet, als literarische Schöpfung geltend, und dies gegenüber einem Publikum, welches nicht mehr nur auf Jeanne beschränkt ist. Der Sekretär ist hier äußerst aktiv, intervenierend;

nicht ohne den »megalomanischen« Ambitionen seiner Patientin eine gewisse Befriedigung zu verschaffen. Eine solche Intervention steht im Gegensatz zur beruhigenden Perspektive im Sinne eines Funkenlöschers. Wenn diese Intervention schließlich beruhigt, dann, weil sie der Kranken eine legitime Befriedigung verschafft hat, im Sinne des »sozial Legitimierten«. Genauer gesagt: Sie öffnet schließlich die Möglichkeit einer sozialen Legitimation. Einige Intellektuelle, namentlich Surrealisten, werden die Rechtmäßigkeit dieses Schrittes bestätigen. Die Psychiater, von Ausnahmen abgesehen, werden prüde reagieren, wohingegen die Psychoanalytiker sich darum bemühen werden, Lacan auf das Unvermögen des Wissenlassens zu reduzieren, welches dasjenige seiner Patienten war. Den »Effekt des Horrors« erwähnend, den seine Doktorarbeit provozierte, erzählt Lacan 1972 in Mailand von folgenden Erlebnissen:

> Schließlich hat mich dies dazu verleitet, selber die Erfahrung der Psychoanalyse zu machen. Danach kam der Krieg, während dessen ich dieser Erfahrung nachgegangen bin. Nach dem Krieg habe ich angefangen zu sagen, dass ich vielleicht davon etwas zu sagen hätte [das »davon« ist Träger eines Doppelsinns: Es handelt sich einerseits um die Erfahrung seiner Analyse, d. h. als Analysant; aber in dem Kontext könnte es sich auch um die Doktorarbeit handeln, was durch das Folgende bestätigt wird; Anm. J. A.]. Auf keinen Fall, hat man mir gesagt. Niemand wird etwas davon verstehen ... Man kennt Sie, Sie sind schon aufgefallen.[41]

Welches sind die Charakteristika dieser Intervention, mit der Lacan die Verwirklichung des Begehrens des Wissenlassens auf seine Schultern nimmt und das Unvermögen aufhebt, in welches dieses Begehren verfangen war? Drei Punkte verdienen, bemerkt zu werden.

1 — Lacan setzt sich nicht an die Stelle Marguerites: Er macht, wozu sie nicht in der Lage ist. Hätte sie durch die Bekanntheit, die sie durch ihren *Passage à l'acte* erlangt hat, eine Publikation

bei einem Verleger erwirken können (wenn wir unterstellen, dass sie das gewollt hätte und dass ihr Aufenthalt im psychiatrischen Krankenhaus dies nicht unrealisierbar gemacht hätte), dann wäre sicherlich das Resultat ein anderes gewesen. Lacan publiziert Ausschnitte aus ihren Romanen sowie einige ihrer Gedichte und Briefe in seiner psychiatrischen Doktorarbeit, begleitet von seiner Niederschrift des Falls »Aimée«. Ein so gebündeltes Wissenlassen hätte in keiner Weise die Tat Marguerites sein können.

2 — Mit diesem Akt des Wissenlassens, an dem Marguerite nicht nur insofern Anteil hat, als sie mit ihren Schriften beiträgt, sondern vor allem als die, die ihn hervorrief, wird Lacan seine Bruderschaft mit Freud finden. Er erklärt diese beiden Gegebenheiten explizit auf einer der Konferenzen in den Vereinigten Staaten:

> In meiner Doktorarbeit wandte ich den Freudianismus an, ohne es zu wissen [...]. Ich war geleitet, Verrückte zu sehen und darüber zu sprechen, und wurde damit zu Freud geführt, der davon in einem Stil sprach, welcher sich auch mir aufdrängte, angesichts meines Kontaktes mit der Geisteskrankheit.[42]

Dieses Geständnis kann als Korrektur gelten. Wenn Lacan gesteht, den Freudianismus angewandt zu haben, »ohne es zu wissen«, sieht er die explizite Anwendung des Freudianismus, die er 1932 gemacht hat (und zwar im Wesentlichen der Entwicklungslehre [génitisme]), nicht mehr als eine solche an. Wir finden hier die Bestätigung der Bemerkung, der zufolge jedesmal, wenn Lacan in der Doktorarbeit den Freudianismus anwendet, er den Fall verfehle. Die Bruderschaft mit Freud ist wesentlich stilistisch. Sein Kontakt mit der Geisteskrankheit drängt Lacan nicht die Kenntnis dieser oder jener Freud'schen These auf, sondern vielmehr die Validität des Freud'schen Stils in der Annäherung an die Geisteskrankheiten. Mit der Publikation seiner Écrits – und man erinnert sich, dass »der Stil« deren erstes Wort ist – wird Lacan präzisieren, um was für einen Stil es sich handelt, nämlich um denjenigen, den »die Treue zur formalen Hülle des Symptoms« einfordert, »die

die wahre klinische Spur ist, auf deren Geschmack wir kamen«.[43] Diese Treue, fährt Lacan fort, »führte uns an jene Grenze, an der sie sich in Schöpfungseffekte umkehrt«[44] und dazu, den literarischen Wert von Marguerites Schriften anzuführen. Man bemerkt hier die semantische Überdeterminierung: die Schöpfungseffekte sind sowohl die Frucht der Treue zum Symptom, also eine Sache des Psychiaters, wie auch im Symptom selbst enthalten (namentlich in den Schriften Marguerites als Schöpfungen ihrer Psychose). Im Wissenlassen des Falls »Aimée« findet sich Lacan, ohne es zu wissen, auf einer Ebene mit dem Stil, den Freud in seiner Kasuistik einführt. Es scheint uns, dass heute, wo die statistische Methode das psychiatrische Feld überzieht, eine solche Bemerkung nicht ohne Interesse ist.

3 — Dieses Wissenlassen subsumiert den Fall dem fiktiven Namen Aimées unter. Was wir hier entwickelt haben, erlaubt uns jetzt vorzubringen, dass ein solches Wissenlassen untrennbar dasjenige des Falls und dasjenige der Übertragung von Lacan auf Marguerite ist, also auch das Wissenlassen des organisierenden Signifikanten [*signifiant ordonnateur*] dieser Übertragung, des Zeichens dieser Liebe, die Lacan Marguerite entgegenbringt und deren Qualität uns an die Liebe des Johannes vom Kreuz zur heiligen Theresa erinnert.

Wenn man sie vom Fall selbst her betrachtet, hatte die Publikation der Doktorarbeit den Wert eines Symptoms: Lacan publizierte den Fall just in dem Augenblick, als er eine Version des Falls erahnte, die sich von derjenigen, die seine Doktorarbeit zur Geltung bringen sollte, unterschied. Indem man nun dieser Publikation als Nachweis von Lacans Übertragung auf Marguerite Rechnung trägt, wird es möglich, das »Symptomatische« dieser Niederschrift zu präzisieren, indem man es als »Sinthomatisches« schreibt. Lacan offenbart den Platz, den er in der Struktur eingenommen hat. Der Fall ist nicht auf seine Benennung als »Fall Aimée« oder als »Fall von Marguerite« reduzierbar, selbst wenn man damit den kollektiven Charakter dieses Wahns anzeigen möchte. Es handelt sich, untrennbar von diesem kollektiven Wahn, um einen Fall psychotischer Übertragung, im Sinne unserer Präzisierungen, und, wenn man so sagen will (und man kann es umso mehr, als er der einzig publizierte ist), um den Fall von Lacan. Die Publikation ist Teil des Falls, sie ist, wie alle Symptome in der Psychoanalyse, in die Übertragung verwickelt. Das will sagen, dass eine Angelegenheit mit der Publikation als solcher nicht zu Ende gebracht ist, sondern vielmehr dazu berufen ist, Fortsetzungen zu haben.

In Anbetracht dieser Fortsetzungen hoffen wir, besser präzisieren zu können, inwiefern die Publikation, als Akt der Liebe genommen, der sie auch ist, dem Wissenlassen in seinem Doppelsinn gedient hat: Übermitteln, aber auch Konstituieren von Wissen.

* Aus dem Französischen übersetzt von Aaron Lahl und
Alexandre Wullschleger mit Unterstützung von Franz Taplick
und Mai Wegener

1. Der Text ist der zweite Teil einer gekürzten und übersetzten Version des Kapitels »Du transfert psychotique« aus Allouch, Jean: *Marguerite ou l'Aimée de Lacan*. Paris 1990: EPEL. Der erste Teil der Übersetzung erschien im *RISS* Nr. 89
2. Lacan, Jacques: *Die Psychosen, Das Seminar, Buch III*. Wien 2016: Turia + Kant, Sitzung vom 4. Juli 1956, S. 365 [Übersetzung abweichend]
3. Ebd., S. 366. Diese »göttliche Erotomanie« wird von Lacan in seinem Kommentar des Falles in der Sitzung vom 1. 2. 1956 eingeführt. Ebd., S. 151
4. Ebd., Sitzung vom 13. 6. 1956. Dieser Andere ist »auf seine Weise« lebendig: fähig zum Egoismus, wenn er bedroht ist, behält er dennoch eine Andersheit, die ihn den Lebewesen fremd macht, besonders den vitalen Bedürfnissen »unseres Schrebers«.
5. Ebd., Sitzungen vom 23. 11. und vom 14. 12. 1955
6. Ebd., Sitzung vom 4. 7. 1956, S. 371 [Übersetzung abweichend]
7. Es geht nicht nur darum, das Wort oder gar den Akt zu erwähnen, den es bezeichnet, sondern um eine wirkliche Arbeit am Begriff. Gehen wir Schritt für Schritt vor. 30. 11. 1955 (Sitzung, aus der wir dieses Zitat beziehen [ebd., S. 51 f.]): Lacan unterstreicht, dass es sich nicht um einen unvoreingenommenen Zeugen (das Ideal der Wissensvermittlung) handelt, sondern um das, was er unter dem Begriff »paranoische Erkenntnis« einführte: Das Zeugnis fällt unter die »Dialektik der Eifersucht«. Dann: »Nicht umsonst heißt das Zeugnis im Lateinischen *testis*, legt man immer bei seinen Hoden schwörend Zeugnis ab. [...] gibt es immer Verpflichtung des Subjekts und virtuellen Kampf [...]. Diese Dialektik enthält immer die Möglichkeit, dass ich aufgefordert werde, den anderen zu annullieren, aus einem einfachen Grund. Sofern der Ausgangspunkt dieser Dialektik meine Entfremdung im anderen ist, gibt es einen Moment, wo ich in die Lage versetzt werden kann, selbst annulliert zu werden, weil der andere nicht einverstanden ist.« Ebd., S. 50 f., 11. Januar 1956: Lacan weist auf die Besonderheit von Schrebers Zeugnis durch den Unterschied zu dem des Heiligen Johannes vom Kreuz hin; bei Schreber haben wir »nirgends das Gefühl einer eigenständigen Erfahrung [...], in [welche; Anm. J. A.] das Subjekt selbst eingeschlossen ist – es ist, man kann es sagen, ein wirklich objektiviertes Zeugnis.« Ebd., S. 94. 8. 2.: Lacan vertieft diese Besonderheit: »Alles in allem könnte man sagen, dass der Psychotiker ein Märtyrer des Unbewussten ist, indem man dem Ausdruck Märtyrer seinen Sinn gibt, der jener ist, Zeuge zu sein. Es handelt sich um ein

offenes Zeugnis. Auch der Neurotiker ist ein Zeuge der Existenz des Unbewussten, er liefert ein verdecktes Zeugnis, das man entziffern muss.« Ebd., S. 157. Schließlich, am 25. 4. 1956, nimmt Lacan Stellung zum Empfang, der diesem Zeugnis vorbehalten ist: »Methodologisch sind wir also berechtigt, das Zeugnis des Wahnsinnigen über seine Stellung im Verhältnis zur Sprache zu akzeptieren, und wir müssen bei der Gesamtanalyse der Beziehungen des Subjekts zur Sprache davon Rechnung tragen.« Ebd., S. 247 [Übersetzung abweichend]
8   Ebd., Sitzung vom 30. 11. 1955, S. 52
9   Ebd., Sitzung vom 11. 4. 1956, S. 229
10 Vgl. Fußnote 7
11 Beispielsweise bezüglich der Angst, die Lacan definiert als Mangel ... des Mangels.
12 Ebd., Sitzung vom 25. 4. 1956, S. 244 [Übersetzung abweichend]
13 Ebd. [Übersetzung abweichend]
14 Ebd., Sitzung vom 30. 11. 1955, S. 52
15 Ebd., Sitzung vom 23. 11. 1955, S. 37
16 Vergleiche die Diskussion zum *Lapsus calami* »schizophrère« [Mischbildung aus *schizophrène* (dt.: Schizophrener) und *frère* (dt.: Bruder)], in Dupré, Francis: *La »solution« du passage à l'acte – Le double crime des sœurs Papin*. Toulouse 1984, Erès, S. 250
17 »Schreber [...] fragt: ›Haben Sie nicht hin und wieder Angst, verrückt zu werden?‹ Aber das ist ja durchaus wahr. Irgendeiner der guten Lehrer, die wir gekannt haben, hatte tatsächlich das Gefühl, wo ihn das denn hinführen würde, sie zu hören, diese Typen, die Ihnen den ganzen Tag lang so eigenartige Dinge loslassen.« Aus: Lacan, *Psychosen*, Sitzung vom 1. 2. 1956, 147 f. Was die Angst des Verrückten vorm Verrücktwerden angeht, genügt es, eines der Bücher aufzuschlagen, in dem ein Psychiater über seine Erfahrungen berichtet, um diese zum Ausdruck gebracht zu sehen. Man kann auch auf Thomas Bernhards sehr kurzen Bericht mit dem Titel *Wahnsinn* verweisen, um dort zu lesen, dass sich Bernhard für diese Angst in den Zeitungsmeldungen interessiert hat, die er infolgedessen zum Paradigma erhebt. Bernhard, Thomas: *Der Stimmenimitator*. Frankfurt a. M. 1987: Suhrkamp, S. 165
18 Lacan, *Psychosen*, Sitzung vom 8. 2. 1956, S. 161
19 Wie schon im ersten Teil des Essays (siehe *RISS* 89) begründet, übersetzen wir den Ausdruck *sujet supposé savoir* nicht. Im Französischen trägt dieser Ausdruck eine Ambivalenz: Wird das Wissen, das Subjekt oder beides unterstellt? Dass (auch) das Subjekt unterstellt wird, wird von vielen gängigen Übersetzungen

des *sujet supposé savoir* (z.B. »Subjekt, dem Wissen unterstellt wird« oder »Subjekt, das wissen soll«) unterschlagen. Anm. d. Ü.
20 Allouch, Jean: *Lettre pour lettre – Transcrire, traduire, translittérer*. Toulouse 1984: Erès, S. 184
21 Vgl. den Brief von Freud an Ferenczi vom 6. 10. 1910: »Mir ist das gelungen, was dem Paranoiker mißlingt.« Aus Brabant, Eva; Falzeder, Ernst und Giampieri-Deutsch, Patrizia (Hg.): *Sigmund Freud – Sándor Ferenczi – Briefwechsel*. Wien 1993: Böhlau, S. 313. Anm. d. Ü.
22 Lacan, Jacques: *Petit discours aux psychiatres*, unveröffentlichte Konferenz vom 10. 11. 1967. Ich habe diese Klinik des Psychoanalytikers ausgiebiger studiert, als es hier möglich ist. Vgl. Allouch, Jean: *Perturbation dans pernépsy*. In: *Littoral*. Nov. 1988, Heft 26, S. 63–86
23 Lacan: *Petit discours*. »Der gute Gott der Philosophen, wir haben ihn *causa sui* genannt, Ursache seiner selbst. Er [der Verrückte; Anm. J.A.], sagen wir er hat seine Ursache in seiner Tasche. Das ist, warum er verrückt ist.«
24 Indem ich mich auf die lacanianische Literatur zu den vier Diskursen bezogen habe, habe ich andernorts gezeigt, dass dieses Zurücklegen des Wissens eine konstituierende Wirkung für den analytischen Diskurs hatte und die bestimmende Konsequenz der Lehrzeit Freuds bei Charcot ausmachte. Vgl. Allouch, *Lettre*, S. 45–70
25 Lacan, Jacques: *Television*. Paris 1973: Seuil, S. 10
26 Lacan, Jacques: *Über die paranoische Psychose in ihren Beziehungen zur Persönlichkeit und Frühe Schriften über die Paranoia*. Wien 2002, Passagen, S. 169
27 Lacan: *Über die paranoische*, S. 264 f.
28 Titel des von Marguerite verfassten Romans. Anm. d. Ü.
29 Lacan: *Über die paranoische*, S. 182 [Übersetzung abweichend]
30 Lacan, Jacques: *Conférences et entretiens dans des universités nord-americaines*. In: *Scilicet*. 1976, Heft 6/7, S. 16
31 Lacan, Jacques: *Les non-dupent errent*, Sitzung vom 19. 2. 1974 [zugänglich unter: http://staferla.free.fr/]
32 Lacan: *Conférences*. S. 10
33 Die Selbstbestrafung schlägt eine Brücke zwischen dem *Passage à l'acte* und dem Appel an Freud via Alexander und Staub. Vgl. Lacan, Jacques: *Von dem, was uns vorausging*. In: *Schriften III*. Wien 1994: Quadriga, S. 10 [Übersetzung abweichend]. Zum Problem der Selbstbestrafung kann man auch in Dupré, *La »solution«*, Kap. 9 nachschauen.
34 Lacan: *Von dem*.
35 Lacan, Jacques: *Ich spreche zu den Wänden*. Wien 2013: Turia + Kant, S. 84
36 Lacan, Jacques: *Lacan in Italia*. Milan 1978: La salamandra, S. 42

37 Roudinesco, Élisabeth: *Jacques Lacan*. Wien 2011: Turia + Kant, S. 74
38 Allouch verweist hier auf eine spätere Diskussion dieses Problems. Vgl. Allouch, *Marguerite*, Kap. 16. Anm. d. Ü.
39 In den folgenden Absätzen sind die Ausführungen zu Lacans Kindheitserinnerung, wie seine Schwester Madeleine sich selbst »manène« nannte, gekürzt. Anm. d. Ü.
40 Lacan, Jacques: *L'insu que sait de l'une-bévue s'aile à mourre*. Sitzung vom 15. 2. 1977 [zugänglich unter: http://staferla.free.fr/]
41 *Lacan in Italia*, S. 42
42 Lacan: *Conférences*. S. 15
43 Lacan: *Von dem*. S. 9
44 Ebd.

REZENSIONEN

Sex, eine schöne Störung.
Zu Jean-Luc Nancys *Sexistence*.
Paris 2017: Galilée

Gianluca Solla

1. Seiner *Ethik* hat Spinoza eine Aussage großer Reichweite für die Frage nach Sexualität anvertraut: »Der menschliche Körper ist aus vielen Individuen (verschiedener Natur) zusammengesetzt, von denen jedes sehr zusammengesetzt ist. Von den Individuen, aus welchen der menschliche Körper zusammengesetzt ist, sind einige flüssig, andere weich und wieder andere hart. […] Der menschliche Körper braucht zu seiner Erhaltung sehr viele andere Körper, von welchen er fortwährend gleichsam wiedererzeugt wird« (*De Mente*, Postulate 1, 2 und 4, Übers. Jakob Stern). Diese Vorstellung eines Körpers, der aus anderen Körpern besteht, die unsichtbar und nicht wahrnehmbar bleiben, aber das Leben eines jeden Körpers ausmachen, hat unzählige Folgen. Dass ein Körper aus der Zusammensetzung *ex plurimis individuis* resultiert, gibt dem körperlichen Leben eine Komplexität zurück, die weder die anatomische noch die organische ist. Sie besteht mehr aus dem Rhythmus der Zusammensetzung und Kombinati-

on, der sich aus der Vielfalt anderer Körper ergibt, von denen wir meistens nichts wissen. So hängt die Kraft jedes einzelnen Lebens im Wesentlichen von einer ständigen Veränderung der Formen, ihren Zusammensetzungen und Zerlegungen ab, die das Leben annimmt. Die Kraft eines Körpers ist daher durch eine Reihe beweglicher Kräfte gegeben, die nicht nur von den inneren Beziehungen innerhalb dieses einen Körpers abhängen, sondern vor allem von dem, was diesem Körper begegnet und durch das er gestaltet wird. So ist die Wahrheit eines einzelnen Körpers untrennbar von der Vielzahl der Begegnungen, aus denen sich sein Leben zusammensetzt. So betrachtet, ist es schwer zu entscheiden, wo ein Körper anfängt und wo er endet, da er mit all seinen Beziehungen, Neigungen oder Abneigungen anderer Körper verflochten ist. Weit davon entfernt, fest in der Kapsel seiner vermeintlichen Individualität verankert zu sein, wird jeder Körper vom gesamten Leben der anderen Wesen durchzogen, jenseits unseres Wissens und unserer Vorstellungskraft.

2. Während der Lektüre von Jean-Luc Nancys *Sexistence* musste ich an dieses spinozianische Bild und seine unzähligen Implikationen denken. Denn die Postulate des zweiten Teils der *Ethik* scheinen in der Lage zu sein, die Komplexität der Körper und ihrer Beziehungen, die in der Frage des Geschlechts einen Ausdruck findet, auszuloten. Die Frage betrifft hier nicht die Tatsache, dass das Leben ein Geschlecht oder ein Sexualleben hat. Es geht vielmehr darum, dass das Leben an sich sexuell ist, d. h. dass es den Sex nicht als eine ihrer vielfältigen Aktivitäten hat, sondern dass es in wesentlichem Sinne sexuell ist. Von dieser Verbindung von Sexualität und Existenz zeugt nicht nur der Titel des Buches, sondern auch die schöne Formel, die Nancy erfindet: »*Je = sexe. Je s'exe, tu s'exes, nous s'existons*« (S. 119). Nichts bleibt beim Sex, wie es war. Das zwingt uns, immer wieder eine neue Sprache für den Sex zu erfinden und zu lernen, oder die alte und gewöhnliche in neuen Formen zu artikulieren. In Nancys Formulierung erscheint der Sex vor allem in dem Apostroph, der sich zwischen den Buchstaben des Worts »Sex« einschleicht und eine ungewöhnliche Form des reflexiven S erzeugt. Dieser Apostroph schleicht sich zwischen der grammatischen Person, dem Ich und dem Du und der eigenen Existenz ein: *s'exe*. In diesem zwischen den Buchstaben hochgestellten Komma, das der Apostroph ist, zeigt sich in der Sprache das Register einer Differenz, mit der so etwas wie Sex zusammenhängt. Denn die Schwierigkeit, Sexualität zu definieren, hat damit zu tun, dass die Sexualität der Treffpunkt irreduzibler Heterogenität ist, was man auch eine *Heterogenitalität* nennen könnte, aus der sich jedes Leben ernährt. Was wir gewöhnlich »Sexualität« nennen, ist das Bild eines Lebens, das da ist, bevor jemand in der Lage ist, »Ich« zu sagen. Ein Leben vor dem Ich, ein Leben, das vielleicht nicht nur menschlich ist, das aber in jedem menschlichen Leben vorhanden sein muss, sodass

es überhaupt Leben geben kann. Hier werden Dinge unvermeidlich glitschig, schwer fassbar, ja schlüpfrig. Und woher rührt diese schlüpfrige Seite, wenn nicht aus der Tatsache, dass die Sexualität die Anwesenheit von Anderen und sogar von etwas Anderem stets impliziert?

Heute verläuft die Sexualität mehr denn je zuvor zwischen Konsum und Zerstörung, zwei verschiedene Formen eines unmöglichen Erfassens, einer phantasmagorischen und unwirklichen Objektivierung, die sich selbst und ihre vermeintlichen Objekte zerstört. Wenn sie aber schwer fassbar und in der Tat schlüpfrig bleibt, dann, weil die Sexualität – wie Jean-Claude Milner in *L'œuvre claire* schreibt – »der Ort der unendlichen Kontingenz der Körper, [...] der Griff des unendlichen Universums auf den Körper des sprechenden Wesens [ist]«. Hier müsste »Kontingenz« als *cum tangere* gedeutet werden, als der Berührungspunkt, wo sich die Körper begegnen: ein Punkt, der das spinozianische Bild zum eigentlichen Schicksal der Körper macht.

3. Wenn das, was wir üblicherweise als Sexualität bezeichnen, nicht als eine Aktivität, die sich auf den eigenen Körper oder auf die Körper anderer bezieht, sondern als eine Kraftlinie durch die Existenz gedacht werden sollte, die die sexuelle Existenz der Körper pluralisiert, scheint mir Spinozas Vision substanzieller zu sein als das Heidegger-Lexikon, dem Nancy auch in diesem späten Buch seiner Produktion im Wesentlichen treu bleibt. Spinozas *Ethik* macht jeden Körper zu einer Kombination und Komposition von anderen ungewussten Körpern (ungewusst heißt hier: keine zentrale Instanz ist in der Lage eine Einheit des eigenen Körpers gegenüber der Komplexität solcher Kombinationen auszubilden). Diese Komposition, die wir zugleich Kontingenz nennen könnten, ist die eigentliche Formel der Selbstschaffung von Körpern. Dies geschieht nicht nur bei der Geburt, sondern in allen Momenten des Lebens. Wie Spinoza sagt, wird jeder Körper von den anderen Körpern »gleichsam wiedererzeugt«. Wenn Sexualität die Wahrheit eines jeden Körpers aussagt, dann weil jeder Körper aus der Verflechtung von Kraft- oder Fluchtlinien besteht, die sich unterschiedlich verhalten und kombinieren. Die Beziehung oder Nichtbeziehung der *plurimis individuis* darf allerdings nicht mit der Beziehung im zwischenmenschlichen Sinne verwechselt werden. »Sexualität« ist eher der Name für eine inner- und zwischenkörperliche Beziehung, die zugleich vormenschlich, vorsubjektiv und doch lebenslänglich ist, aus deren Potenz die Existenz in ihrer Singularität hervorgeht. Insofern gibt es keine Beziehung im Sinne von einer Verknotung des flüssigen, glitschigen und schmierenden Materials, aus dem der Sex besteht. Es gibt so was wie Beziehung einzig als Kapitulation gegenüber der schwer fassbaren und grundsätzlich unangemessenen Angelegenheit des Geschlechts, aus der die Körper bestehen.

Von diesem Standpunkt aus ist es einzigartig, dass für Nancy »Sex« die Figur eines *Treibens* zeichnet, das »durch das ganze Leben geht« und Ausdruck dessen ist, was Freud als »erotischen Trieb« bezeichnet hat. Jenseits jedes mechanischen Modells, auf das Freud von seinen eigenen Interpreten oft reduziert wird, ist »Trieb« der Faktor, der das Schließen des Lebens verhindert und jedes Leben für »einen Überschuss an Leben« (S. 30) offenhält. Bezeichnet »Sex« also die vielfältige und heterogene Materie, aus der die Körper bestehen?

4. Auf der Grundlage der Freud'schen Formel »Daimon und Tyche« identifiziert Nancy eine entscheidende Verbindung, um über diesen Überschuss nachzudenken, der dem Leben selbst immanent ist. Die Psychoanalyse hat mehr über die tödliche und unerwartete Begegnung der Tyche zu sagen als über den Dämon. Wenn jedoch jede einzelne Existenz etwas Einzigartiges und Unwiederholbares besitzt, wird sie gerade durch den Bezug auf den *daimon* ausgedrückt. Im Gegensatz zur Analyse hat die Philosophie oft den dämonischen Charakter des Eros als Topos ihrer Reflexion gewählt. In diesem Sinne wäre der Dämon die Figur dessen, was bei jedem vollkommen bekannt, dennoch fremd und namenlos bleibt: seine eigene Singularität, die man lebt, ohne sie auf etwas Bekanntes zurückführen und ohne sie sich aneignen zu können. In dem Sinne ist der Dämon die Figur einer Identifikation mit dem, was keine Identifikation je einholt. Im Antlitz des Dämonischen den geheimen Charakter des Eros zu entdecken, heißt von etwas zu sprechen, das einzig aus seiner eigenen Kraft besteht, denn der schreckliche und zugleich faszinierende *daimon* besitzt kein eigenes Sein. In gewissem Sinne ist er gezwungen, seine Macht auszuüben, um nicht einzugehen. Ein Dämon, und das gilt auch für den dämonischen Eros, kann nicht in der Reserve seiner Kräfte leben, sondern einzig in der *dépense* – in der unproduktiven Verausgabung – seiner verschwenderischen Art.

Genau mit diesem dämonischen Charakter des Eros – dem Sokrates die Fähigkeit zuschreibt, das Begehren auf die erhabenste Schönheit zu wecken – sollte der einzigartig unbestimmte Zug der Triebe verknüpft werden. Wie Nancy schreibt, findet der Trieb seine Bestimmung einzig in seiner »Unbestimmtheit«, die sich vor allem in der Unzulänglichkeit des Triebes gegen sich selbst manifestiert (S. 35). In der Tat ist jeder Trieb unzureichend für/an sich. Seine Kraft drückt ihn in eine genaue Richtung, doch er hat weder Zweck noch Ziel, mit denen er zusammenfallen würde. In dieser Formulierung ist der Trieb niemals identisch mit der Kraft, die ihn antreibt und mit der er einen Kontext erzwingt, in dem er sich einkeilt. Aus dieser Sicht ist jeder Trieb wiederum eine »Rissbildung«. Er ist zerrissen zwischen dem nicht vorgegebenen Ziel und dem Widerstand, auf den er stößt. Dieses Schicksal der Triebe wird in *Sexistence* zu einem Schicksal der *errance*. Dabei wird das gesamte

Lexikon des Fremdseins verwendet (der Trieb selbst wird als »étranger à soi-même« bezeichnet (S. 40)).

5. Neben dem Lexikon des Fremdseins zieht Nancy jedoch des Öfteren eine andere Semantik vor, nämlich diejenige der *Ek-sistenz* aus Heideggers Philosophie. Hier ist der Heideggersche Wortschatz des *ex* weitgehend vorherrschend: *existence, excitation, exaltation, exigence, excès, éjection, expulsion, exil …* Bemerkenswert ist diese Treue zu Heideggers Sprache, auch wenn Nancy erkennt, dass sie ein Denken impliziert, »das den Trieb wenig mobilisiert, sondern eher als dessen Auswirkung betrachtet werden kann: die Geworfenheit« (S. 37). Mir schien das teilweise der Versuch zu sein, eine ansonsten geschlechtsneutrale und beinahe graue Denkgeste wie diejenige Heideggers zu sexualisieren. In einem radikalen Sinne sollte jedoch Nancys Treue zur Sprache der Ek-sistenz angesichts der Bewegung der Differenz als sexueller Differenz verschwinden. »Sexuell«, könnte man sagen, ist der Name selbst des unendlichen Unterscheidens dieser Differenz, also einer Differenz, die in keiner Existenz aufgeht, sondern die gelebt wird, jenseits der biologischen Unterscheidung.

Es ist jene Kontingenz im Sinne des *cum tangere* der Körper, die zugunsten dieser Semantik der Ek-sistenz immer wieder aufgegeben wird. Wobei die energische Prosa von *Sexistence* zeigt, dass es sich nicht so sehr um ein Subjekt oder eine subjektive Erfahrung handelt, sondern vielmehr um die Zirkulationsarten einer erotischen Energie durch das Leben unter Singularitäten.

Denn der Sex hört nicht auf, auf einen Genuss Zeichen zu setzen: aber diese *jouissance/Freude/Genuß*, wie Alenka Zupančič zutreffend ausgedrückt hat, hört nicht auf »weit weg vom Subjekt« zu geschehen (S. 134). Dieses »weit weg« kennzeichnet eine Veränderung durch unsere eigenen Erfahrungen. Es ist vielleicht ein weiterer Aspekt dessen, was die Psychoanalyse unpersönlich nennt: *es, ça …*

Dass jeder Mensch »ein Punkt der Emission, des Empfangs und der Zerstreuung« ist, bedeutet, dass sich in solchen Punkten »un infini en acte« realisiert. Mit anderen Worten, es gibt eine gewisse Vorstellung der Welt als eine Offenheit, die einen »Handel« der Sinne ermöglicht, wie Nancy uns in seinen vorherigen Büchern zu denken aufgegeben hat. Dies ist eine Öffnung für »Transaktionen und nicht beendbare Verhandlungen«, die mit einem anderen Lexikon als dem existentialistischen Heideggers neu gedacht werden sollten (S. 57).

Es bleibt dabei zu hinterfragen, wie das heideggerianische Vokabular des *ex* und eine Vorstellung des Begehrens als Mangel und zugleich als Transzendenz zum anderen zusammengeschweißt werden. Es scheint mir, dass diese Position dazu führt, Sex als einen anderen Namen für den Austritt des Selbst aus sich selbst zu verstehen. Dies ist jedoch, trotz aller Betonung der Freisetzung, letztlich eine Wette, die auf die vermeintlichen Grenzen der Existenz ausgerichtet ist. Es ist eine Idee des Daseins, das stets an seine Grenzen gebunden ist, und nicht das Wagnis einer unbewussten Unendlichkeit, die ein einzelnes Leben als solches bildet. Hinter jeder Geburt und jeder Erneuerung steht die Vorstellung, dass eine solche Eröffnung des Daseins jenseits seiner Grenzen von einem *ex nihilo* ausgeht (S. 72). Begehren bedeutet hier Mangel, wenn nicht von etwas, zumindest Mangel an etwas Grundlegendem. Das sage ich explizit im Gegensatz zur Semantik des Begehrens als Mangel, die bei Nancy trotz aller Hinweise auf Freude, Lust und Genuss vorherrscht. Dies scheint mir eine Position des Begehrens, die verhängnisvoll, wie Nancy selbst schreibt, »nichts anderes erreicht als ihre eigene Flamme, ihre eigene Verschlingung, ihre Erschöpfung, ihre Entkräftung« (S. 91). Was hier fehlt, ist die Einsicht, der zufolge nichts im Leben fehlt und dass das Leben an nichts fehlt. Denn Dinge wie Lebende stehen immer in dieser immanenten Öffnung des Lebens.

6. Wo der Überschuss als Transzendenz betrachtet wird, wird Exzess selbst nicht als eine immanente Bewegung des Lebendigen, die von einem Lebenden zum anderen zirkuliert, anerkannt, sondern als »Transzendenz« gedacht (S. 94). Hier besteht die Gefahr, dass Nancys Beitrag bestenfalls eine große Philosophie der Endlichkeit bleibt. Und ich frage mich, ob eine solche Position in der Lage ist, die Sexualität zu denken, ohne ein altes männliches Modell des brennenden Begehrens bis zur Erschöpfung und zum Tode zu reproduzieren.

Nancy zufolge wird am Ende der erotische Exzess Teil einer dialektischen Kombination, nach der ein Erschöpfungszustand unweigerlich folgt. Dadurch wird suggeriert, dass der Exzess jedes Leben nur erschöpft verlassen kann und somit dessen Endlichkeit eindeutig zeige. Hat der exorbitante Charakter der Liebesversprechens (der gleiche Charakter, für den der Verliebte verspricht, endlos zu versprechen, und der Liebhaber eine uneingeschränkte Freude verspricht, wie Nancy schreibt (S. 18)) nicht mit dem zu tun, was jedes Leben ohne es zu wissen lebt? Mit dem Anderssein, das jedes Leben ausmacht, mehr als mit dem Mangel, also mit dem, was vermisst werden kann?

7. Das Englisch aus Shakespeares Zeit benutzte das Wort *Thing*, um das Sexualorgan des einen und des anderen Geschlechts anzuzeigen. Manchmal wurde es als Synonym für Penis verwendet und dann bezog sich das Wort *nothing* auf die Vulva (oder den After). *Thing* ist ein Wort der Bestimmtheit – diese Sache da, zweifelsohne – und zugleich zeugt es von einer extremen Unschärfe. Das zeigt *Otello*, als Emilia zu Iago sagt, dass sie ein *Thing* für ihn hat, wobei sie das Taschentuch meint, während er eine erotische Einladung versteht. Vielleicht könnten wir sagen, dass Präzision und Unbestimmtheit die eigentlichen Schritte der unendlichen Bewegung von Sex und Sexualität sind. Hier ist das eingangs erwähnte spinozianische Bild des Körpers, der aus unzähligen Teilchen besteht, hilfreich. Vielleicht ist jedes Teilchen

Thing und gleichzeitig *Nothing*. Das bedeutet aber, dass das eigentliche Leben der Körper und der Körperteile jenseits des anatomischen Wissens und der Zuteilung von Funktionen und Bedeutungen verläuft. Jedes Teilchen kann nämlich alles werden. Es kann zum Beispiel zu erogener Zone werden. Der sexuelle Trieb materialisiert sich nicht in einem Organ, sondern ist so etwas wie eine Bewegung, die den Körper in allen seinen Teilen durchquert und neu kombiniert. Das Sexuelle am Leben ist nicht organisch bestimmt und nach Organen und Funktionen geteilt. Das heißt, dass sich das Triebleben als »Pluralordnung« gestaltet: »Der Sex leitet eine Schubkraftdifferenzierung ein, die derjenigen folgt, die das Leben in die Energie der Physis einführt« (S. 136).

»Pluralordnung« heißt hier, dass der Sex, obwohl er von Instanzen umgeben ist, die ihn regeln wollen – Sitten, Kirchen, Moden ... –, immer etwas mit der Verwirrung zu tun hat. Wenn die Etymologie des Wortes Sex zur Trennung des *secare* zurückführt, schafft diese Trennung doch keine Ordnung. »Der Sex ist nicht nur beunruhigend, er trübt sich selbst, er ist essentiell betrübt – was der Idee von Essenz widerspricht« (S. 137). Diese Störung oder Verstörung [*trouble*], die die Sache so betrübt [*trouble*] macht, gehört zum Wesen der Sache Sex. Das, was die ruhige Ordnung (der Sitten und der Geschlechter) trübt, trübt auch das Wesen, an dem man den Sex an einem seiner Enden hätte greifen können – vorausgesetzt man will

Klarheit. Das Thema bleibt wenig objekthaft, vielmehr glitschig und ungreifbar, denn es mangelt an einer schön definierten Essenz. Bei der linguistischen Vielfalt der Sprünge zwischen den Sprachen, zwischen *trouble* und Störung, wird der *trouble* zur Verwirrung, zum Durcheinander, aber auch zur Aufregung und im politischen Sinne zum Aufstand. Dieser zwischensprachliche Übergang, der eigentlich kein Übergang, sondern ein Sprung ist, ist zugleich vielleicht das beste Beispiel für das Durcheinander, das zum Sex gehört und das weder Synthese (Zusammenfügung) noch Beziehung ist, sondern verwirrende Gleichzeitigkeit des Heterogenen. Stellt aber genau dieser große *trouble*, der nicht aufhört, weil er nie angefangen hat, nicht die verstörende, aber uns am nächsten stehende Figur einer Unendlichkeit dar, in der neue Kombinationen, Veränderungen und Rhythmen den Anfangspunkt ihrer Entfaltung ohne Ende finden?

Michel Foucault: *Les aveux de la chair: Histoire de la sexualité IV*, Paris 2018: Édition Gallimard

Joseph Vogl

Wie in anderen Büchern Foucaults geht es auch in diesem vierten, aus dem Nachlass veröffentlichten Band der *Geschichte der Sexualität* weniger darum, Quellen zu interpretieren, vielmehr kommen die in den Diskursen enthaltenen Problemstellungen zu Wort. In den *Geständnissen des Fleisches* folgt man einer doppelten Stimmführung, mit der sich die Texte der Kirchenväter – von Clemens von Alexandrien bis zu Augustinus von Hippo – im Resonanzraum von Foucaults Kommentaren entfalten. Dies geschieht ohne den Gestus der Denunziation. Es gibt allenfalls eine verhaltene Komik in der Beschreibung von sexuellen Verhaltensregeln oder theologischen Spitzfindigkeiten, wodurch eine Fernnähe des Gegenstands erzeugt wird und gegenwärtige Geschlechterverhältnisse in einen Bereich geschichtlicher Unkenntlichkeit verrückt werden.

Dabei hielt das gesamte Projekt einer *Geschichte der Sexualität* für Foucault einige Überraschungen bereit. Denn nach der Veröffentlichung des ersten Bandes mit dem Titel *Der Wille zum Wissen* (1976)[1], eine Art Exposé dieses Versuchs zur Untersuchung der Entstehung des Sexualitätsdispositivs, sah sich Foucault genötigt, eine radikale Wende in der Ausrichtung seines Forschungsfelds zu vollziehen. Die zentrale Fragestellung hatte gelautet: Wie hat sich eine moderne *scientia sexualis* formiert, wie kam es zur diskursiven Explosion der Reden über den »Sex«? Nach Fertigstellung dieses ersten Bands geriet Foucaults Untersuchung jedoch in einen historischen bzw. »genealogischen« Regress – in weiten Schritten vom 19. Jahrhundert über das Christentum bis zur römischen und griechischen Antike zurück. Das mag den großen Abstand zwischen dem ersten Band und den folgenden Bänden erklären, die erst 1984, im Jahr seines Todes, erschienen: *Der Gebrauch der Lüste*[2] und *Die Sorge um sich*.[3]

Während das gesamte Vorhaben von der Frage nach den Verhältnissen zwischen Wissen, Macht und Subjektivierungsweisen geleitet wird, nehmen *Die Geständnisse des Fleisches* eine besondere Stellung ein: Der Band füllt die Lücke zwischen der antiken Selbstsorge, der Diätetik der Lüste und dem modernen Sexualdispositiv. Mit der zunehmenden Institutionalisierung des Christentums im späten Römischen Reich werden Fragen der *aphrodisia* wie Ehe, Fortpflanzung und Lustempfinden in einem breiten Spektrum präskriptiver Literatur – Predigten, Ratgeber, Briefe, Anweisungen, Vorlesungen – keineswegs einem verschärften oder strengeren Regime unterworfen. Mit der Übernahme stoizistischer Regelwerke in der Literatur der Kirchenväter vom 2. bis zum 5. Jahrhundert wird vielmehr ein Wechsel im Gegenstand und in der Zielsetzung christlicher Interventionen vollzogen. Das betrifft, nach Foucault, erstens Beichtpraktiken und eine Disziplin der Buße, die im monastischen Raum ein Diktat dauerhafter Selbstprüfung installierten. Zweitens haben die Maximen von Keuschheit, Reinheit und spiritueller Allianz mit Gott eine Wachsamkeit gegenüber den heimlichen Kommunikationen zwischen Seele und Körper aufgerufen, also gegenüber Regungen des verführbaren »Fleisches«. Drittens wurde mit der politischen Frage nach dem Verhältnis von mönchischer Erfahrung, asketischen Idealen und weltlichem Alltagleben eine Aufwertung von Ehe und Familie vollzogen, die zu einer »Libidinisierung« von Lüsten führte. Gerade am Beispiel von Augustinus hat Foucault gezeigt, wie die antike Ökonomie der Lüste durch die Beobachtung sexueller »Libido« bzw. Begierde abgelöst wurde, in der sich der Einbruch unwillkürlicher Regungen – die Erektion, die Scham – nicht nur als Revolte des Fleisches, sondern als Selbstverfehlung des Wollens manifestiert, als neues und intensives Band zwischen Begierde und Subjektstruktur.

Damit hat Foucaults Untersuchung eine Topographie entworfen, die – so scheint es – von den Diskurselementen des späteren Sexualdispositivs besetzt werden konnten. Aus den Praktiken der Beichte und der Buße ist das spätere »Geständnistier« hervorgegangen, jenes Wesen, das seine Subjektform am Leitfaden insistierender Befragungen und Selbstbefragung gewinnt. Der Komplex des sündigen Fleisches wiederum hat Raum geschaffen für die modernen Expertisen der Sexualpathologie, für die Artistik der Vervielfältigung und der minutiösen Unterscheidung von sexuellen Abweichungen, Normwidrigkeiten und Perversionen. Schließlich hat die christliche Anatomie von Seelenkräften wie Begierde und Libido eine Anschlussstelle hergestellt zur Analytik jenes begehrenden Subjekts, das sich selbst in den dramatischen Wechselfällen seines Triebschicksals erfährt. Nicht zuletzt hat Foucaults dezente und profunde Studie auch seine Machtanalysen konsequent fortgeführt und mit dem Entwurf christlicher Pastoralmacht den Horizont umschrieben, vor dem sich die aktuelle »Sexuierung der Macht« samt der ungelösten Kämpfe um Emanzipation, Identitätspolitik, Normativitätsverlangen und polizeiliche Sanktionen entfaltet.

---

* Der hier abgedruckte Text basiert auf einem Rundfunkgespräch zwischen René Aguigah und Joseph Vogl, *Die Begierde als revoltierendes Element*, in: *Deutschlandfunk Kultur*, 25. 2. 2018.

1 Bd. 1: *La volonté de savoir*. Paris 1976: Gallimard; dt. *Der Wille zum Wissen*. Frankfurt a. M. 1983: Suhrkamp
2 Bd. 2: *L'usage des plaisirs*. Paris 1984: Gallimard; dt. *Der Gebrauch der Lüste*. Frankfurt a. M. 1986: Suhrkamp
3 Bd. 3: *Le souci de soi*. Paris 1984: Gallimard; dt. *Die Sorge um sich*. Frankfurt a. M. 1986: Suhrkamp

Illouz, Eva: *Warum Liebe endet. Eine Soziologie negativer Beziehungen*. Übersetzt von Michael Adrian, Berlin 2018: Suhrkamp, 447 Seiten

Johannes Kleinbeck

Ausgehend von einem psychoanalytischen Denken wäre es zunächst naheliegend, Eva Illouz' in der Übersetzung von Michael Adrian erschienene Studie mit dem Titel *Warum Liebe endet* kopfschüttelnd beiseitezulegen. Naheliegend wäre das vielleicht zunächst, weil die sich häufig auf Axel Honneth berufende Soziologin hier wie in ihren bisherigen, zahlreichen Schriften zur Liebe im Zeitalter des Kapitalismus davon auszugehen scheint, Affekte, Emotionen und sexuelle Begierden ließen sich zumindest prinzipiell wie eindeutig bestimmte, widerspruchslose, auf einzelne Personen reduzierbare Einheiten beschreiben. Freuds Begriff der Übertragung, der Gefühlsambivalenz, aber auch seine allzu häufig als versicherndes Credo zitierte, eigentlich aber nur als vorsichtige Vermutung formulierte Überlegung, »etwas in der Natur des Sexualtriebes« könne der »vollen Befriedigung« vielleicht »nicht günstig« sein, sind Illouz' Prämissen gewiss nicht. Vielmehr wirft sie schon in der Einleitung einer von ihr nie genauer bestimmten »Psychoanalyse« vor, die »emotionale Ungewissheit im Bereich von Liebe, Romantik und Sexualität« zu essenzialisieren und so deren geschichtliche Bedingtheit durch »gesellschaftliche Strukturen« zu verkennen. Hatte ein vergleichbarer Vorwurf bei so unterschiedlichen Autoren wie Wilhelm Reich, Herbert Marcuse oder Gilles Deleuze noch dazu geführt, die sexuelle Befreiung gegen die Sexualmoral des Kapitalismus und seine Triebstrukturen zu propagieren, weist Illouz in ihren materialreichen Analysen in eine entgegengesetzte Richtung: Gerade im Zuge der »sexuellen Befreiung« sei die Sexualität zu einer »Ware« geworden, die in einer »wettbewerbsorientierten sozialen Arena« durch »Zurschaustellung von Körpern einen Mehrwert bezieht«: »Ironischerweise stellt also nicht die Sexualität das Unbewusste der Konsumkultur dar, sondern die Konsumkultur ist zu jenem unbewussten Trieb geworden, der die Sexualität strukturiert.« Aus diesem Wandel entstehe eine »soziale Form«, deren Beschreibung und Deutung im Zentrum von Illouz' Studie steht: »eine neue Form von (Nicht-)Sozialität«, nämlich eine ihr zufolge gegenwärtige, allseits beobachtbare Tendenz, verbindliche Beziehungen in der Liebe aufzulösen, aufzuschieben oder prinzipiell zu vermeiden. Diese »Flüchtigkeit« und »Desorganisation des Privat- und Intimlebens« wird hier demnach nicht wie häufig in der Soziologie auf eine mangelnde Zugehörigkeit zu einer Gemeinschaft oder Religion zurückgeführt. Vielmehr habe Illouz zufolge die »Institutionalisierung der sexuellen Freiheit mittels Konsumkultur und Technologie« im Zuge von Tinder & Co »die Substanz, den Rahmen und das Ziel« emotionaler Beziehungen grundlegend erschüttert. Zwar laufe beim unverbindlichen Sex jetzt zumeist »alles rund«, dafür trenne sich das sexuelle Begehren aber zunehmend vom »emotionalen Feld«, auf dem nunmehr eine radikale »ontologische Ungewissheit« und ein für das kapitalistische Konsumverhalten charakteristisches Wahl- und Entscheidungs-Unvermögen herrsche. Auch wenn Illouz den Selbstdarstellungen ihrer Interviewpartner/innen, auf die sie sich in ihren Analysen stützt, vielleicht hin und wieder allzu großen Glauben schenkt, kommt sie zu einem erwägenswerten Befund: Der zunehmenden, von Illouz sogenannten »Kompetenz« im Geschlechtsleben korrespondiere heute ein als Leiden erlebtes »Schwanken der Gefühle«. Illouz' wiederholter Hinweis darauf, dass die »sexuelle Befreiung« zu einer Konsumlogik der sexuellen Praktiken und nicht zuletzt zu einer allgemeinen »sexuellen Abwertung« der Frauen geführt habe, lässt an Freuds *Beiträge zur Psychologie des Liebeslebens* denken, in denen er Anfang des 20. Jahrhunderts nicht nur die »allgemeinste Erniedrigung« der Frau, sondern auch die sexualmoralisch bedingte Aufspaltung von Gefühls- und Sexualleben verhandelt hat. Ausgehend von diesem heute immer noch so wichtigen, aber auch einer kritischen Aktualisierung harrenden Text lässt sich nicht nur Illouz' *Warum Liebe endet* problematisieren, sondern auch einige Fragestellungen für ein Denken ableiten, das sich anders als Illouz der Psychoanalyse verpflichtet fühlt:

Mit Blick auf die *Beiträge* lässt sich nämlich Illouz' allzu schablonenhafter Abgleich mit der »vormodernen« Ehe, die noch eine vergewissernde »Rahmung« der Liebeswahl und ein eindeutiges »Skript« beim Liebeswerben ermöglicht habe, nur schwer anders denn als Konservatismus oder analytische Ungenauigkeit einordnen. Schließlich hatte Freud gezeigt, dass im Wien der Jahrhundertwende die vermeintliche Verbindlichkeit der Sexualmoral sowie die »sozialen Form« der Ehe zu einem zumindest ähnlichen, »allgemeinsten« Schicksal des Liebeslebens, nämlich zu einer Spaltung zwischen dem geführt hatte, was er »Zärtlichkeit« und »Sinnlichkeit« nennt. Mit dieser Feststellung, wie auch mit der für gesellschaftliche Zusammenhänge etwas blinden Gewissheit, das Sexuelle führe eben wesentlich stets zu irgendeinem Trouble, gilt es sich nun aber nicht in den Sessel zurückzulehnen. Auch wenn man diese Prämisse teilen möchte, gälte es, ohne Illouz' uneingestandener Nostalgie, die gegenwärtigen Ausprägungen dieser »sexuellen Differenz«, ihre gesellschaftlichen, technologischen und systemischen Bedingtheiten, die mit ihnen verbundenen Formen der Gewalt sowie die impliziten oder ganz expliziten Ausschlüsse, Benachteiligungen und Erniedrigungen zu denken. Gerade hierfür kann aber Illouz mit ihren Analysen und Deutungen eine hilfreiche Stichwortgeberin sein, von der sich das eigene Denken herausfordern lässt. Im Sinne von Marie-Luise Angerers *Vom Begehren nach dem Affekt* könnte man etwa versuchsweise fragen, ob sich die von Alenka Zupančič in ihrem jüngst veröffentlichtem *What is Sex?* so luzide beschriebene »sexuelle Differenz« heute vorwiegend als eine »emotionale Differenz« ausprägt – während das gegenwärtige, von Illouz sogenannte »Handlungsfeld« der »Sexualität« zunehmend als der zumindest verhoffte Ort einer möglichen Selbst-Vergewisserung verhandelt wird. Wäre eine solche Überlegung zur Gegenwart zutreffend oder unzutreffend? Und rührt all das oder rührt es nicht, so könnte man sich weiter fragen, an die bisherigen Grenzen der Psychoanalyse und ihrem Schibboleth?

Geneviève Fraisse, *Einverständnis: vom Wert eines politischen Begriffs*. Wien 2018: Turia + Kant

Nadine Hartmann

›Explizites Einverständnis‹ ist seit Mitte vergangenen Jahres in Schweden per Gesetz erforderlich, damit ein sexueller Akt nicht als Vergewaltigung gilt. Hier zeigt sich, was Geneviève Fraisse, Philosophin und ehemalige Abgeordnete des Europäischen Parlaments, meint, wenn sie von den »›Ambitionen‹ des Einverständnisses« (S. 127) spricht. Denn ist nicht das Einverständnis Grundstein demokratischer Subjektivität überhaupt? Definiert sich der Bürger nicht »über einen singulären Akt, eine Geste der Übereinstimmung zwischen Ich und Ich, zwischen dem Ich und dem Rest der Welt?« (S. 14)

Schon früh stellt Fraisse dabei fest, dass der Gesellschaftsvertrag einen Geschlechtervertrag impliziert, ja dieser einer patriarchalen Gesellschaft doch immer zugrunde liegen muss. Frauen etwa, die sich ohne Zwang, mit explizitem Einverständnis prostituieren, zeigen, dass »›Ja‹ zu sagen [...] subversiver« sein kann, »als ›Nein‹ zu sagen« (S. 14). Auf der anderen Seite steht der Fall der Zwangsprostitution, an dem die Grenzen des Einvernehmens erkennbar werden, etwa in dem Gesetz der Vereinten Nationen, nach dem eine von den Betroffenen geäußerte Zustimmung zum Menschenhandel keine Gültigkeit hat, ein Einverständnis ist hier also vor dem Gesetz irrelevant.

In der Liebe ebenso wie in der Vergewaltigung bleibt ein ausdrückliches Einverständnis aus, im Falle der stummen Romantik, des »stillen Einvernehmens« oder eben des »Sie wollte es doch auch«. Und hier wird besonders deutlich, dass das Einverständnis, wie Fraisse zeigt, weder zum ethischen noch zum politischen Argument taugt, eben weil es sich nicht zum Vernunftakt herunterkochen lässt. Das Einverständnis ist nämlich nicht auf Sprache reduzierbar, in ihm liegt – und hier blendet die deutsche Sprache, die den »Verstand« in das »Einverständnis« geschummelt hat – *consentir* – das Empfinden – *sentir* –, »ein sinnliches, materielles, körperliches Moment« (S. 164) aus. Die Sexualität drängt uns diese Dimension auf und macht es beinahe unmöglich, sie durch ein explizites verbales Einverständnis einzuhegen. »Etwas Stillschweigendes, etwas Stillgehaltenes lässt eine gewisse Irritation aufkommen.« (S. 162 f.) Und diese Irritation gilt es für Fraisse anzuerkennen und auszuhalten.

Trotz des brisanten Themas bleibt das Buch bemerkenswert unaufgeregt; in kleinen Schritten geht Fraisse den historischen Einschreibungen in den Begriff des *consentement* nach. Abgesehen von der Diskussion von

John Miltons früher Einforderung eines Rechts auf Scheidung bewegt sich Fraisse dabei größtenteils in einem französischen Kontext. Von Rousseau über Fourier zu Octave Mirabeau durchziehen grundlegende Ideen der französischen Aufklärung wie die des Gesellschaftsvertrags und der *volonté générale* die Untersuchung.

Sehr französisch auch die Berufung auf einen Herren-Kanon. Wenn Fourier wie Engels bereits die Fallstricke der Ehe für die Frau erkannten und die Institution als solche damit als mindestens so ausbeuterisch wie die Prostitution bezeichneten, wäre Claire Demars radikalere Auffassung der Ehe als legaler Prostitution für Fraisses Fragestellung doch mindestens genauso relevant gewesen. Fraisse, die sich im Vorwort in die historische Tradition Simone de Beauvoirs stellt und ihr Post-68er Engagement im *Mouvement de libération des femmes* betont, findet mit Ausnahme von Monique Wittig offenbar wenige Positionen feministischer Theorie für ihr Thema anschlussfähig.

Auch hätte man gerne mehr konkrete Beispiele von Fraisse diskutiert gesehen. Die von ihr immer wieder betonte Ambivalenz, die das Einverständnis auf mehreren Ebenen begleitet – zwischen Innerlichkeit und Äußerlichkeit, zwischen Wunsch und Willen, zwischen Individuum und Kollektiv –, ist eben keineswegs abstrakt. Scheidung, Kopftuch, Prostitution, Vergewaltigung – die Leserin wird wiederholt angehalten, diese Themen mitzudenken, muss jedoch mögliche Anwendungen von Fraisses Überlegungen selbst interpolieren.

Der Text, zuerst 2007 in Frankreich erschienen, ist um ein Nachwort der Autorin aus dem Mai 2017 erweitert worden; das große Beben um *#MeToo* und, in Frankreich, *#BalanceTonPorc* konnte Fraisse somit nicht mehr erfassen, doch etwas scheint in den zehn Jahren zwischen den beiden Ausgaben passiert zu sein, das sie dort explizit Stellung beziehen lässt. Hatte sie schon zuvor angedeutet, dass sie Judith Butlers »Ethik der Sexualität«, die eine »Metaphysik des Geschlechts« ablösen will, ablehnt, wenn sie über *Gender* sagt, dass es »eben das Geschlecht zu sehr verschleiert« (S. 11), so wird im Nachwort schließlich deutlich, wo Fraisse im Generationenkonflikt zwischen zweiter und dritter Welle des Feminismus steht. Sie gelangt vom »Ja« des Einverständnisses zum »Nein« (heißt »Nein«): Die Frau ist noch immer nicht »der Bürger« und somit gilt es für sie, eine Position des Außen zu besetzen. Und hier kommen die Radikalfeministinnen zu Wort, Valerie Solanas und Monique Wittig in ihren konsequenten Forderungen, den Gesellschaftsvertrag, dem eben der Geschlechtervertrag inhärent ist, gleich ganz aufzukündigen. Oder etwas nuancierter, wie es die amerikanische Künstlerin Coco Fusco im (fiktiven) Dialog mit Virginia Woolf vormacht, die Integration der Frau im maskulinen Raum, im Mittun bei militärischer Gewalt etwa, zu analysieren und zu problematisieren.

Die subtile Argumentation dieses kurzen Buchs, das immerhin das Einverständnis als »Konstruktion einer Welt« (S. 17) verstehen will, bietet einen leisen Beitrag zu der so dringend nötigen Theoretisierung jener aktuell so laut geführten Debatten um Geschlecht, Sexualität, Gewalt, Macht und Selbstermächtigung.

Laurent de Sutter: *Metaphysik der Hure*. Übersetzt von Ronald Voullié, Berlin 2018: Merve[1]

Karl-Josef Pazzini

Laurent de Sutter, seit 2012 Professor für Rechtstheorie an der Vrije Universiteit Brussel, setzt *die Hure* als Aktivistin für die Suche nach der Wahrheit. Das Buch ist in 51 meist 1 2/3-seitige Paragrafen unterteilt. Oft wird im Text *die Hure,* wie zum Dank für die Anregung, idealisiert zur Existenzform der Wahrheit.

Gelesen habe ich auf der Folie meiner psychoanalytischen Arbeit mit einigen Analysantinnen, die als Prostituierte arbeiten. Selten wurde mir so klar, dass die Frage der Wahrheit mein analytisches Arbeiten bestimmt. Angefangen bei der Frage, welche Art von Prostitution der Analytiker betreibt. Nun ist Prostitution schon öfter als Vergleich für die Psychoanalyse herangezogen worden; da sie gegen Geld getan wird, kommt verstärkt die Frage auf, wie es um die Echtheit der Hinwendung, der (Übertragungs-)Liebe, um die Wahrheit bestellt ist. De Sutter bringt mich auf die Idee zu fragen, ob ein Analytiker nicht nur etwas mit Prostitution zu tun hat, sondern auch mit Zuhälterei. »In ein Bordell zu gehen oder eine

Hure zu sich nach Hause kommen zu lassen, bedeutet, lange Jahre der Psychoanalyse in einer winzigen Sekunde zu konzentrieren – in einer Sekunde, an deren Ende eine Antwort auf die folgende Frage gegeben werden muss: Che vuoi? »Was willst du?« Bei dieser Antwort schlägt jede Hure wie ein Echo eine andere Antwort vor, die sich um die Bedeutung dreht, die der Freier bereit ist, der Wahrheit seines Begehrens beizulegen – eine Antwort, die aus einem einzigen Wort besteht: *soundsoviel*!« (S. 91)

Die Wahrheit stand in den erwähnten Kuren im Zusammenhang mit Gewalt, Drogen, Abhängigkeit, Müdigkeit, neben dem Prickeln, der Lust, dem Genuss, der Neugier, der Ferne in der Nähe und manchmal auch umgekehrt.

Als Figur, als theoretische Spielform wird bei de Sutter die Metaphysik der Hure zu einer außerordentlichen Anregung für das bekannte Junktim der Psychoanalyse:

[…] »man konnte nicht behandeln, ohne etwas Neues zu erfahren, man gewann keine Aufklärung, ohne ihre wohltätige Wirkung zu erleben. […] Nur wenn wir analytische Seelsorge betreiben, vertiefen wir unsere eben dämmernde Einsicht in das menschliche Seelenleben. Diese Aussicht auf wissenschaftlichen Gewinn war der vornehmste, erfreulichste Zug der analytischen Arbeit.«[2]

Die Metaphysik ist das, was hinter den Büchern über die Physik noch kommt. Ein solches Buch liegt hier vor. Die Physis des Wortes, seine verblüffende Wirksamkeit ist in der Übertragung nur durch etwas hinter, nach, jenseits derselben begreifbar, eben auch Metaphysik.

De Sutters *Metaphysik der Hure* konfrontiert mit den Versuchen, der Rätselhaftigkeit des Triebs eine Artikulation zu geben, und zwar als Ausnahme, als Parallelproduktion in einem Reservat, ein Jenseits im Diesseits, außerhalb der Formen, die der emotionalen Bindung Dauer und Wiederholung verleihen, aber auch aufzwingen. Das Bordell, der Kontakt zu Huren ist eine Art Freihafen. Deren Darstellung findet der Autor z. B. bei Bukowski, Godard, Baudelaire, in der Bezugnahme von Berg und Adorno aufeinander, sowie in der Verknüpfung von Joyce und Lacan, Genet und Lacan, sowie bei Vollmann und Chester Brown.

Im Weiterschreiben wird die Physis der Hure metaphysisch. Das Begreifen und die damit verbundene Lust wären allein physisch nicht greifbar.

Von Anfang des Buches an wird klar: Psychoanalyse hat mehrere Momente mit dem Setting, in dem die Hure wirkt, gemeinsam. Das Buch hat zunächst seitlich und untergründig mit Psychoanalyse zu tun. Ab Paragraf 30 auch explizit. De Sutter schreibt mit der Psychoanalyse weiter mit Joyce und Lacan. Vom *Sinthom* sagt er:

»Das ist etwas, was geschieht [im Unterschied zum Symptom, das auf etwas verweist, kjp] – und dieses etwas, so verschwommen, so unbestimmt es auch sein mag, löst ein plötzliches und schmerzhaftes Hereinbrechen der Wahrheit aus. […] Nun ist die Wahrheit als ›halb sagen‹ [mi-dire], als obskures Objekt eines Begehrens, das sie immer wieder anstachelt und dessen Befriedigung sie immer wieder ablehnt, für Lacan der andere Name der FRAU. Die FRAU ist das nicht existierende Reale, auf das man bei der Suche nach der Wahrheit immer wieder stößt. […] Doch vielleicht hätte Lacan etwas genauer sein sollen: Die Frau, um die es geht, jene, die gleichzeitig das Reale und die Wahrheit, die es trägt, verkörpert, ist nicht irgendeine. Diese FRAU ist die Hure, also jene, die – wenn Lacan damit recht hat, zu sagen, dass ›das einzige, was etwas Reales hat, die Grenze des Niedrigen ist‹ – das bewohnt, was man das *Bordell des Realen* nennen muss.³ Das Bordell ist der Ort des Realen in der Welt, die voll und ganz imaginär ist – das heißt voll und ganz strukturiert durch die Unterscheidungen, die von der Polizei im Namen einer Realität vorgenommen werden, die nur das ist: ein Name. […] *Das Bordell ist die Parodie der Stadt* – und das ist von jeher von allen, für die es nur eine geordnete Wahrheit, eine normierte Zeit und einen geteilten Raum gibt, als unerträglich empfunden worden. Das Bordell ist dort, wo es geschieht, ob es sich nun um das Gebäude, das Zimmer oder den Türrahmen handelt, wo jemand für einen kurzen Moment eine Hure trifft.« (S. 74 f.)

Die hier zitierte Passage kann als der Argumentationskern des Buches gesehen werden. Auch die Behauptung am Anfang des Buchs lässt sich hier anlagern: Der Künstler werde nicht zur Hure, weil er sich verkauft, sondern er verkauft (sich), weil er eine Hure ist. Verkauft wird ein ansatzweise formulierter Ausgriff aufs Reale, die Banalität der Wahrheit, ästhetisch und auch ästhetisiert. In *Lulu* personalisieren Berg und Wedekind eine Form von Naivität, »die nicht ohne Bezug zu einer Idee der Unschuld, dieser höchsten Freiheit stand!« (S. 37). Die höchste Freiheit wäre vielleicht Bindung ohne den Wiederholungsreflex der Übertragung und deren Gestaltungsaufgaben. Kann Schönheit in Bindung genossen werden? Wird Schönheit ohne Bindung zerstört?

Jedenfalls werde in Gegenwart der Hure der begehrende Blick sichtbar. Deshalb verfügen, so de Sutter im Anschluss an Vollmann, die Huren über ein Wissen, ein Repertoire der Sitten und Gebräuche, der Gebärden und Redeweisen einer gegebenen Gesellschaft wie niemand anders. Ein Wissen jenseits des Objektivierens der Wissenschaft, ein Wissen um die unbegreiflichen Triebe, die Chester Brown in *Ich bezahle für Sex – Aufzeichnungen eines Freiers* (2012) zu den Huren führen. Er erfährt »die manchmal rührenden Begegnungen, die diese auslösen« (S. 79). Dieses Wissen könne niemand besitzen, das Geld werde zum inadäquaten Maß der Unbesitzbarkeit, mit ihm werde die Wahrheit bezahlt.

Noch mehr? Dann dies: »Da die Wahrheit wie eine Perversion strukturiert ist, kann die Pornographie nur ihre Kehrseite sein, woraus folgt, dass die Wahrheit pornographisch ist.« (S. 111). So schreibt de Sutter in Fortführung von Lacan, Badiou und Genet.

Bordelle und Huren seien der geregelte Reflex auf die auf Dauer gestellten Beziehungen (z. B. Ehen), in denen sich dann auch Sexualität im engeren Sinne abspielen soll. De Sutter erwähnt noch nicht die Veränderung der Bordelle durch *social media.*

Die Hure ist eine extime Intimität und – ich hoffe es liest sich nicht nur als Spielerei – eine sehr intime Extimität, das ist vielleicht das, was als kokett gilt.

1   http://www.recht-als-kultur.de/de/fellows/ehemalige-fellows/de-sutter/
2   Freud, Sigmund (1955): *Die Frage der Laienanalyse* (1927). In: *Gesammelte Werke* (Bd. XIV, S. 209–296), Frankfurt am Main: Fischer, S. 293
3   De Sutter fügt als Fußnote ein: »Jacques Lacan, Le Séminaire. Livre XXIII. Le Sinthome, Paris 2005, passim«

Roman Lesmeister: *Begehren, Schuld und Neubeginn. Kritische Analysen psychoanalytischer Konzepte im Anschluss an Jacques Lacan.* Gießen 2017: Psychosozial

Karl-Josef Pazzini

Lesmeister schreibt erklärtermaßen im Anschluss an Jacques Lacan. Er arbeitet als psychologischer Psychotherapeut und Psychoanalytiker in Hamburg, ist Dozent, Supervisor und Lehranalytiker an der Akademie für Psychoanalyse, Psychotherapie und Psychosomatik Hamburg und am C. G. Jung-Institut München.

Im vorliegenden Buch schreibt er für Leser, die bisher wenig von Lacan kennen: in der Kürze präzis und animierend; für den geübteren Lacan-Leser manchmal überraschend: So kann Lacan auch gelesen werden! Lesmeister hat einen Überblick über die klassischen und gegenwärtig diskutierten Konzepte der Psychoanalyse und er bietet dadurch zumindest für manche monokulturell lesende Lacanianer vielfältige Anschlüsse an die Objektbeziehungstheorie, Selbstpsychologie, Bindungstheorie, die relationale und intersubjektive Psychoanalyse.

Lesmeister findet bei Lacan Unterstützung gegen in Deutschland etablierte Konzeptionen der Psychoanalyse, sehr ärgert er sich über die

»seichten Gewässer eines Intersubjektivismus« (S. 27) – speziell gegen eine Diagnostik, die nach dem tatsächlichen, aber so oft nicht ausgesprochenen Grundsatz verfährt, »etwas in den Griff [zu] bekommen« (S. 11). Diese Vorstellung sei mit Psychoanalyse nicht vereinbar. Mit Rückgriff auf Freud, Jung, Grunberger, Bion, Morgenthaler, Grunert, Pohlen, Bautz-Holzherr u. a. werden Elemente versammelt, die bezeugen, dass der Analytiker etwas will. Von hier aus findet er den Weg zu Lacans »Begehren des Analytikers«, in dessen Konzept er zunächst in Begleitung von Peter Widmer einsteigt. Er kritisiert im Anschluss, dass in unterschiedlichen psychoanalytischen Richtungen die narzisstische Dimension des Verstehens des Analytikers vollkommen verkannt wird. Lacan biete hier eine Öffnung. Obwohl er Lacans Betonung des Sprechens und der Sprache kennt, geraten ihm immer wieder Vorstellungen vom Analytikersein, vom Analysanden und eigentlich soziologisch oder psychologisch bestimmte Konzepte in den Vordergrund.

Das zweite Kapitel über die Schuld (S. 57 ff.) ist nur sehr indirekt von Lacan geprägt. Überzeugend ist die Kritik an Kohut, der fast alles entschulde, fast nur Opfer sehe und dem Subjekt die Würde der tragischen Schuld aberkenne. Es geht dabei vornehmlich um eine Weiterführung der Theoreme von C. G. Jung.

Ebenso das Kapitel über den Neubeginn (S. 101 ff.). Es ist von Lacan nur insofern gefärbt, als es eine fundierte Kritik kausalistischen Denkens in der Psychoanalyse beginnt.

Das abschließende vierte Kapitel (S. 143 ff.) ist überschrieben mit »Ein Anderer« und diskutiert die Ethik der psychoanalytischen Situation. Es ist im Grunde die direkte Fortführung des ersten Kapitels. Auch wenn der Leser erwarten könnte, dass Lacans Ethik einen Stellenwert einnimmt, so kulminiert das Kapitel doch nach einer stringenten Kritik des Verständnisses von Ethikkommissionen gerade auch in psychoanalytischen Instituten (S. 143 ff.), die nur brav regeln, was man nicht tun darf, nichts aber von der positivistisch nicht fassbaren Ethik des Berufs umschreiben können. Was resultiert daraus, dass ein Analytiker, zu einem bedeutenden Bestandteil des Lebens eines Analysanden wird – jenseits einer konkreten inhaltlichen Bestimmung auch und gerade unter den Vorzeichen der Abstinenz? Lesmeister führen diese Fragen zu Bions »Glaube an O« (S. 181). Glaube will Lesmeister hier explizit nicht religiös verstanden wissen. Beim Lesen reizt es, jenes »O« bei Bion mit dem »Ding« in Lacans Seminar zur Ethik (Seminar 7, 1967) in Zusammenhang zu bringen.

Lesmeister beginnt sein Buch mit der Explikation einer basalen Übertragung oder Hintergrundübertragung, die weder dem Analytiker noch dem Analysanten zugerechnet werden kann (S. 19 ff.). Das Buch endet mit der Erörterung eines grundlegenden Glaubens des Psychoanalytikers an die Psychoanalyse und an den Analysanten, was durchaus auch ästhetische Momente beinhaltet im Sinne, dass die Chemie stimmt als Voraussetzung eines Arbeitens. Und macht noch einmal einen Schlenker zu Lacan: »Ich würde dieses Unbestimmte weniger eine Realität als eine Wahrheit nennen, etwa in dem Sinne, wie Jacques Lacan dies tut, wenn er die individuelle Wahrheit des Subjekts [...] soweit diese sich in seinem Sprechen artikuliert, im Blick hat« (S. 87).[1] Der Verweis auf Lacan bezieht sich auf gut hundert Seiten. Lacan versucht in dieser Arbeit in immer neuen Anläufen, zwischen Individuellem und Subjekt bzw. Subjektivem Unterscheidungen einzuführen jenseits der geläufigen Berührungspunkte: »Das Subjekt reicht weiter als das, was der Einzelne ›subjektiv‹ empfindet, nämlich genauso weit wie die Wahrheit, die es erreichen kann.«[2] Eine andere Stelle, die das von Lesmeister Lacan Zugeschriebene etwas verrückt, lautet so: »Diese Illusion, die uns dazu treibt, die Wahrheit des Subjekts jenseits der Mauer der Sprache zu suchen, ist die gleiche, aufgrund derer das Subjekt glaubt, seine Wahrheit sei in uns bereits vorhanden oder wir wüßten sie bereits.«[3]

---

1 Bei Lesmeister findet sich an dieser Stelle der Hinweis: »Lacan, Jacques (1973): Funktion und Feld des Sprechens und der Sprache in der Psychoanalyse (Übers. von Klaus Laermann) (Schriften 1, S. 71–171). Weinheim, Berlin, Qudriga. S. 71 ff.«
2 Lacan: *Funktion und Feld*, S. 104
3 Ebd., S. 153

Jacques Lacan: *Das Sinthom. Das Seminar, Buch XXIII (1975-1976)*. Texterstellung durch Jacques-Alain Miller, aus dem Französischen von Myriam Mitelman und Harold Dielmann. Wien, Berlin 2017: Turia + Kant

Max Kleiner

Im März 2005, also fast 29 Jahre nachdem Lacan sein Seminar über James Joyce und das Sinthom gehalten hat (1975–1976), erschien *Le Séminaire, Livre XXIII. Le sinthome* bei Edition du Seuil. Seit 2017 ist nun auch die deutschsprachige Ausgabe verfügbar und wie schon die letzten Lacan-Ausgaben beim Wiener Turia + Kant-Verlag erschienen. Die deutsche Ausgabe hält sich in ihrem Textaufbau eng an die von J.-A. Miller erstellte Vorlage, bei der die verschriftlichte Rede Lacans etwa zwei Drittel des Textumfangs ausmacht. In den Anhängen findet sich der Vortrag, den Lacan im Juni 1975 zur Eröffnung des 5. Internationalen James-Joyce-Symposiums in Paris unter dem Titel *Joyce le Symptôme* gehalten hat (nicht jedoch der ein Jahr später entstandene Text mit demselben Titel, der in den *Autres écrits* enthalten ist[1] – beide Texte finden sich schon in der 1987 bei Navarin erschienenen Sammlung *Joyce avec Lacan*[2]). Es folgt der Vortrag von Jacques Aubert, den dieser im Rahmen von Lacans Seminar gehalten hat, danach Anmerkungen Auberts zu Lacans Seminartext, die oft sehr aufschlussreich sind. Daran schließt sich ein ausführliches 60-seitiges »Nachwort« von J.-A. Miller inklusive Anmerkung mit Postskript an. Ein knappes Personenregister beschließt den Band.

Das Seminar knüpft mit seiner ersten Sitzung an das vorausgegangene mit dem Titel *RSI* an. In dessen letzter Sitzung hatte sich Lacan dem borromäischen Viererknoten zugewandt, indem er das vierte Element des Knotens als Benennung (*nomination*) zu fassen versuchte. Er kommt allerdings davon ab, ein jedes der drei borromomäischen Elemente mithilfe der Benennung zu verdoppeln (als symbolische, imaginäre und reale Benennung). Deshalb wird er das vorliegende Seminar nicht wie beabsichtigt »4, 5, 6« nennen. Vielmehr bezeichnet der neue Titel *Sinthom* – »eine alte Schreibweise für das, was später Symptom geschrieben wurde« (S. 9), aber auch ein Äquivok zu »saint homme«, dem heiligen Mann – die vierte Schlinge des Knotens, welche »die anderen drei zusammen hält« (eine imaginäre Suprematie, denn natürlich hält in einem borromäischen Knoten jede Schlinge die jeweils anderen zusammen). Das Sinthom ist gewissermaßen Nachfolger der »symbolischen Benennung« aus *RSI*, und damit ist es der Versuch einer Weiterentwicklung der väterlichen Funktion, die dann nur noch eine Version von mehreren möglich ist, um dem mütterlichen Genießen zu entgehen, eine »Pèreversion«: da »Perversion nichts anderes bedeutet als die Wendung zum Vater (*version vers le père*) –, dass der Vater letztlich ein Symptom oder ein Sinthom ist, wie Sie wollen.« (S. 20) Damit ist »der Ödipuskomplex [...] als solcher ein Symptom. Insofern der Name-des-Vaters auch der Vater des Namens ist, wird alles aufrechterhalten, was das Symptom nicht weniger notwendig macht.« (S. 22) Der borromäische Knoten beginnt mit einem Fehler, und dieser Fehler ist ein symbolischer. Der symbolische Andere, also Sprache, Mathematik und Logik, sind grundlegend inkonsistent. Zur Darstellung dieses anfänglichen Fehlers rekurriert Lacan schon zu Beginn seines Seminars auf die Genesis und die Ur-Sünde, *sin* im Englischen, die sich im *sin*-thom fortsetzt.

An dieser Stelle, wie dann auch im weiteren Verlauf des Seminars, wird der Einfluss immer deutlicher, den Joyce auf Lacans Stil ausübt (und der in der Schrift *Joyce, das Symptom II* in voller Blüte zu erleben ist). Vielleicht ist dieser Einfluss am ehesten damit zu bezeichnen, was Lacan eine »injection« nennt bzw. das »Injizieren« einer Sprache (des Griechischen) in eine andere, womit dann solche Ausdrücke wie »Symptom« oder »Sinthom« entstünden (S. 11). Jedenfalls entfaltet das Joyce-Virus in Lacans Sprache eine recht zersetzende Wirkung und führt zu einer ganzen Reihe bisweilen skurriler und witziger, aber auch treffender Neubildungen, bis hin zu Bonmots wie »ce condiment«, dem »Gewürz«, das die Lüge für das Sprechen ist – denn das Äquivok behauptet: »*ce qu'on dit ment*«, »was man sagt, lügt« (S. 16 f.). James Joyce erscheint jedoch nicht nur als Symptom(-bildend) für Lacans Sprechweise im Seminar, sondern auch als ein Exempel für die Grundthese: dass es keinen Vater braucht und dass seine Funktion ebenso vom Sinthom erfüllt werden kann. Am Beispiel Joyce erläutert Lacan, wie das biografische Faktum eines fehlenden (»carent«) Vaters, einer »väterlichen Demission« und seiner »faktischen *Verwerfung*« (S. 95) dazu führte, dass sich Joyce, indem er sich mit seinem Schreiben einen Namen machte, außerhalb einer ödipalen Struktur eine eigene Identität anfertigen konnte. Dabei versäumt es Lacan nicht, an vielen Stellen die Brüchigkeit und das Prekäre dieser geflickten und gebastelten Struktur aufzuzeigen; zum Beispiel mit dem Hinweis auf eine Stelle im *Porträt des Künstlers als jungen Mann*, wo Joyce eindrücklich beschreibt, wie sich nach einer erlittenen Misshandlung seine Wut auf die Täter von ihm »ablöst wie die Schale von einer reifen Frucht« – was Lacan als ein Nicht-Verbundensein der imaginären Schlinge (des Körperbildes und der Emotion) mit den beiden anderen Schlingen des Knotens, also dem Realen und dem Symbolischen, liest. Ausdrücklich wird die Frage nach der Psychose gestellt, sogar ein ganzes Kapitel (das fünfte) ist mit der Frage überschrieben: »War Joyce verrückt?«

Der Verlauf des ganzen Seminars erscheint als die Verschlingung (mindestens) zweier Diskurse: auf der einen Seite das tastende, probierende Schlingen der Knoten und auf der anderen Seite eine Befragung der Biografie und der Schriften von Joyce. Dazwischen werden andere Themen eingeflochten: philosophische wie Thomas von Aquin (Saint Thomas d'Aquin/ Sinthomadaquin), linguistische (Chomsky, Quine) und literaturwissenschaftliche (Joyceaner wie Robert M. Adams oder natürlich Jacques Aubert).

An den Seminartext ist der Vortrag angehängt, den Lacan noch vor Beginn dieses Seminars im Juni 1975 gehalten hat und der Zeugnis gibt von seiner Annäherung an den »Fall Joyce«. Man erfährt hier noch ein bisschen mehr über die Wahl des Titels *Sinthom* und kann die Entwicklung einiger erster Gedanken über Joyce verfolgen, die sich in der These verdichten, Joyce habe »sein Abonnement aufs Unbewusste gekündigt«.[3] Auch der Gedanke, dass das Sinthom dem Namen-des-Vaters »aufsitzt« (»*coiffe*«) oder ihm »übergestülpt« werde, wie die vorliegende Übersetzung meint (S. 189), taucht gegen Ende des Vortrags auf, ebenso wie die Behauptung, Joyce habe das Sinthom in sich verkörpert und sich damit selbst auf etwas so Allgemeines wie eine Struktur reduziert (ebd.).

Es folgt der Vortrag von Jacques Aubert, den dieser in Lacans Seminar im Januar 1976 gehalten hat. Der Autor nennt seinen eigenen Vortrag nicht unzutreffend, wie ich meine, »ein Flickwerk«, das »nicht allzu gut verbunden ist« (S. 192) mit dem, was Lacan vorbringt. Er spricht vor allem über Joyces Schreibweise in *Ulysses*, wo er ein Phänomen aufzeigt, das er »personieren« (»*personner*«) nennt (S. 193): »alles kann zum Anlass für Stimmeffekte durch die Maske werden« (ebd.). Dabei wird deutlich, dass es um väterliche Worte geht, oft in der Gestalt von Vater-Sohn-Dialogen, die sich in der Personierung zeigen. Die Frage bleibt offen, wie sich diese väterlichen Stimmen, die von überall her auftauchen, zu den halluzinatorischen Phänomenen der Psychose verhalten. Nicht von ungefähr stellt Lacan in der darauf folgenden Sitzung mehrmals und in Abwandlungen die Frage, auch direkt an Aubert, ob Joyce verrückt war (S. 81–85).

Die Anmerkungen, die Jacques Aubert zu Lacans Ausführungen im Seminar und zu dessen Vortrag angefertigt hat, gelten fast ausschließlich den von Lacan verwendeten Joyce-Zitaten und -Bezügen und geben Informationen zu den Textstellen sowie weiterführende Hinweise.

Es folgen schließlich die Ausführungen des Lacan-Herausgebers und -Schwiegersohns Jacques-Alain Miller, die im Französischen mit »*Notice de fil en aiguille*« (dort S. 199) betitelt sind, als (wörtlich) »Notiz/Anmerkung von Faden zu Nadel«, hier (sinngemäß) übersetzt mit »Nachwort, in dem Eins zum Anderen führt« (S. 226). Diese Ausführungen sind noch weniger gut vernäht als diejenigen Auberts und wirken wie willkürlich gesetzte, dabei recht launig formulierte Assoziationen und Überlegungen. Persönliches und Anekdotisches findet sich neben einem kurzen Abriss über Lacan und die Knoten oder über Cantors Mengenlehre, dazu gibt es historische Ausführungen über die von Lacan erwähnte Theosophin Helena P. Blavatsky oder die Geschichte um den Kreis des Popilius. Aber auch gründlichere Überlegungen zu den im Seminar und im Vortrag aufgeworfenen Fragen wie den beiden Seiten des Sinthoms (Sublimierung und Häresie), dem Verhältnis von Sinthom und Name-des-Vaters oder die Rolle des Rätsels im analytischen Diskurs finden sich in den Anmerkungen.

Die Übersetzung von Myriam Mitelman und Harold Dielmann ist recht flüssig und gut lesbar, sie trifft damit den gesprochenen Duktus von Lacans Vortrag. Die häufigen Äquivokationen, Neologismen und das den Text durchziehende Gleiten der Signifikanten stellen jedoch jeden Übersetzer vor enorme Aufgaben. Da ist es eine Erleichterung, dass der Herausgeber ein gewisses Ausmaß von Anmerkungen sowohl im fließenden Text wie auch als Fußnoten gestattet hat. So ist zum Beispiel der Umgang mit dem Terminus *dit-mension* auf die Weise gelöst, dass der Ausdruck bei seiner ersten Erwähnung im Französischen bleibt und mit einer Fußnote erläutert wird (S. 161): »Und wie macht man diese Signifikanten fest? Durch die Vermittlung dessen, was ich *dit-mension* nenne. (Fußnote 21: *Von dire, sprechen, und dimension* [Anm. d. Ü.])«. Im Weiteren sind dann die Anmerkungen in den Fließtext eingearbeitet: »*Dit-mension* heißt *mension du dit, Mension des Gesagten*. Diese

Schreibweise hat einen Vorteil, sie erlaubt es, *mension* zu *mensionge* [*mensonge*, Lüge] zu verlängern, was darauf hinweist, dass das Gesagte keineswegs unbedingt wahr ist.«

Andererseits gibt es viele Stellen, an denen auf Anmerkungen verzichtet wurde, obwohl diese für einen nicht-frankophonen Leser zum Verständnis nötig gewesen wären. So spricht Lacan schon zu Beginn der ersten Sitzung davon, wie Joyce mit seinem Schreiben das Englische verändert hat:

»Diese Sprache hatte gewiss schon wenig Konsistenz, was nicht heißen will, dass es einfach ist, Englisch zu schreiben, aber mit der Abfolge von Werken, die er auf Englisch geschrieben hat, hat Joyce ihr jenes etwas [sic] hinzugefügt, das den eben genannten Autor [Philippe Sollers] sagen lässt, dass man *l'élangues* schreiben müsste. [Absatz in der dt. Fassung] Ich nehme an, er will damit so etwas bezeichnen wie jene *élation*, von der man sagt, sie sei der Ursprung irgendeines Sinthoms, das wir in der Psychiatrie Manie nennen.« (S. 10)

Weder *l'élangues* noch die *élation* werden übersetzt, sodass ein nicht französisch sprechender Leser nicht erfährt, dass der erste Ausdruck von *les langues* kommt und gleichlautend mit dem Plural von *la langue* oder auch *lalangue* ist, dass hier also einerseits »die Sprachen« und »die Zungen« zu hören sind, dann aber durch Zusammenziehung der Schreibweise ein Hinweis auf den *élan* gegeben wird, den Elan, der als *élan vital* bei Bergson eine so große Rolle spielt und der sich gewissermaßen steigert hin zur *élation*, die den Überschwang und übertriebenen Stolz bezeichnet und deren Etymologie (lat. elatio, von ef-ferre, über das Ziel hinaus führen) auf die Überschreitung verweist. Zum Vergleich hier die französische Version (dort S. 11 f.):

»Cette langue avait certes déjà peu de consistance, ce qui ne veut pas dire qu'il soit facile d'écrire en anglais, mais par la succession d'oeuvres qu'il a écrites en anglais, Joyce y a ajouté ce quelque chose qui fait dire au même auteur qu'il faudrait écrire *l'élangues*. Je suppose qu'il entend désigner par là quelque chose comme cette élation dont on nous dit qu'elle est au principe de je ne sais quel sinthome que nous appelons en psychiatrie la manie.«

Etwas mehr als eine Seite später (S. 11 f.), kommt eine der dichtesten und verdrehtesten Stellen des Textes, die eine ausführlichere Erwähnung verdient. Es ist ein Spiel mit den Anfängen des Symbolischen, die Lacan mit Verweis auf Pierce an der Benennung festmacht. Dazu zieht er den Anfangstext der Bibel, die Genesis, heran, allerdings mit der Drehung, dass Adam die Benennung nur durchführen konnte, nachdem er die Sprache von der *Èvie* erhalten hatte, deren Namen Lacan als *Mutter der Lebenden* übersetzt, was in der deutschen Fassung, mittels einer Fußnote zu »*Èvie*« verdeutlicht wird: »*Kontraktion aus Ève und vie,*

Leben«. »Diese Èvie hatte diese Sprache also sofort, und ein loses Mundwerk dazu«, französisch (S. 13): »Eh bien, l'Èvie l'avait tout de suite et bien pendue, cette langue« – wörtlich: »Nun, die Èvie hatte sie sofort und ziemlich lose, diese Zunge/Sprache«: die gut eingehängte, lose Zunge (*langue bien pendue*) ist mit dem »losen Mundwerk« nach meinem Gefühl gut getroffen. Allerdings geht die Bedeutungsverschiebung der »langue« von »Sprache« zu »Zunge« hier verloren, und damit auch der Witz des Satzes. Dieser geht folgendermaßen weiter: »..., da nach Annahme der Benennung durch Adam sie die erste Person ist, die sich ihrer bedient, um zur Schlange zu sprechen« Französisch: »..., puisque après le supposé du nommer par Adam, la première personne qui s'en sert, c'est elle, pour parler au serpent.« Die Schlange, »*serpent*«, ist schon zu hören, bevor sie auftaucht, und zwar im zischenden Klang des »s'en *sert*« (was leider im Deutschen nicht wiederzugeben ist). Und bekanntlich spricht sie mit gespaltener Zunge, was eine Reihe von weiteren Spaltungen hervorbringt: »Die sogenannte göttliche Schöpfung verdoppelt sich also im Geschwätz des *Sprechwesens*, wie ich es genannt habe, wodurch *Èvie* aus der Schlange das macht, was sie mir gestatten werden, Lendenschurz (*serre-fesses*) zu nennen, ...« – die »serpent« wird damit in Evas Mund zur »serre-fesses«, also zu einer Klammer (*serre*) für die »fesses«, die Hinterbacken, derbe ausgedrückt zur »Arschbackenklemme« oder auch »Arschkrampe«.

Hier einen »Lendenschurz« zu sehen, mag einer gewissen Prüderie geschuldet sein, aber vielleicht hat sich dieses minimale Kleidungsstück, das im Französischen eigentlich als »le pagne« bezeichnet wird, auch deswegen in die Übersetzung geschlichen, weil die »serpent« über die »serre-fesses« rückwirkend zur »serre-pans« wird, zur Klammer für die Stoffbahnen oder Rockschöße (»le pagne« ist dem spanischen *paño* entlehnt, das wiederum dem französischen *pan* entspricht). Der Lendenschurz nun verdeckt notdürftig die Spalte, um die es sich in der Passage handelt, und die zunächst ordnungsgemäß als »la faille« erscheint, um über den mitgehörten Subjunktiv (*faille*) das Verbot »faut pas« (»darf nicht«) ins Spiel zu bringen, welches wiederum mittels des äquivoken »faux-pas« einen ebensolchen begeht und bei der »faute«, der Verfehlung oder Sünde landet, um schließlich über das englische »sin« zum »Sinthom« zu gelangen. Ein Reigen von phonetischen und grammatischen Äquivoken, dessen Schritte in der vorliegenden Übersetzung leider kaum zu hören sind (der oben begonnene Satz geht weiter ab: »... zu nennen«): »späterhin bezeichnet als Spalte oder besser als Phallus – da es ja wohl einen braucht, um den Fehltritt (*faut-pas*) zu begehen. [Absatz] Das ist der Fehler, der *sin*, und der Vorteil meines Sinthoms besteht darin, damit zu beginnen.«

Die Beispiele mögen genügen, um einen Eindruck von Lacans Stil in diesem Seminar und von den Schwierigkeiten und Herausforderungen zu vermitteln, denen die Übersetzer gegenüberstehen. Es sollte jedenfalls deutlich geworden sein, dass ein weitgehender Verzicht auf Anmerkungen bzw. Fußnoten die Möglichkeiten einschränkt, einen so dichten und verschlungenen Text zu verstehen und seine »Linienführung« nachzuvollziehen. Dem Verständnis dient auch nicht der häufige Verzicht auf Übersetzung (s. die erwähnten »l'élangues« und »élation«) oder eine etwas willkürlich erscheinende Variation von Übersetzungsmöglichkeiten (so wird das als *savoir-faire* erneuerte Konzept des Wissens, *savoir*, bei seinem ersten Auftauchen als »Knowhow« übersetzt (S. 12), später dann mit »Können« (S. 66); das *énigme* tritt in der Kapitelüberschrift als (Fuchs-)»Rätsel« (S. 63) auf den Plan, wird dann aber im laufenden Text zum »Enigma« (S. 70); auch der Wechsel während des ganzen Textes zwischen »Jouissance« und »Genießen« wirkt eher unmotiviert).

Natürlich bringt jede Übersetzung einen Verlust hervor (nicht unbedingt an Verständnis, aber sicher einen an Sprachgenuss – *jouis-sens* sagt Lacan, Sinn-Genießen); der Verlust könnte allerdings durch eine Übersetzung verringert werden, die etwas weniger auf den glatten Sprachfluss und mehr auf Klang und Homophonien achtet: »denn letztendlich haben wir nur dies, das Äquivoke, als Waffe gegen das Sinthom.« (S. 17)

1 Lacan, Jacques: *Autres Écrits*. Paris 2001: Éditions du Seuil, S. 565; als *Joyce das Symptom II* in einer deutschen Fassung auf der Webseite von Rolf Nemitz: *lacan-entziffern.de*
2 Lacan, Jacques; Aubert, Jacques; Godin Jean-Guy; Millot, Catherine; Rabaté, Jean-Michel; Tardits, Annie: *Joyce avec Lacan*. Paris 1987
3 Lacan spricht zunächst von Joyce als »désabonné à l'inconscient« (S. 164 der Seuil-Ausgabe), später dann als »désabonné de l'inconscient« (dort S. 166) – was von den Übersetzern (gewissermaßen vertauscht) einmal als »vom Unbewussten desabonniert« (S. 185) wiedergegeben wird, an der zweiten Stelle dann als »auf das Unbewusste desabonniert« (S. 187).

Eribon, Didier: *Der Psychoanalyse entkommen*. Wien, Berlin 2017: Turia + Kant

Aaron Lahl

Didier Eribon, Ideengeber der liberalen Linken und Vordenker der Gay Studies, möchte den Fangarmen der Psychoanalyse entkommen und schreibt darum ein »Manifest« (S. 16).[1] Die Andeutungen und Spitzen gegen die Psychoanalyse, die sich in fast allen Texten Eribons finden[2], werden in *Der Psychoanalyse entkommen* zu einer Anklageschrift zusammengeschnürt. Der Text basiert auf einem 2003 im Rahmen eines zweitägigen Kolloquiums in Berkeley gehaltenen und für die Publikation überarbeiteten Vortrag. Dem Kolloquiumsthema »Seventies revisited« entsprechend stützt sich Eribon auf Quellen aus den 1970er Jahren: Sartre, Barthes, Foucault, Deleuze und Guattari.

Entgegen dem Anschein, den der Titel erweckt, ist die Bewegung von *Der Psychoanalyse entkommen* nicht eigentlich eine der Flucht. Die immer wieder bemühte Geste des »Entkommens« wird sowohl vom Selbstverständnis des Textes als Manifest gebrochen als auch vom angriffslustigen Stil, in dem er verfasst ist.

Zuweilen versteigen sich Eribons Attacken sogar ins Brutale, etwa wenn er sich an Foucaults »Frontalangriff gegen die Psychoanalyse« (S. 102) delektiert oder – in einem jüngst übersetzten Aufsatz, der als Ergänzung zu *Der Psychoanalyse entkommen* zu lesen ist – dem *Anti-Ödipus* vorhält, nicht radikal genug zu sein, weil er sich »nicht zum Ziel [setzt], das Projekt der Psychoanalyse als solches zu *zerstören*«.[3]

Eribon greift Lacan als *Pars pro Toto* der Psychoanalyse an. Lacans Schaffen sei ein verzweifelter und von einer »grundlegende[n] Homophobie« (S. 48) motivierter Versuch, die traditionelle Geschlechtspolarität aufrechtzuerhalten. Dieses normative Bemühen impliziere nichts weniger als »kulturellen und politischen Terrorismus« (S. 34). Gemäß der Gleichung Psychoanalyse=Lacan=homophob dehnt Eribon diesen Vorwurf dann auf die gesamte Disziplin aus: *Die* Psychoanalyse sei eine »notwendig normative Pseudowissenschaft« (S. 16), die grundsätzlich homosexuellenfeindlich (S. 20, 35), ideologisch und disziplinierend (S. 133) sei.

In ihrer jüngst in der *Psyche* erschienen Rezension nimmt Sieglinde Eva Tömmel die Psychoanalyse gegen diese Gleichsetzung mit Lacan in Schutz und bemüht sich, den Vorwurf der Homophobie auf Letzteren abzuwälzen:

»Eribons kritischer Einstellung gegenüber Lacan kann man einiges abgewinnen: Lacan ist zweifellos ein Vertreter der Ideologisierung der Psychoanalyse. [...] Hingegen hat Freuds differenzierte und äußerst vorsichtige Formulierung der Ausprägungen und Erscheinungsformen von Sexualität erst im Laufe der Zeit durch gesellschaftliche Vergröberungen einiges von ihrer Feinheit verloren.«[4]

Die Rezensentin verfährt dabei so grobschlächtig mit Lacan wie Eribon mit der Psychoanalyse als Ganzer. Wenngleich die Aussagen Lacans, die Eribon ausschlachtet, einen normativen Zug in dessen Werk bezeugen, muss das Globalurteil, welches Tömmel von Eribon übernimmt, jene Aspekte Lacans ausblenden, die diesen Zug unterlaufen. Insbesondere Theoreme des späten Lacan, den Eribon nicht aufgreift, wären hier zu nennen: Das bekannte Diktum »Es gibt kein sexuelles Verhältnis«, welches sich als Absage an jede prästabilierte Ordnung geschlechtlicher Normalität verstehen lässt; seine mittels des Begriffs des »Sinthom« eingeläutete »Wende zum Singulären«[5], die den vermeintlich normalen Ausgang des Ödipuskomplexes als eine von vielen prinzipiell gleichwertigen Varianten im Umgang mit diesem Nicht-Verhältnis begreift; seine »Pluralisierung des Namens-des-Vaters«, die der existierenden symbolischen Ordnung die Transzendenz nimmt; seine multipolare Klinik der Jouissance[6], welche normative Reifungsmodelle der Sexualität, die schon beim frühen Lacan scharf kritisiert wurden, weiter untergräbt, und einiges mehr. Élisabeth Roudinesco[7] hat zudem darauf hingewiesen, dass Lacan, im Gegensatz zu vielen anderen Analytikern seiner Zeit, homosexuelle Bewerber für die psychoanalytische Ausbildung annahm und mit Homosexuellen »normale« Analysen und keine Konversionstherapien durchführte. Sowohl Eribons pauschalem Urteil als auch Tömmels Betitelung Lacans als »Vertreter der Ideologisierung der Psychoanalyse« (was auch immer das eigentlich sei) liegt eine einseitige und wählerische Lektüre Lacans zugrunde. Selbst wenn Lacans Werk ein verzweifelter Versuch wäre, die erodierende sexuelle Normalität wiederherzustellen, wie Eribon in einer im Übrigen recht psychologischen Werkinterpretation unterstellt (S. 76 f.), wäre doch sein Werk nicht auf diese Intention zu reduzieren, sondern dahingehend zu untersuchen, was sich in ihm und seinen Begriffen ereignet.

Trotz derlei Ungenauigkeiten in Eribons Manifest muss festgehalten werden, dass sein Urteil einen Wahrheitskern hat: »Die Psychoanalyse hat den homophoben Diskurs mit Material versorgt.«[8] Dies ist eine Feststellung, die über die unterschiedlichsten Theorietraditionen der Psychoanalyse hinweg und auch auf die französische Lacan-Rezeption weithin zutrifft. Weltweit haben sich Analytiker nicht nur als Kinder einer homophoben Zeit hervorgetan, sondern der Antihomosexualität ein kulturpolitisches Begriffswerkzeug zur Verfügung gestellt. Genau hier trifft die Polemik Eribons die Realität und deutlicher als andere bemerkt er, dass die

Grundbegriffe der Psychoanalyse davon affiziert werden. Zu einer Arbeit an diesen Begriffen – als Zahnräder des homophoben Räderwerks bezeichnet er u. a. »phallus, Kastration, Gesetz des Vaters, symbolische Funktion«, aber auch »Stadien der Libidoentwicklung«, »Narzißmus« (S. 19), Perversion (S. 31 ff.) und Ödipuskomplex (S. 20) – trägt seine Schrift allerdings nichts bei.

Abschließend sei noch auf einen seiner Zeugen eingegangen, dessen Impuls der Psychoanalysekritik Eribon von den 1970ern in die heutige Zeit transferieren möchte: Foucault.[9] So versucht Eribon, Foucaults Kritik aus der *Der Wille zum Wissen*, dem ersten Band der Reihe *Sexualität und Wahrheit*, neu in Stellung zu bringen. Dieser verspottete das seinerzeit populäre freudomarxistische Sexualitätsbefreiungsnarrativ und die feierliche »Pose«, in die sich diejenigen warfen, die im Stile der Predigt den Kampf gegen die moderne Unterdrückung der Sexualität beschworen.[10] Gegen die These von der Triebunterdrückung durch die bürgerlich-kapitalistische Sexualmoral gerichtet begriff Foucault die Sexualität nicht als unterdrückte Naturgewalt, sondern als etwas im Zuge des sogenannten Sexualitätsdispositivs erst Entstandenes. Die Figuren der hysterischen Frau, des onanierenden Kindes, des familienplanenden Paares und des pervertierten Erwachsenen stünden nicht für die Eindämmung, sondern für die Stimulierung und Regulierung von Sexualität, für Orte, an denen die Sexualität und das Wissen um sie ständig produziert werden. So heißt es entgegen der Triebunterdrückungshypothese:

»Tatsächlich handelt es sich eher um die Produktion der Sexualität. Diese ist nämlich nicht als eine Naturgegebenheit zu begreifen, welche niederzuzwingen die Macht sich bemüht, und auch nicht als ein Schattenreich, den das Wissen allmählich zu entschleiern sucht. ›Sexualität‹ ist der Name, den man einem geschichtlichen Dispositiv geben kann. Die Sexualität ist keine zugrundeliegende Realität, die nur schwer zu erfassen ist, sondern ein großes Oberflächennetz, auf dem sich die Stimulierung der Körper, die Intensivierung der Lüste, die Anreizung zum Diskurs, die Formierung der Erkenntnisse, die Verstärkung der Kontrollen und der Widerstände in einigen großen Wissens- und Machtstrategien miteinander verketten.«[11]

Die Psychoanalyse sei folglich nicht als Vehikel der Befreiung zu begreifen. Sie partizipiere selbst am Aufstieg des Sexualitätsdispositivs und seinen Machtmechanismen. Foucault verortet sie in der Tradition der christlichen Beichte und der psychiatrischen Klassifizierung des Sexus, als Teil der Disziplinargesellschaft. Als jüngste Gestalt des Sexualdispositivs sei sie durchsetzt von der Macht, von der sie in ihrer freudomarxistischen Variante die Befreiung verspreche.

Wenn Eribon Foucaults Kritik in Erinnerung ruft, ist er sich darüber im Klaren, dass sie einen Zeitkern hat. Die Protestler der sexuellen Revolution, gegen die Foucault sich richtet, entwarfen sich selbst wahlweise mit Marcuse oder Wilhelm Reich als Befreier einer lang unterdrückten Naturkraft oder als brodelnde Dampfkessel, die sich ihr Recht auf Entladung erkämpften. Dass der Kapitalismus damit nicht an seinen sexualitätsunterdrückenden Säulen zum erhofften Einsturz gebracht wurde, ist der historische Ausgang, der Foucault in seinem Einspruch Recht gibt.

Doch zugleich bleibt bei Eribon die Reflexion darauf aus, was an dieser Kritik zeitgebunden ist und wie sie zu aktualisieren wäre. Dass die von Foucault inkriminierten Autoren schon früh einen komplexeren Begriff von sexueller Unterdrückung im Zeitalter der Liberalisierung entwickelten (Marcuse sprach von repressiver Entsublimierung[12], Reimut Reiche von manipulativer Integration der Sexualität in den Spätkapitalismus[13], Lacan vom Jouissance-Ideal[14]), nimmt Eribon ebenso wenig zur Kenntnis wie das, was man als Nachfolge des Sexualitätsdispositivs begreifen könnte. Dass ab den 1980ern die Metaphorik der Triebfreisetzung versandete und Begriffe rund um »Beziehung« und »Betroffenheit« ins Zentrum des sexual-politischen Diskurses rückten, wie Reiche feststellt[15], blendet Eribon aus. Seine Polemik gegen die Psychoanalyse bleibt in den 1970ern stecken, weil ihm die Verschiebung vom Sexualitäts- zum Beziehungsdispositiv entgeht. Vor dem Hintergrund dieser Verschiebung wären dagegen sowohl die Psychoanalyse in ihrer weitgehenden Abkehr vom Paradigma des Triebs als auch die von Eribon gegen die Analyse ins Feld geführten Begriffe von Freundschaft, Sorge und Liebe (S. 69 ff., S. 104 f.) kritisch zu diskutieren.

Eribon entgeht zudem, dass auch *Der Wille zum Wissen* nicht frei vom Pathos der sexuellen Befreiung ist. Es tritt geballt auf den letzten Seiten des Buches auf, die Eribon als einen »Frontalangriff gegen die Psychoanalyse« (S. 102) verstanden wissen will. Foucault versucht hier in Ansätzen einen Gegenentwurf zum Sexualitätsdispositiv zu zeichnen, indem er den Begriffen des »Körpers« und der »Lüste« ein utopisches, anarchisches Potenzial zuspricht:

»Man muß sich von der Instanz des Sexes frei machen, will man die Mechanismen der Sexualität taktisch umkehren, um die Körper, die Lüste, die Wissen in ihrer Vielfältigkeit und Widerstandsfähigkeit gegen die Zugriffe der Macht auszuspielen. Gegen das Sexualitätsdispositiv kann der Stützpunkt des Gegenangriffs nicht das Sex-Begehren sein, sondern die Körper und die Lüste.«[16]

Foucault gibt seinem Begriff von Sexualität hier eine weitere Drehung. Unter den Namen »Körper« und »Lüste« schleicht sich durch die Hintertür der erotische Utopismus ein, vor dem er sich über weite Strecken des Buchs ekelte. Reiche schrieb dazu:

»Plötzlich werden ›die Körper und die Lüste‹ mit Guerilla-Aufgaben bedacht, die uns aus den 68ern wohl bekannt sind. Von einem ›Stützpunkt des Gegenangriffs‹ und von ›Widerstandsfähigkeit gegen die Zugriffe der Macht‹ des Sexualitätsdispositivs (1983, S. 187) ist die Rede. Hier, auf den letzten zwei Seiten, haben die politischen Geschütze der ›sexuellen Revolution‹ ihren verspäteten Auftritt, die Geschütze, gegen die Foucault doch so wortgewaltig angetreten war.«[17]

Es ist bemerkenswert, dass Eribon diesen in Foucault angelegten Widerspruch nicht erkennt, sondern ihn unbemerkt wiederholt. Seine begeisterte Rede von der »erotischen Polymorphie« und dem »zur Oberfläche gewordenen Körper [...], auf dem sich Lüste vervielfältigen, die sich nicht auf die Genitalität reduzieren« (S. 133), ist daher alles andere als anti-psychoanalytisch: Sie beschreibt die infantile Sexualität, wie Freud sie als partiale, nicht zielgerichtete, polymorph-perverse konzeptualisierte. Zwischen Eribons Betonung der nicht-genitalen Polymorphie und die psychoanalytische Auffassung infantiler Sexualität, die von vielen als widerständiges Potenzial begriffen wurde, passt kein Blatt. Worauf sich Eribon als »Frontalangriff« beruft, ist dem Angegriffenen ähnlicher, als ihm lieb ist. Kaum entkommt man so der Psychoanalyse.

1 Seitenzahlangaben im Text beziehen sich immer auf *Der Psychoanalyse entkommen*. Alle weiteren Seitenzahlen und Quellenangaben in den Endnoten.
2 Eribon, Didier: *Une morale du minoritaire. Variations sur un thème de Jean Genet*. Paris 2001: Fayard, S. 235 ff.; ders.: *Grundlagen eines kritischen Denkens*. Wien, Berlin 2018: Turia + Kant. Kap. 5; Ders.: *Gesellschaft als Urteil. Klassen, Identitäten, Wege*. Frankfurt a. M. 2017: Suhrkamp, S. 62 f., S. 103; Ders.: *Rückkehr nach Reims*. Frankfurt a. M. 2016: Suhrkamp, Kap. V.1; Erst nach Redaktionsschluss dieses Heftes erscheinen wird zudem: Ders.: *Écrits sur la psychanalyse*. Paris 2019: Fayard
3 Eribon: *Grundlagen*. S. 207, Hervorhebungen A. L.
4 Tömmel, Sieglinde Eva: *Buchbesprechung zu Eribon, Didier: Der Psychoanalyse entkommen*. In: *Psyche*. 2019, Jg. 73, Heft 1, S. 66–69, hier: S. 68
5 Morel, Geneviève: *Das Gesetz der Mutter: Versuch über das sexuelle Sinthom*. Wien, Berlin 2017: Turia + Kant, S. 15
6 Miller, Jacques-Alain: *Gays in Analysis?* In: *Psychoanalytical Notebooks*. 2015, Heft 29, e-book
7 Roudinesco, Élisabeth: *Jacques Lacan. Bericht über ein Leben, Geschichte eines Denksystems*. Wien, Berlin 2011, Turia + Kant, S. 222; Roudinesco, Élisabeth und Plon, Michel: *Wörterbuch der Psychoanalyse*. Wien, New York 2004: Springer, S. 420

8 Eribon: *Grundlagen*. S. 186
9 In einem anderen Text habe ich mich einem weiteren Zeugen gewidmet und Eribons Barthes-Lektüre untersucht. Ich habe mit Barthes Einwände gegen Eribons Verdikt, dass die Psychoanalyse »unfähig« sei, »die Liebe zu denken« (S. 65) erhoben. Siehe: Lahl, Aaron: *Affirmation und Entwertung der Liebe in der Psychoanalyse: Eine Erwiderung auf Didier Eribon*. In: Henze, Patrick; Lahl, Aaron; Preis, Victoria: *Psychoanalyse und männliche Homosexualität. Beiträge zu einer sexualpolitischen Debatte*. Gießen 2019 (im Erscheinen): Psychosozial
10 Foucault, Michel: *Der Wille zum Wissen*. Frankfurt a. M. 1976: Suhrkamp, S. 15 f.
11 Ebd., S. 127 f.
12 Marcuse, Herbert: *Der eindimensionale Mensch*. Frankfurt a. M. 1970: Luchterhand, Kap. 3
13 Reiche, Reimut: *Sexualität und Klassenkampf*. Frankfurt a. M. 1971: Fischer, Kap. 2. Siehe auch: Reiche, Reimut: *Total Sexual Outlet. Eine Zeitdiagnose*. In ders. (Hg.): *Triebschicksal der Gesellschaft*. Frankfurt a. M. 2004: Campus, S. 147–176
14 Lacan, Jacques: *Encore. Das Seminar. Buch XX (1972–1973)*. Wien, Berlin 2015: Turia + Kant, Kap. 1
15 Reiche, *Total*. S. 142 ff.
16 Foucault, *Der Wille*. S. 187
17 Reiche, Reimut: *Homosexualisierung der Sexualität. Eine Zeitdiagnose*. In: Ders. (Hg.), *Triebschicksal der Gesellschaft*. Frankfurt a. M. 2004: Campus, S. 177–189, hier: S. 187

Tögel, Christfried (Hg.), Zerfaß, Urban (Mitarbeit): *Sigmund-Freud-Gesamtausgabe in 23 Bänden*. Bd. 13, Gießen 2018: Psychosozial-Verlag

Karl-Josef Pazzini

Der Band 13 umfasst Werke aus dem Jahr 1913. Christfried Tögel kontextualisiert kurz die enthaltenen Schriften: Es war das Jahr des Münchener Kongresses mit der Trennung von Jung und dem Abschluss von Totem und Tabu. Wieder enthalten ist ein umfängliches Personen- und Sachregister, eine Konkordanz derPublikationsorte der im Erstdruck enthaltenen Schriften. Erkennbar ist darin: Dieses Mal enthält der Band nur bereits anderswo publizierte Beiträge.

Solche Bände geben in der neuen Zusammenstellung auch Gelegenheit, Bekanntes noch einmal anders anzusehen. Ein Beispiel: Ein Traum als Beweismittel (Mai 1913). Freud publiziert den Traum einer Analysantin (Elfriede Hirschfeld), den diese von jemand anders, ihrer Pflegerin, gehört und ihn anschließend gedeutet hat. Freud analysiert das weiter, was seiner Meinung nach offengeblieben ist, und beides zusammen ergibt den Beitrag. Die Deutung des Traums fungiert für die Analysantin als Beweismittel dafür, dass die Pflegerin am Abend zuvor eingeschlafen war, dies aber nicht zugegeben hatte, was hinwiederum ein Licht auf die Zweifelsucht und Zwangszeremonielle der Analysantin wirft. Freud plädiert: »Ich glaube, wir werden der Dame zugestehen müssen, daß sie den Traum ihrer Pflegerin richtig gedeutet und verwertet hat« (S. 149). Dann nutzt er den Traum anders: »Aber der Traum, der für die Dame eine praktische Bedeutung hatte, regt bei uns das theoretische Interesse nach zwei Richtungen an« (S. 149). Die anfängliche Deutung und die Vervollständigung der Deutung durch ihn selbst werden Aufweis für die These, dass ein »wesentlicher Faktor für die Traumbildung [...] ein unbewusster Wunsch [sei]« (S. 150). Darin liegt die zweite Motivation für die Überschrift.

Freud kehrt dann zur Analysantin zurück; weist darauf hin, dass sie nicht allen Partien des Traums ihrer Pflegerin gerecht werden konnte, weil sie an einer Zwangsneurose leide. Freud kann nun den Traum in mindestens drei Richtungen nutzen: als Gesprächsanlass mit seiner Analysantin über deren Traumdeutung und deren Beziehung zur Pflegerin, zur genaueren Auskunft darüber, wie die Zwangsneurose bei der Analysantin wirkt, und nicht zuletzt zur Erörterung und variierten Darstellung des Kerns seiner Traumtheorie auch als Belehrung einiger Kollegen, »darunter namhafte Psychoanalytiker«, die unterscheiden wollen zwischen »Wunsch-, Geständnis-, Warnungs- und Anpassungsträumen«. Eine solche Unterscheidung erscheint Freud »nicht viel sinnreicher als die notgedrungen zugelassene Differenzierung ärztlicher Spezialisten in Frauen-, Kinder- und Zahnärzte« (S. 149). Ein kostbarer Einblick in die Praxis der Theorie Freuds.

(Vgl. zu dieser Rezension auch die der Bände 1 bis 4 in *RISS* 83, Band 5 in *RISS* 84, Band 6, 7, 8 in *RISS* 87 und 9 bis 12 in *RISS* 89)

ABSTRACTS

Allouch, Jean
Von der psychotischen
Übertragung (Teil II)

Der zweite Teil der Ausführungen zur psychotischen Übertragung – der erste erschien in *RISS* 89 – widmet sich der Klinik. Die Position des Analytikers ist die eines Sekretärs, der das Zeugnis des Wahnsinnigen aufnimmt. In der psychotischen Übertragung ist es folglich der Analytiker, der überträgt. Er unterstellt den psychotischen Analysanten als *sujet supposé savoir*. Dessen Position ist damit der des Analytikers (in der Klinik der Neurosen) homolog: Beide erfüllen die Funktion des Zur-Übertragung-Bereitstehens. Die Funktion des Sekretärs charakterisiert auch Lacans Interventionen gegenüber Aimée. Er hebt ihr Unvermögen des Wissenlassens auf. Lacans Übertragung auf Aimée, seine Übertragungsliebe und sein Verhältnis zu ihrem Verhältnis zum Wissen brachten ihn schließlich zur Psychoanalyse.

Schlagworte:
Psychotische Übertragung, Psychose, Übertragung, sujet supposé savoir, Wissen, Zeugnis, Sekretär, Wahn

Behrmann, Nicola
Flirten muss man: Liebe
und Krieg in Hitchcocks
The Birds

In *The Birds* zeigt Hitchcock, wie der »oberflächliche« amerikanische Flirt ganz anders als bei Freud verstanden werden kann: nämlich als Erkundungsgang in einem Jenseits des Lustprinzips, bei dem Tod, Trauer und Begehren zusammentreffen. Der metonymische Zusammenhang zwischen den beiden *love birds* Melanie und Mitch und dem Krieg der Vögel zeigt nicht die Angst vor Freuds »ernsten Konsequenzen«, sondern, im Flirt und seiner Oberfläche, die Angst vor dem Tod als der Angst vor dem Leben.

Schlagworte:
Metonymie, Oberfläche, Hitchcock, Aggressivität, mauvaise foi, Witz

deLire, Luce
Ein Tag in Vanilla -
Flirten am Ende des
Kapitalismus

Luce deLire spricht vom anderen Ende des Kapitalismus. In einem postrevolutionären Szenario beschreibt sie Liebesbeziehungen in der ersten Hälfte des 21. Jahrhunderts rückblickend als durchsetzt von der Logik des Eigentums und der Polizei. Im Gegenlicht erscheint eine Welt jenseits der Individualität, der Kommodifikation und der Sicherheit als Abwesenheit von Zweifel: Permeation und Übertragung als Grundpfeiler von Gesellschaft, Theater und Psychoanalyse als Instrumente einer Revolution in *Vanilla*.

Schlagworte:
Revolution, Übertragung, Kapitalismus, Imperialismus, Kolonialismus, Queer

Kasper, Judith
Erosionen. Zu den
künstlerischen Arbeiten
von Rolando Deval

Der Essay widmet sich dem künstlerischen Werk von Rolando Deval und darin dem Zusammenhang von Reißen, Schneiden und Zerfressen, von Erosion und Erotik, Schrift, Linie und erogener Zone.

Schlagworte:
Insekt, Unbewusstes, Werkzersetzung, erogene Zone

Kasper, Judith
Wir Melancholiker

Eine Lektüre von Freuds *Zeitgemäßes*, die die melancholische Haltung sowohl im »amerikanischen Flirt« als auch in der »kontinentalen Liebesbeziehung« herausarbeitet, wodurch deren vermeintliche Opposition zusammenbricht.

Schlagworte:
Kalkül, Verlust, Melancholie, Tod

Haensler, Philippe
Flirt, Zeichen. Einsatz Freuds

Der Beitrag, Protokoll einer (auto-) poetologischen Lektüre, exponiert in Freuds Bezugnahme auf den »amerikanischen Flirt« zwei gegenläufige Bewegungen. Einerseits ist sein Text Vollzug dessen, worüber er spricht: ein Flirt (mit dem amerikanischen Englischen). Andererseits darf »Flirt« nicht »Flirt« selbst bleiben, sondern hat »von vornherein« auf anderes zu verweisen: Zwang zu einer Hermeneutik, die aus dem Flirt exakt das herausschält, was sich an Freuds Sätzen von selbst versteht: »nichts«.

Schlagwort:
Poetologie

Hamilton, John
Der Luxus der Selbstzerstörung. Roger Callois' Flirt mit Mimesis

Hamilton vergleicht Freuds Flirt-Kritik mit der platonischen Auffassung von Mimesis. Ihr zufolge kann die Nachahmung nur abgeleitete, mildernde Darstellungen des Todes hervorbringen und so den Glauben an die eigene Unsterblichkeit stützen. Mit Rückgriff auf Roger Caillois' Schriften zur Mimikry lässt sich Mimesis jedoch auch als eine Praxis der Selbst-Verausgabung beschreiben: Wie im Flirt, so setzen wir uns auch in der Mimesis einer Verschwendung aus, in welcher Selbst-Verlust zu einer anderen Form der Gemeinschaft führen kann.

Schlagworte:
Mimesis, Mimikry, Selbst-Verlust, Gemeinschaft

Härtel, Insa
Ästhetische Erfahrung als *Übergriff*. Tseng Yu-Chin: *Who's listening? 5*

Der Beitrag nimmt die Videoarbeit *Who's listening? 5* (2003–2004) des taiwanischen Künstlers Tseng Yu-Chin zum Anlass, um ausgehend von den so verstandenen körperlichen »Übergriffen« im Bild auch das *Übergreifen* der künstlerischen Arbeit auf das hiesige Publikum zu diskutieren. Durch die ästhetische Form, wird, so die These, eine Verführungsphantasie nicht nur gezeigt, sondern auch agiert.

Schlagworte:
Ästhetik, Verführungsphantasie, Rezeptionsprozess

Morel, Geneviève
Kriegsgeflirt

Geneviève Morel kommentiert die Freud-Stelle durch eine Lektüre von Sofia Coppolas *Die Verführten* (2017). Sie interessiert sich für die »ernsten Konsequenzen« eines Flirts im amerikanischen Bürgerkrieg, die dort dargestellt werden.

Pazzini, Karl-Josef
Flirt und Fehlleistung

Freud schildert in der *Psychopathologie des Alltagslebens* den Zusammenhang eines Flirts mit einer Fehlleistung, Hanns Sachs zitierend. Einem Analytiker unterläuft in der Kur eine Fehlleistung wegen eines Flirts. Das bringt die Analyse weiter.

Schlagworte:
Flirt, Fehlleistung, Hanns Sachs, Suture

Pazzini, Karl-Josef
Flitter

In einer Analyse verbreitet sich Flitter. Er klebt. Mit gleichschwebender Aufmerksamkeit fördert der Analytiker eine *décollage*. Aber war schon übertragen worden.

Schlagworte:
Flitter, Übertragung, Teppichklopfer

Sichtermann, Barbara
Vergewaltigung und Sexualität - Versuch über eine Grenzlinie

In dem erstmals 1987 erschienenen Text kritisiert Sichtermann ein in der Frauenbewegung vorherrschendes Bild weiblich-friedlicher Sexualität. Dagegen begreift sie die Lust am Zufügen und Erleiden von Schmerzen als der »normalen« Sexualität innewohnend. Sexualität sei ein Tanz mit passiven und aktiven Figuren, welche erst durch das Patriarchat dem weiblichen und dem männlichen Geschlecht zugewiesen werden. Mit Rücksicht auf den Doppelcharakter von Lust und Schmerz, der auch eine Uneindeutigkeit von Ja und Nein impliziere, könne eine Grenzlinie zwischen Vergewaltigung und Sexualität gezogen werden: Eine Vergewaltigung sei zuvörderst eine Demonstration von Macht und Autorität, die zeige, dass der Vergewaltiger nicht nur die Frau, sondern auch die Sexualität verachte und unterwerfen wolle.

Schlagworte:
Sexualität, weibliche Sexualität, Vergewaltigung, Vergewaltigungsphantasie, Schmerz, Lust, Körperverletzung, Sado-Masochismus, Frauenbewegung

Ungelenk, Johannes
Etwas nimmt seinen Anfang,
weil es um sein Ende
(nicht) weiß

Ist der Flirt dem Krieg und dem Tod zeitgemäß? Zumindest als Marginalie, als brüsk negierter Vergleichspunkt, findet er den Weg in Freuds *Zeitgemäßes über Krieg und Tod*. Diese Marginalie führt im Modus der Negation ein Zeitkonzept in Freuds Text ein, das dem Stand, den Freud psychoanalytisch im Text gegen die Erschütterungen des Krieges findet, den Boden zu entziehen droht. Das Zeitgemäße der psychologischen Wahrheit – die Freud im A-temporalen des Unbewussten vor jeglichem Zeiteinfluss schirmt – findet im Flirt sein Unzeitgemäßes. Über das vehemente Verwerfen des Flirts flüstert Freuds stiller Dialog mit Nietzsches *Unzeitgemäßen Betrachtungen*, der sich
im Titel ankündigt, vielleicht am lautesten.

Schlagworte:
Zeit, das (Un)Zeitgemäße, Nietzsche, (Ver)Stand

Wolf, Benedikt
Das Floralobjekt. Zur
monometaphorischen Poetik
des anonymen pornografi-
schen Gedichtbandes *Die
braune Blume*

Der Beitrag untersucht die Poetik des anonymen um 1929 erschienenen pornografischen Lyrikbandes *Die braune Blume*. Der Text wird im obszönen und pornografischen literarischen Diskurs kontextualisiert. Seine Poetik ist, wie die Analyse zeigt, von einer restriktiven ökonomischen Regel geleitet und von einer einzigen Metapher bestimmt. Im Rückgriff auf Slavoj Žižeks Identifizierung des MacGuffin von Hitchcock mit Lacans Objekt klein a wird die Metapher der braunen Blume als poetisches Floralobjekt gelesen.

Schlagworte:
pornografische Literatur, Metapher, Blume

AUTOR*INNEN

ALLOUCH, JEAN
arbeitet als Psychoanalytiker in Paris. Er besuchte ab 1962 das Seminar von Jacques Lacan (der auch sein Analytiker war); nach der Auflösung der *École freudienne de Paris* wirkte er an der damals neuen Zeitschrift *Littoral* und an der Gründung der *École lacanienne de psychanalyse* mit. In der Publikationsreihe »Die großen Klassiker der modernen Erotologie«, die er beim Epel Verlag leitet, setzt er sich für die Verbreitung der wichtigsten Werke der *gay and lesbian studies* in Frankreich ein.

Erschienen sind u. a. die Monografien *Lettre pour lettre,* (1984), *Marguerite, ou l'Aimée de Lacan* (1990), *Érotique du deuil au temps de la mort sèche* (1995), *Le sexe du maître* (2001) *Contre l'éternité. Ogawa, Mallarmé, Lacan* (2009), *L'Amour Lacan* (2009), *Prisonniers du grand Autre (l'Ingérence divine I*, 2012), *Schreber théologien (l'Ingérence divine II*, 2013) und *Une femme sans au-delà (l'Ingérence divine III*, 2014). Zuletzt publizierte Allouch *L'Autresexe* (2015), *Pourquoi y a-t-il de l'excitation sexuelle plutôt que rien?* (2017), *La Scène lacanienne et son cercle magique. Des fous se soulèvent* (2017).

BEHRMANN, NICOLA
Associate Professor für Germanistik und Vergleichende Literaturwissenschaften an der Rutgers University (USA). Sie arbeitet im Schnittfeld von Gender Studies und Bildwissenschaften mit einem Schwerpunkt auf den Avantgardebewegungen des

frühen 20. Jahrhunderts, ist Mitherausgeberin einer kommentierten Studienausgabe der Werke von Emmy Hennings und unterrichtet Kurse zu Horror und Psychoanalyse.

DELIRE, LUCE

ist ein Schiff mit acht Segeln und sie liegt unten am Kai. Philosophisch beschäftigt sie sich gerade mit Metaphysiken der Unendlichkeit, Verrat und der pinken Revolution. Für mehr und alles andere siehe: www.getaphilosopher.com

DEVAL, ROLANDO

geb. 1951 in Valle d'Aosta (Italien), begann Ende der 1960er Jahre seine Tätigkeit als Künstler. Nach einigen Jahren des Unterwegsseins, während der er in unsystematischer Weise studierte und experimentierte, hat er sich 1977 in der Gegend von Siena niedergelassen, wo er seither zurückgezogen lebt und künstlerisch arbeitet.

DIETER, ANNA-LISA

hat in französischer Literaturwissenschaft promoviert und an den Universitäten von München, Eichstätt und Konstanz gelehrt. Seit 2018 arbeitet sie als wissenschaftliche Mitarbeiterin am Deutschen Hygiene-Museum in Dresden. Sie ist Übersetzerin von Geneviève Morels *Das Gesetz der Mutter. Versuch über das sexuelle Sinthom,* Wien 2017: Turia + Kant, Reihe »Neue Subjektile«.

HÄRTEL, INSA

ist Professorin für Kulturwissenschaft mit Schwerpunkt Kulturtheorie und Psychoanalyse, International Psychoanalytic University Berlin (IPU). https://www.ipu-berlin.de/hochschule/wissenschaftler/profil/haertel-insa.html

HARTMANN, NADINE

hat Germanistik, Komparatistik und Amerikanistik in Berlin und Potsdam studiert. Sie promoviert zurzeit an der Bauhaus-Universität Weimar im Fachbereich Ästhetik zu Figurationen des Mädchens in der Philosophie. Sie hat Aufsätze zum theoretischen Werk Georges Batailles, zu Freud und Lacan veröffentlicht. Sie ist eine der Organisatorinnen der Veranstaltungsreihe »*Spellbound*«, die monatlich bei diffrakt in Berlin stattfindet. Sie ist Mitglied des DFG-Netzwerks *Anderes Wissen.*

HAMILTON, JOHN

Professor für Germanistik und Komparatistik an der Harvard University. Er forscht zu Hermeneutik und Poetik in der antiken Literatur, zu Musik und Sprache, zur deutschen und französischen Literatur des 18. und 19. Jahrhunderts. Seine aktuelle Buchpublikation ist *Philology of the Flash*. Chicago 2018: Chicago University Press.

HAENSLER, PHILIPPE P.
Wissenschaftlicher Mitarbeiter an der Abteilung für Allgemeine und Vergleichende Literaturwissenschaft der Universität Zürich. Zuletzt erschienen: *Poetik der Anstiftung. Zum Verhältnis von Schreibhemmung und Übersetzung nach Freud und Merleau-Ponty,* in: M. Baschera, P. de Marchi, S. Zanetti (Hg.): *Zwischen den Sprachen / Entre les langues. Mehrsprachigkeit und Übersetzung als Sprachöffnungen / Plurilinguisme et traduction comme ouvertures des langues.* Bielefeld: Aisthesis Verlag 2019, S. 121–152.

KASPER, JUDITH
Professorin für Allgemeine und Vergleichende Literaturwissenschaft an der Goethe-Universität Frankfurt am Main. Sie arbeitet im Schnittfeld von Psychoanalyse und Philologie. Ihre Arbeitsschwerpunkte liegen im Bereich der Holocaust Studies und der Trauma-Theorie, der Literatur- und Übersetzungstheorie sowie der Lyrik.

KLEINBECK, JOHANNES
Wissenschaftlicher Mitarbeiter am Institut für Allgemeine und Vergleichende Literaturwissenschaft an der LMU-München. Mitherausgeber der Reihe »Neue Subjektile«, im Verlag Turia + Kant, Wien und Berlin. – Zuletzt erschienen: *Zärtliche Zwänge. Sigmund Freuds Erziehungs-Briefe an seine Verlobte Martha Bernays.* OrbisLitter. 2018;00:1–14.https://doi.org/10.1111/ oli.12204.

KLEINER, MAX
Dipl.-Psych., arbeitet als Psychotherapeut und Psychoanalytiker in eigener Praxis in Horb am Neckar; Gründungsmitglied des Lehrhauses der Psychoanalyse Hamburg; Anfertigung von Arbeitsübersetzungen von Lacan-Texten: angefangen vor ca. 25 Jahren mit *Seminar III* (Psychosen), dann *Seminar XXII, XXIII, XXIV,* dazwischen kleinere Texte, zur Zeit beschäftigt mit der Schrift *L'Etourdit* (in Zusammenarbeit mit dem Lacan-Seminar Zürich); Veröffentlichungen v.a. zu Topologie und Sinthom, zuletzt (auf Deutsch) erschien: *Lacans Sinthom – ein Jenseits des Ödipus?* In: *texte.* 2012, 32. Jg., Heft 1.

LAHL, AARON
studiert Psychologie in Berlin. Zuletzt Rezensionen und Übersetzungen für den *RISS.* Im Frühjahr 2019 erscheint der gemeinsam mit Victoria Preis und Patrick Henze herausgegebene Sammelband *Psychoanalyse und männliche Homosexualität – Beiträge zu einer sexualpolitischen Debatte* im Psychosozial-Verlag. Arbeitsschwerpunkte: Psychose, Lacan, Sexualforschung.

LANDMANN, JULIA
studiert Allgemeine und Vergleichende Literaturwissenschaft und Philosophie in München. Forschungsaufenthalt an der UC Berkeley. Bachelorthesis:»*Konstruktiver Defaitismus« im Fragment. Heiner Müllers »Traktor«.* Studienschwerpunkte: Literatur und Gemeinschaft, Literatur und Bildung.

MOREL, GENEVIÈVE

Geneviève Morel ist Psychoanalytikerin in Paris und Lille. Autorin zahlreicher Veröffentlichungen. Auf Deutsch erschien zuletzt *Das Gesetz der Mutter. Versuch über das sexuelle Sinthom* (Übersetzt von Anna-Lisa Dieter. Wien 2017: Turia+Kant, Reihe »Neue Subjektile«). In Frankreich hat sie gerade *Terroristes: Les raisons intimes d'un fléau global* (Paris 2018: Fayard) veröffentlicht.

PAZZINI, KARL-JOSEF

ist in Berlin als Psychoanalytiker, Supervisor, Berater tätig; arbeitete bis 2014 als Professor für Bildungstheorie und Bildende Kunst an der Universität Hamburg, lehrt immer wieder woanders und in der Psychoanalytischen Bibliothek Berlin. Arbeitsschwerpunkte sind: Übertragung, Pornographie. Bücher: *Bildung vor Bildern. Kunst – Pädagogik – Psychoanalyse* (2015) | zus. mit Insa Härtel: *Blickfänger. Scharfgestellt und umgedreht. Gerhard Richter Betty* (1977), (2017) | zus. mit Manuel Zahn; Jean-Marie Weber: *Lehre im Kino. Psychoanalytische und pädagogische Lektüren von Lehrerfilmen* (2018).

SICHTERMANN, BARBARA

Barbara Sichtermann, Jahrgang 1943, ist Journalistin und Schriftstellerin. Sie studierte Volkswirtschaft in Berlin und arbeitet seit 1978 als freie Autorin. Sie schrieb dreißig Bücher und erhielt verschiedene Preise, u. a. den Jean-Améry-Preis für Essayistik und den Theodor-Wolff-Preis für ihr Lebenswerk. Ihre Themen: Leben mit Kindern, Frauenpolitik und -bewegung, Medien, die Rebellion von 1968. Bekannt wurde sie als Fernsehkritikerin der *Zeit*. 2017 erschienen: *Das ist unser Haus. Eine Geschichte der Hausbesetzung*, zusammen mit Kai Sichtermann. Ferner *Mary Shelley. Leben und Leidenschaften der Schöpferin des Frankenstein* (2017) und *Viel zu langsam viel erreicht. Über den Prozess der Emanzipation (2017)*.

SOLLA, GIANLUCA

Professor für Theoretische Philosophie an der Universität Verona. Er arbeitet im Schnittfeld von Philosophie und Psychoanalyse. Seine Arbeitsschwerpunkte liegen z.Z. im Bereich der Körpertheorien der Gegenwart sowie der Migration-Studies.

UNGELENK, JOHANNES

ist Juniorprofessor für Allgemeine und Vergleichende Literaturwissenschaft an der Universität Potsdam. Seine philologische Forschung widmet sich dem Berührungspunkt von Literatur und Theorie.

VOGL, JOSEPH

ist Professor für Literatur-, Kultur- und Medienwissenschaft an der Humboldt-Universität Berlin. Seine Forschungsschwerpunkte liegen im Bereich der Geschichte und Theorie des Wissens, in der Diskurs- und Medientheorie, in der Geschichte von Gefahr und Gefährlichkeit in der Neuzeit. Er ist Autor von u.a. *Über das Zaudern* (2007), *Kalkül und Leidenschaft. Poetik des ökonomi-*

schen Menschen (2002), *Das Gespenst des Kapitals* (2010), *Der Souveränitätseffekt* (2015).

WASZYNSKI, ALEXANDER
ist wissenschaftlicher Mitarbeiter am Seminar für Philosophie der Technischen Universität Braunschweig.

WOLF, BENEDIKT
ist Literaturwissenschaftler und wissenschaftlicher Mitarbeiter an der Forschungsstelle Kulturgeschichte der Sexualität (Humboldt-Universität zu Berlin). Seine Forschungsschwerpunkte sind u.a. die Felder Sexualität und Literatur, Mehrsprachigkeit und Literatur sowie literaturwissenschaftliche Ressentiment- (besonders Antiziganismus-) Forschung. Zuletzt erschienen: *Penetrierte Männlichkeit. Sexualität und Poetik in deutschsprachigen Erzähltexten der literarischen Moderne (1905– 1969)*. Köln/Weimar/Wien 2018: Böhlau; *Schernikaus Schönheit. Die Ästhetik der Oberfläche in Ronald M. Schernikaus Theaterstück ‚Die Schönheit' und in der Aufführung durch das Ensemble Ladies Neid (1987)* In: *Weimarer Beiträge*. 2018, 64. Jg., Heft 3.

RISS-Beirat

MONIQUE DAVID-MÉNARD
(Paris)

MLADEN DOLAR
(Ljubljana)

MAIRE JAANUS
(New York)

ANTONELLO SCIACCHITANO
(Milano)

SAM WEBER
(Paris)

SLAVOJ ŽIŽEK
(Ljubljana)

HANS SAETTELE
(Mexiko)

JULIET FLOWER MAC CANNELL
(Irvine)

BRUCE FINK
(New York)

RENATA SALECL
(Ljubljana)

ALENKA ZUPANČIČ
(Ljubljana)

CORMAC GALLAGHER
(Dublin)

RISS 91
Trans

Lange Zeit wurde Transsexualität von vielen namhaften, sich auf Lacan berufenden französischen Theoretiker/innnen als ein psychotisches Phänomen begriffen. Erst in den letzten Jahren und angestoßen durch die Werke Patricia Gherovicis wurde diese Ansicht - nun vermehrt in den Vereinigten Staaten und ebenfalls unter Berufung auf Lacan - radikal hinterfragt und zudem eine transfreundlichere, queere Psychoanalyse ausgerufen. Der *RISS* möchte sich in der Nummer 91 zum Thema »Trans« sowohl mit der lacanistischen Tradition als auch mit den queeren Ansätzen, welche beide im deutschsprachigen Raum bislang kaum wahrgenommen wurden, auseinandersetzen. Konzeption des Hefts von Alejandra Barron, Insa Härtel und Aaron Lahl.

RISS 92
Erreichbarkeit

Psychoanalyse in der Psychiatrie

Psychosozial-Verlag

Stefan Goldmann
»Alles Wissen ist Stückwerk«
Studien zu Sigmund Freuds Krankengeschichten und zur *Traumdeutung*

Ingo Focke & Bernd Gutmann
Begegnungen mit Anne-Marie Sandler
Praxis und Theorie ihrer Behandlungstechnik

April 2019

ca. 210 Seiten • Broschur • € 24,90
ISBN 978-3-8379-2855-6

ca. 170 Seiten • Broschur • € 24,90
ISBN 978-3-8379-2875-4

Stefan Goldmann erschließt er eine Fülle unbekannter literarischer und fachwissenschaftlicher Quellen, mit denen sich Freud bei der Niederschrift der frühen Krankengeschichten und der Entwicklung seiner Traumtheorie methodisch auseinandersetzte. Die aufgezeigte Kontextabhängigkeit der hier untersuchten Werke vertieft unsere Kenntnis von Freud als klassischen Schriftsteller und topisch argumentierenden Denker.

Die Autoren reflektieren anhand ihres A tausches mit der Psychoanalytikerin An Marie Sandler die Bedeutung der persö lichen Begegnung für die Aneignung psychoanalytischen Praxis. Sie beschreib psychoanalytische Verstehens- und Deutur prozesse und geben durch Behandlungsv netten handlungspraktische Anregung So entsteht eine vertiefte Untersuchung Übertragung, Abwehr, unbewussten Proz sen und psychischem Gleichgewicht.

Walltorstr. 10 · 35390 Gießen · Tel. 0641-969978-18 · Fax 0641-969978-19
bestellung@psychosozial-verlag.de · www.psychosozial-verlag.de

AUTOR*IN WERDEN

LESERSCHAFT

Eingeladen zu Beiträgen sind alle, die Texte, kombinierte Text- und Bildbeiträge, auch Audiobeiträge verfassen. Ungefähre Länge: bis 12 Seiten (ca. 30.000 Zeichen). Wir bitten um gleichzeitige Zusendung eines Abstracts auf Deutsch, Englisch und Französisch (ca. 400 Zeichen), 5 bis 10 Keywords und eines Kurz-Curriculums (ca. 400 Zeichen).

Redaktion:
pazzini.riss@textem.de

Karl-Josef Pazzini
Pestalozzistr. 103
D-10625 Berlin

Details zur Texteinsendung finden Sie auf unserer Homepage www.textem.de/riss.html

Als Leser wünschen wir uns neben praktizierenden Psychoanalytikern jene, die dort arbeiten, wo etwas unerhört ist. Nicht nur Sprachwissenschaftler, Philosophen, Künstler, Kulturschaffende, Pädagogen, Historiker, Ethnologen, sondern alle, die an Grenzen leben oder arbeiten. RISS ist weltweit in vielen Bibliotheken online oder physisch erhältlich und bleibt als Arbeitsinstrument weit über das Erscheinungsdatum hinaus aktuell.

Anzeigen / Bestellungen / Medienkontakt
Wir freuen uns auf Ihre Kontaktaufnahme:
riss@textem.de

RISS
Zeitschrift für Psychoanalyse

Nr. 90
Zeitgemäßes über Leben und Tod: Flirt

ISBN 978-3-86485-198-8

Herausgeber:
Karl-Josef Pazzini

Mitherausgeber*innen:
Marcus Coelen
Judith Kasper
Mai Wegener

Heftredaktion:
Aaron Lahl
Marcus Coelen
Judith Kasper
Johannes Kleinbeck

Redaktion:
Johannes Binotto
Artur Reginald Boelderl
Jonas Diekhans
Insa Härtel
Johannes Kleinbeck
Aaron Lahl
Robert Langnickel
Erik Porath
Franz Taplick
Peter Widmer
Sascha Wolters
Alexandre Wullschleger

Autor*innen und
Übersetzer*innen:
Jean Allouch
Nicola Behrmann
Luce deLire
Rolando Deval
Anna-Lisa Dieter
Insa Härtel
Philipp Haensler
John Hamilton
Nadine Hartmann
Judith Kasper
Johannes Kleinbeck
Max Kleiner
Aaron Lahl
Julia Landmann
Geneviève Morel
Karl-Josef Pazzini
Barbara Sichtermann
Gianluca Solla
Johannes Ungelenk
Joseph Vogl
Alexander Waszynski
Benedikt Wolf
Alexandre Wullschleger

Korrektur/Lektorat:
Nora Sdun
Gustav Mechlenburg
(Textem)

Design:
Stefan Fuchs
Mitko Mitkov
sf-mm.com

JAHRBUCH DER PSYCHOANALYSE
Beiträge zur Theorie, Praxis und Geschichte

Hrsg. von Angelika Ebrecht-Laermann, Bernd Nissen und Uta Zeitzschel. *1960 ff. Broschur. Erscheint zweimal jährlich. Je Band € 58,-. Vorzugspreis für Mitglieder der IPV und deren Zweige, der DPG und DGPT € 48,-. Für Studierende (gegen Vorlage einer Bescheinigung) je Band € 29,-.*

KONZEPTUALISIERUNGEN – VERSTEHEN UND NICHT-VERSTEHEN
BAND 78. 2019. 272 S. Br. ISBN 978 3 7728 2078 6. *Lieferbar*

Ursula Ostendorf: Identifizierung und Konzeptualisierung – ein schwieriges wie notwendiges Wechselspiel von intuitivem Fühlen und zuordnendem Verstehen – *Victor Sedlak:* Der analytische Prozess und die Ich-Ideale des Analytikers – *Jutta Gutwinski-Jeggle:* Pathologische subjektive Überzeugungen: Über Funktion und Wirksamkeit bewusster und unbewusster Phantasien – *Bernd Nissen:* Es ist keine Schande zu hinken ... Zum psychoanalytischen Verstehen und Nichtverstehen – *Hermann Erb:* Konzeptualisieren als ein fortwährend stattfindender Prozess – Über das Verflochtensein von Wahrnehmen, Deuten und Konzeptualisieren – *Claudia Thußbas:* Veränderungen psychoanalytisch verstehen – *Marilia Aisenstein:* Konzeptualisierungen in der Psychoanalyse – Destruktivität und Masochismus, klinische Fragen und theoretische Herausforderungen – *Eva Schmid-Gloor:* Melancholie und »entliehenes Schuldgefühl« – *Mariana Schütt:* Auf den Spuren Freuds. Zur psychischen Eigenzeit bei Adorno – KARL-ABRAHAM-VORLESUNG: *Riccardo Steiner:* Erste Versuche britischer Psychoanalytiker, die gesellschaftlichen Probleme ihrer Zeit zu analysieren.

PROBLEME DER GEGENÜBERTRAGUNG
BAND 79. Ca. 200 S. Br. ISBN 978 3 7728 2079 3. *September 2019*

Mit Beiträgen von Franco de Masi, Ursula von Goldacker, Veronica Grüneisen, Helmut Hinz, Gemma Jappe, Aydan Özdaglar, Ilka Quindeau, Johann Georg Reicheneder und Barbara Strehlow.

frommann-holzboog
www.frommann-holzboog.de

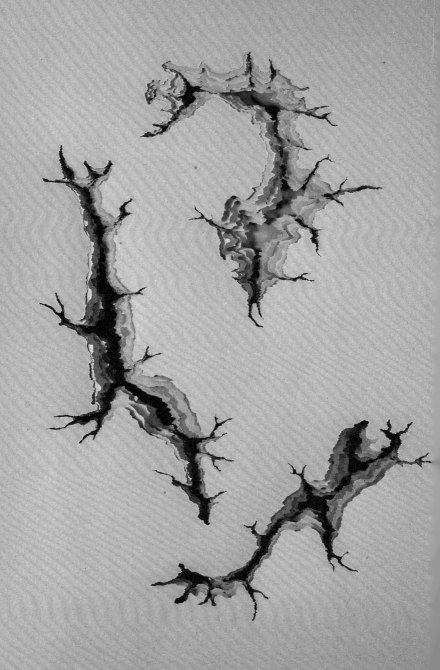